유튜브의 이해와 활용

유튜브의 이해와 활용

The Understanding and
Utilization of the Youtube

남윤재·노광우·봉미선·양선희·이상호·이종명·이창호·정의철 지음

유튜브에서는 누구나 콘텐츠 제작에 참여할 수 있고, 언제 어디서나 접속이 가능하며, 필요한 정보를 쉽고 부담 없이 얻을 수 있다. 유튜브 현상이 본격화하고 관련 논의도 확산되고 있지만 지금까지 출간된 책들을 보면 유튜브에 대한 기술적인 이해나 기능 설명에 머문 소개서들이 대부분이다. 이 책은 유튜브가 우리 사회에 미친 역동적인 영향을 정치·사회·문화 영역을 중심으로 분석하고 전망했다. 유튜브의 사회·문화적 영향에 대한 전문적인 분석과 전망을 다룬 저술이 드물다는 점에서 이 책의 의의가 크다.

한울
아카데미

차례

머리말

바야흐로 '유튜브YouTube 전성시대'라는 말이 어색하지 않다. 유튜 브는 대중문화의 생산과 소비 기지이자 채널로 영향력을 확대해 가고 있다. 2000년 이후 출생한 이른바 Z세대로 불리는 어린이와 청소년들 은 원하는 정보를 유튜브에서 검색해 얻는다. 최근의 주식 열풍에 새 로 주식을 시작한 이들은 유튜브를 통해 경제와 기업 정보를 얻는다. 유튜브는 60대 이상 노년층에서도 이미 익숙한 매체로 자리 잡았는데, 특히 보수 성향의 시사·정치 유튜브 채널이 인기를 얻고 있다.

싸이의 「강남스타일」은 유튜브 방송을 통해 국가·지역 간 경계를 허 물었다. 방탄소년단의 노래가 전 세계적으로 확산된 배경에도 글로벌 미디어로서 유튜브의 특성이 크게 작용했다. 최근에는 정치 관련 유튜 버(유튜브 채널을 개설하고 운영하는 사람)들이 급증하면서 유튜브가 정 치 뉴스와 의견을 손쉽게 접할 수 있는 정보원이 되고 있다. 일상생활 에 필요한 교육, 법률, 주거, 자동차, 맛집(요리) 등의 정보 제공은 기본 이다. 인간관계, 직장 생활, 남녀 관계 등을 다루는 유튜브, 역사 지식 과 상식을 취급하는 유튜브, 연예인이나 스포츠 스타 등 셀럽celebrity(유 명인)이 직접 운영하는 유튜브 등 정보와 지식은 물론 엔터테인먼트까 지 유튜브가 다루는 영역이 확대되었다. 유튜브 미디어는 어린이와 청 소년부터 노인에 이르기까지 전 연령대가 함께 즐기고 공감하는 방송 이 되었다.

유튜브에서는 누구나 콘텐츠 제작에 참여할 수 있고, 언제 어디서나 접속이 가능하며, 필요한 정보를 쉽고 부담 없이 얻을 수 있다. 이런 점에서 유튜브는 우리 사회에서 정보와 엔터테인먼트의 중요한 매개체이자 소통 채널이자 문화 트렌드가 되었다. 유튜브 크리에이터는 이미 청소년들에게 유망한 장래 희망 직업이 되었다.

이렇듯 유튜브 현상이 본격화하고 관련 논의도 확산되고 있지만 지금까지 출간된 책들을 보면 유튜브에 대한 기술적인 이해나 기능 설명에 머문 소개서들이 대부분이다. 이 책은 유튜브가 우리 사회에 미친 역동적인 영향을 정치·사회·문화 영역을 중심으로 분석하고 전망했다. 유튜브의 사회·문화적 영향에 대한 전문적인 분석과 전망을 다룬 저술이 드물다는 점에서 이 책의 의의는 크다. 아울러 유튜브를 올바르게 사용하고 비판적으로 이해하는 능력을 가리키는 리터러시literacy의 함양이 점점 중요해지는 현실에서 이를 위한 구체적인 대안과 유튜브의 매체 특성에 맞는 효과적인 채널 운영과 관리 방안도 제시했다.

이 책에서는 유튜브가 야기하는 여러 문제, 특히 추천 알고리즘을 통한 필터 버블filter bubble 현상, 시사·정치 유튜브 채널을 중심으로 전개되는 확증 편향confirmation bias의 강화, 자극적인 스캔들과 가짜 뉴스를 이용한 조회 수 늘리기 현상, 프라이버시 침해 등의 법적 문제를 비판적으로 진단했다. 그러면서 유튜브 전성시대에 필수적인 '정보와 콘텐츠 리터러시'를 높일 만한 구체적인 방안을 제시했다.

이 책은 유튜브를 포함해 여러 커뮤니케이션 분야의 전문가들이 내놓은 분석과 대안을 중심으로 한다. 책은 모두 여덟 개의 장으로 구성되었다. 제1장 '1인 미디어와 유튜브'는 1인 미디어로서 유튜브 채널의 특성을 설명하며 유튜브 이용 현황과 매체 특성을 다루었다. 제2장 '어린이 유튜브 문화'는 유튜브 세대의 특성을 언급하며 초등학생의 유튜브 이용 현황과 동기를 구체적인 데이터를 중심으로 논의했다. 제3장 '유튜브의 시사·정치 콘텐츠'는 유튜브를 통해 활발하게 유통되는 시사·정치 콘텐츠의 현황과 문제점을 다루었다. 제4장 '유튜브와 저널리즘'은 유튜브 저널리즘의 특징을 살피고 기존 언론이 유튜브를 어떻게 활용하고 있는지 조명했다. 제5장 '유튜브와 엔터테인먼트'는 유튜브 이용자들이 무엇을 즐기며 어떤 만족을 얻는지 개별 사례를 통해 제시했다. 제6장 '유튜브와 케이 팝'은 방탄소년단의 음악 등 한류 콘텐츠가 유튜브에서 어떻게 확산되었고 한류 문화에 대한 팬덤fandom이 어떻게 형성되었는지 보여준다. 제7장 '유튜브와 리터러시'는 유튜브를 통해 확산되는 거짓 정보와 가짜 뉴스를 진짜와 어떻게 분별할지 그 방안을 미디어 리터러시media literacy 측면에서 논의했다. 특히 유튜브의 추천 알고리즘을 어떻게 비판적으로 바라볼지 설명한다. 제8장 '올바른 유튜브 시청과 채널 운영'은 직접 유튜브 채널을 운영하고 있는 필자의 글이다. 이 장에서는 독자에게 유튜브를 시청하는 올바른 태도와 효과적인 채널 운영 방안에 대해 설명한다. 구체적으로 바람직한 유튜브 채널 운영 사례와 시청자 사례를 보여주며, 어린이의 유튜브 중독 진단법 등 우리 사회가 유튜브를 건강하게 이용하는 방안을 제시했다.

아무쪼록 이 책이 바람직한 유튜브 미디어 생태 환경을 조성하는 데 학술적·정책적·실무적으로 기여하기를 희망한다. 유튜브에 관심 있는 독자들이 유튜브를 올바르게 이해하고 활용하는 데 이바지하기를 기대한다. 끝으로 이 책이 나오기까지 많은 수고와 노력을 기울인 한울엠플러스(주) 관계자 여러분에게 감사드린다.

저자를 대표하여
이창호

제1장

1인 미디어와 유튜브

남윤재 ┃ 경희대학교 문화관광콘텐츠학과 교수

이 장은 1인 미디어로서 유튜브 채널의 특성을 설명하고, 최근 유튜브 이용 현황과 매체 특성을 이야기한다. 그다음으로 1인 미디어 콘텐츠 제작자인 유튜버와 이들이 운영하는 채널을 다룬다. 1인 미디어 크리에이터로서 유튜버들이 어떤 가치 사슬 체계 속에서 활동하고 있으며 수익은 어떻게 배분되는지 살펴본다. 끝으로 최근 유튜브에서 인기를 모으고 있는 1인 미디어 콘텐츠와 채널 사례들을 구체적으로 소개한다.

1. 1인 미디어로서 유튜브 채널의 특성

디지털 기술이 발전하고 매체 환경이 급격하게 변화하면서 1인 미디어는 국내뿐 아니라 글로벌 차원에서도 영향력 있는 매체로 자리 잡아가고 있다. 콘텐츠 제작 측면에서 보면 스마트 기기의 이용이 보편화되면서 영상 촬영과 편집에서 전문 기술이나 지식이 없는 일반 이용자들도 쉽게 양질의 콘텐츠를 만들 수 있게 되었다. 공급 측면에서는 광대역 네트워크나 5G 모바일 환경을 기반으로 동영상 공유가 가능한 다양한 플랫폼이 등장하면서 1인 미디어의 이용과 확산이 계속 진행되는 중이다. 유튜브와 아프리카TV 등이 대표적인 동영상 콘텐츠 플랫폼이라고 할 수 있다. 네이버Naver와 같은 인터넷 포털이나 인스타그램Instagram과 같은 소셜 네트워크 서비스도 1인 미디어 동영상 플랫폼으로 경쟁하고 있다. 또한 최근에는 틱톡TikTok으로 대변되는 15초 내외의 짧은 동영상SFV: Short Form Video 플랫폼도 많은 인기를 얻고 있다. 이렇듯 1인 미디어의 영향력이 점차 늘고 있는 상황에서 유튜브는 가장 대표적인 글로벌 동영상 콘텐츠 플랫폼으로 인식되고 있다. 유튜브는 구글Google이 소유한 동영상 공유 플랫폼으로 이용자가 직접 제작한 영상을 업로드하고, 다른 이용자와 공유할 수 있게 하는 서비스를 제공한다. 2005년 미국에서 처음 서비스를 제공했으며 2008년부터 한국어 서비스가 시작되었다.

유튜브는 기본적으로는 광고를 기반으로 하는 무료 서비스다. 다만 2015년 유튜브 레드YouTube Red라는 이름으로 광고 없는 유료 서비스를 시작했고 2018년 6월 이후부터는 유튜브 프리미엄YouTube Premium으로 명칭을 변경해 유료 서비스를 지속하고 있다. 유튜브 프리미엄 서비스를 이용하면 2021년 4월 현재 월 9500원의 이용료가 부과된다. 그

대신에 광고 없이 동영상을 볼 수 있으며 모바일 기기의 화면을 끄거나 다른 애플리케이션을 쓰면서도 유튜브를 이용할 수 있다. 또한 동영상 저장 서비스도 제공해 오프라인에서도 시청할 수 있다. 그리고 유튜브 프리미엄 서비스 이용자는 유튜브 뮤직YouTube Music 서비스도 이용이 가능하다.

다양한 동영상 플랫폼이 경쟁하고 있지만 유튜브의 점유력은 다른 플랫폼을 압도한다. 동영상 콘텐츠의 양이나 시청자 수뿐 아니라 검색량도 구글 다음으로 많다. 최근 유튜브 통계를 보면 전 세계 유튜브 시청자 수는 10억 명이 넘으며 월 시청 시간 총량은 60억 시간이 넘는다(한국전파진흥협회, 2020).

최근 들어 국내에서도 유튜브의 영향력이 크게 증가했다. 모바일 애플리케이션 방문자 수를 보면 2019년 월간 평균 순방문자 수가 2672만 8000명이었다. 이 중 네이버 밴드Naver Band가 1589만 1000명, 페이스북Facebook이 933만 7000명, 인스타그램이 920만 2000명이었다(≪매일경제≫, 2020.12.4).

유튜브를 비롯한 1인 미디어 이용자들의 현황을 보면 과거에는 젊은이들, 즉 밀레니얼 세대와 Z세대를 포함하는 MZ세대가 주로 이용하는 동영상 플랫폼이었다. 하지만 지금은 청장년층은 물론 노년층까지 전 연령층이 소비하는 매체로 자리 잡았다. 특히 2019년 한 해 동안 유튜브의 국내 누적 이용자 수는 약 세 배, 누적 조회 수는 약 두 배 늘었다. 이 중 50대 이상 이용자의 증가율이 91%였으며 실제 이용량도 가장 많은 것으로 보고되었다(한국전파진흥협회, 2020). 게다가 2020년 코로나19 팬데믹의 영향으로 모바일 기기와 온라인 동영상 서비스OTT: Over The Top(이하 OTT)를 통한 동영상 콘텐츠의 이용이 증가한 것으로 보고되었다(주수민, 2021). 이제 유튜브는 단순히 개인 차원에서 오락

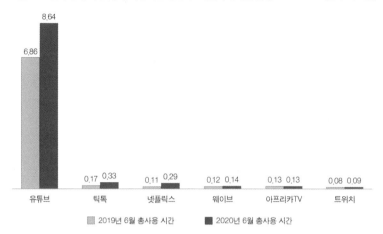

그림 1-1 **한국인이 가장 많이 사용하는 동영상 애플리케이션 순위**　　　(단위: 억 시간)

8.64

6.86

0.17 0.33　　0.11 0.29　　0.12 0.14　　0.13 0.13　　0.08 0.09

유튜브　　틱톡　　넷플릭스　　웨이브　　아프리카TV　　트위치

■ 2019년 6월 총사용 시간　　■ 2020년 6월 총사용 시간

주: 2019년 6월 한 달간 안드로이드 스마트폰 이용자를 대상으로 분석함.
자료: 와이즈앱 자료(2019.9.10)를 재구성함.

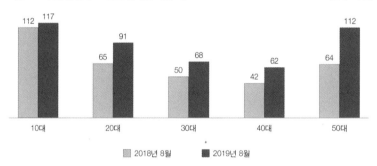

그림 1-2 **연령별 유튜브 월간 총이용 시간 비교**　　　(단위: 억 분)

112 117　　　65 91　　　50 68　　　42 62　　　64 112

10대　　20대　　30대　　40대　　50대

■ 2018년 8월　　■ 2019년 8월

주: 2019년 8월 한 달간 안드로이드 스마트폰 이용자를 대상으로 분석함.
자료: 와이즈앱 자료(2019.9.10)를 재구성함.

이나 엔터테인먼트 목적으로 동영상을 즐기는 서비스가 아니다. 각종
정보를 탐색, 수집, 공유하고, 교육 기능을 수행하며, 실시간 뉴스 전달,
전자 상거래, 마케팅 등 비즈니스 목적으로도 이용되고 있다. 인터넷

그림 1-3 매스미디어와 1인 미디어 비교

매스미디어

- 특정 콘텐츠 전문 제작자(지상파 방송사)와 다수의 시청자 간의 일방향 커뮤니케이션임.
- 다수의 시청자를 향한 보편적이며 공익에 기반한 내용을 다룸.
- 방송법 등 정부 규제가 존재함.

1인 미디어

- 소셜 미디어 플랫폼을 활용해 일반인이 제작에 참여하며 쌍방향 커뮤니케이션이 가능함.
- 소수 취향의 시청자를 타깃으로 다양한 종류의 콘텐츠를 생산함.
- 플랫폼에 의한 규제나 자율 규제 중심으로 관련 법규가 미비함.

에서 정보를 검색할 때 이미 많은 사람들이 구글과 같은 검색엔진이나 네이버나 다음Daum과 같은 인터넷 포털보다 유튜브를 활용하고 있다. 유튜브는 오락과 예능은 물론 경제, 사회, 문화, 과학, 시사 등 매우 광범위한 정보를 시청각을 활용한 동영상 콘텐츠의 형태로 제공하기 때문에, 일반 텍스트나 정지된 영상이 중심인 기존 자료보다 이용자 입장에서 흥미가 유발되며 이해도 빠를 수 있다.

2. 1인 미디어 콘텐츠 크리에이터로서의 유튜버

유튜브를 비롯한 동영상 콘텐츠의 발전은 '1인 미디어 콘텐츠 크리에이터'라는 새로운 영역의 직군을 만들어냈다. 변화하는 추세에 맞추어 통계청은 2018년 1월 미디어 콘텐츠 창작자를 한국표준직업분류에 넣었다(≪한국경제≫, 2018.8.1). 일부 1인 미디어 콘텐츠 크리에이터들은 유명 연예인 못지않은 인기와 대중에 대한 영향력을 갖고 있다. 이 중 유튜브를 중심으로 활동하는 크리에이터들을 유튜버라고 부른다.

　일부 1인 미디어 콘텐츠 크리에이터는 상당한 소득을 올리는 것으로 알려졌다. 최근 국세청 자료(2021.3.12)를 보면 2019년 귀속 수입을 자진 신고한 유튜버는 2776명이며, 이들의 연 총수입은 875억 1100만 원이었다. 이들 중에 상위 1%에 속하는 고수입자 27명의 연 총수입은 181억 2500만 원으로 전체 수입액의 21%에 달했다. 이들의 1인당 연평균수입은 6억 7100만 원이었다고 한다(≪노컷뉴스≫, 2021.2.14).

　이제 1인 미디어는 누구나 이용하는 일상적인 매체로 자리 잡았다. 그렇게 된 주요 이유로는 우선 미디어 환경이 웹 2.0 이후 소셜 미디어를 기반으로 변화하면서 이용자의 상호작용과 공유가 일반화되었고, 기술적으로는 실시간·고화질 동영상 송출이 가능한 플랫폼이 활성화되었기 때문이다. 그리고 콘텐츠의 소비 형태가 변화한 점도 들 수 있다. 기존의 전통 미디어legacy media를 기반으로 불특정 다수의 대중을 타깃으로 삼은 콘텐츠보다 개인의 특정한 취향, 소구, 목적에 맞는 콘텐츠가 소비되는 미디어 시장의 변화 때문이라고 할 수 있다.

　초등학생들이 가장 선호하는 직업이 유튜버라는 조사가 있듯이 사회적으로 1인 미디어에 대한 관심은 늘고 있지만, 아직까지 1인 미디어에 대한 정의는 명확하지 않다. 더구나 '1인 미디어'라는 명칭은 국내에서는 보편적으로 쓰이나 국제적으로 학계나 업계에서 통용되는 개념은 아니다. '개인 미디어', '소셜 미디어', '소셜 비디오 공유' 등의 용어와 혼용되어 쓰이는 것이 현실이다(천혜선 외, 2019). 즉, 우리가 보통 언급하는 1인 미디어는 제작 주체가 개인으로, 어떤 조직이나 기관에 속한 전문적인 제작자가 아닌 이용자 가운데 한 명으로서 개개인이 직접 콘텐츠를 기획, 제작, 업로드하거나 실시간 중계하는 미디어를 의미한다. 최근 언론 등 매체에서 일부 고소득 인기 유튜버를 부각시키고, 일부 1인 미디어 크리에이터들이 지상파나 케이블 방송에 진출하는 모습도 볼 수 있다. 반대로 이미 대중에게 많이 알려지고 인기 있는 기존 연예인들이 유튜브에 개인 채널을 개설해 팬들과 직접 소통하는 경우도 흔하다. 특정 분야의 전문가나 인플루언서influencer들이 유투버로 활동하는 경우도 있다.

외식 사업가이자 방송인으로도 유명한 백종원은 2018년 〈백종원의 요리비책 Paik's Cuisine〉이라는 유튜브 채널을 개설했는데 구독자가 510만 명에 달한다.• 가수 아이유는 〈이지금 [IU Official]〉이라는 유튜브 채널을 운영하며 기존 방송에서는 보여줄 수 없었던 자신의 여러 다른 모습이나 커버 곡 또는 라이브를 전하며 팬들과 소통한다. 연예인이 아닌 인플루언서들의 활동도 주목할 만하다. 포니라는 인플루언서는 메이크업 전문가로 파워 블로거와 저술 활동 등으로 알려졌는데, 유튜브 뷰티 채널 〈PONY Syndrome〉을 개설해 조회 수가 3억 5380만여 회에 달한다. 유튜버들의 연령대도 성인에서 청소년으로 다시 영·유아로까지 확대되고 있다. 가령 〈Boram Tube[보람튜브]〉(이하 〈보람튜브〉)는 이보람(2021년 현재 8세)이라는 유아의 일상과 노는 모습을 담은 콘텐츠인데, 세부 채널인 〈토이리뷰〉의 경우 조회 수가 47억 6846만여 회로 한때 국내 유튜브 개인 채널 중 최상위권 수준이었다. 그러나 최근 〈보람튜브〉는 출연하는 아이 명의로 거액의 건물을 매입하고 수익과 관련해 탈세 의혹이 제기된 등 구설에 오르기도 했다.

1인 미디어라고 불리지만 최근의 1인 미디어 시장은 혼자가 아닌 가치 사슬 및 협업 구조를 갖고 있다. 최근 인기 있는 많은 유튜브 채널

• 이 장에서 소개되는 유튜브 채널의 구독자 수와 조회 수는 별다른 언급이 없다면 2021년 8월을 기준으로 한다.

표 1-1 국내 유튜브 채널 순위(구독자 수 기준)   (단위: 만 명)

순위	유튜브 채널	구독자 수
1	〈BLACKPINK〉	6390
2	〈HYBE LABELS〉	6020
3	〈BANGTANTV〉	5630
4	〈SMTOWN〉	2840
5	〈1MILLION Dance Studio〉	2420
6	〈1theK (원더케이)〉	2320
7	〈JYP Entertainment〉	2160
8	〈JFlaMusic〉	1720
9	〈KBS WORLD TV〉	1660
10	〈officialpsy〉	1500

주: 2021년 8월 기준.
자료: 유튜브 순위 사이트 플레이보드 자료를 재구성함.

들은 이들을 관리하는 다중 채널 네트워크MCN: Multi-Channel Networks(이
하 MCN) 사업자가 콘텐츠 생산자, 플랫폼, 광고·커머스, 시청자 사이
에서 중간자intermediaries 역할을 수행한다. 즉, 개인이 제작하는 콘텐츠
관리, 마케팅과 제작 교육, 수익 분배, 저작권 관리까지 맡으며 1인 미
디어 산업 내의 여러 주체들을 연결한다. 이렇듯 최근의 1인 미디어는
단순히 개인이 창작한 콘텐츠를 동영상 플랫폼에 탑재하거나 스트리
밍 방송을 진행하는 데 그치지 않고, 개인 콘텐츠 제작자, MCN, 유튜
브와 같은 플랫폼과 광고 부문 등 다양한 주체가 상호 연결되어 있으
며, 이 전체가 하나의 산업 형태로 가치 사슬을 형성하고 있다. 이 가
치 사슬은 각각 콘텐츠 제작자와 시청자, 그리고 광고 부문(광고주, 광
고대행사, 미디어 랩 등)과 시청자로 구분되어 관계가 형성된다. 콘텐츠
제작자는 유튜브와 같은 플랫폼을 이용해 동영상 콘텐츠를 제공한다.
시청자는 플랫폼에 이용료를 지급하거나, 가상 아이템을 사거나, 기부
나 후원을 통해 제작자에게 수익이 지급되게 한다. 광고 부문은 플랫

그림 1-4 **1인 미디어의 가치 사슬과 수익 구조**

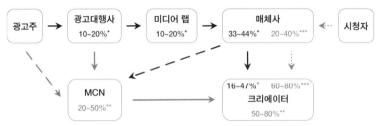

주1: *는 플랫폼 배분 광고 수익이다. 즉, 수수료율이다(유튜브 기준).
주2: **는 크리에이터 제작 광고 수익이다. 수수료율, 단가, 기준 등이 다양하다.
주3: ***는 시청자 유입 광고 수익이다.
자료: 천혜선 외(2019)를 재구성함.

폼에서 콘텐츠와 함께 다양하게 제공되는 광고를 시청하게 하고, 광고
되는 상품을 구매하게 하는 양면 시장을 형성한다. 이때 플랫폼은 광
고 부문에서 얻는 수익을 직접 또는 MCN을 통해 제작자에게 분배한
다. 이렇듯 콘텐츠 제작자들은 자신들이 제작한 콘텐츠의 앞이나 중간
등에 넣은 광고 수익을 플랫폼으로부터 지급받거나, 직접 광고 부문과
접촉해 광고성 콘텐츠를 제작하며 수익을 올리게 된다.

보다 구체적으로 1인 미디어 크리에이터의 수익 방식을 설명해 보
자. 1인 미디어 크리에이터들의 수익은 크게 플랫폼이 배분하는 광고
수익, 브랜디드 콘텐츠branded contents나 간접광고PPL: Product PLacement처
럼 크리에이터가 제작하는 광고 수익, 시청자 후원과 기부금 수익, 상
품 판매와 기획 수익, 이용료와 가입료 등으로 구분된다.

플랫폼이 배분해 주는 광고 수익은 광고주로부터 광고대행사나 미
디어 랩을 거쳐 플랫폼을 통해 지급되는 수익으로, 유튜브의 경우 광
고가 1000회 재생되면 그에 따라 크리에이터와 플랫폼이 55 대 45로
배분한다. 만약 크리에이터가 MCN에 소속되어 있다면 크리에이터 수
익에서 약 11~16%를 MCN이 가져가게 된다. 유튜브 광고는 다양한 유

표 1-2 **국내 MCN 기업 순위(구독자 수 기준)**　　　　　　　　　　　　　(단위: 명, 회)

순위	기업	소속 크리에이터 수	소속 크리에이터의 전체 구독자 수	소속 크리에이터의 전체 조회 수
1	다이아 티비	986	3억 2187만	966억 9939만
2	샌드박스	327	1억 5594만	729억 5775만
3	트레저헌터	220	5741만	206억 5774만
4	크리시아미디어	95	1513만	30억 5150만
5	비디오빌리지	39	1504만	49억 8501만
6	레페리 뷰티 엔터테인먼트	60	1459만	16억 8297만
7	램스튜디오	151	1387만	34억 5125만
8	콜랩코리아	161	1368만	67억 1635만
9	롤큐	92	939만	35억 695만
10	유시스트 엔터테인먼트	32	677만	22억 9430만

주: 2021년 8월 기준.
자료: 유튜브 순위 사이트 유하 자료를 재구성함.

형으로 제시되는데 일반적으로 건너뛰기를 하지 않고 완전히 시청한 비율에 따라 과금한다고 하며, 조회 수 1회당 대략 1원 정도의 수익이 발생한다고 한다.

크리에이터에 대한 기부와 후원은 아프리카TV의 '별풍선' 기능으로 알려지기 시작했으며, 유튜브에서는 '슈퍼챗super chat'이라는 이름의 후원 시스템을 제공한다. 슈퍼챗은 18세 이상 유튜버가 구독자 수 1000명 이상의 채널을 운영하면서 실시간 스트리밍 방송을 하는 경우 개설이 가능하다. 실시간 스트리밍 방송을 할 때 후원 액수, 아이디, 메시지 등이 채팅 창 상단에 표시되는데 후원금 액수에 따라 색상이 다르다.

2020년 유튜브 슈퍼챗 연간 수익을 살펴보면 강용석 변호사 등이 운영하는 보수 색채의 시사·정치 내용을 다루는 〈가로세로연구소〉가 7억 원 이상의 수익을 거두었으며, 〈팔천사와강아지세상〉이라는 애견 채널이 3억 원대의 수익을 거두었다. 최근에는 정치인들도 개인 유튜브

표 1-3 **국내 유튜브 채널의 슈퍼챗 수입 순위** (단위: 원, 개)

순위	유튜브 채널	슈퍼챗 수입	슈퍼챗 개수
1	〈가로세로연구소〉	7억 7773만	+2.7만
2	〈팔천사와강아지세상〉	3억 4261만	+1만
3	〈너알아TV〉	3억 135만	+1만
4	〈시사타파TV〉	2억 9974만	+1.1만
5	〈신의한수〉	2억 8081만	+1.2만
6	〈유재일〉	2억 4480만	+1.4만
7	〈명천가족TV〉	2억 1512만	+1만
8	〈냉철tv〉	1억 9437만	+2만
9	〈Super K-슈퍼개미김정환〉	1억 9008만	+1.5만
10	〈펜앤드마이크TV〉	1억 9006만	+6천

주: 2020년 연간 기준.
자료: 유튜브 순위 사이트 플레이보드 자료를 재구성함.

채널을 개설하는 경우가 많은데, 정치인들이 슈퍼챗으로 후원받는 것은 '정치자금법' 위반 여지가 있다며 논란이 일기도 했다. 슈퍼챗뿐만 아니라 '채널 멤버십'도 유튜버의 수익원이 될 수 있다. 채널 멤버십은 멤버별 등급에 따라 월 가입비가 책정되는데, 최소 0.99달러에서 최고 49.99달러 사이에서 유튜브 크리에이터는 최대 다섯 가지 등급을 책정해 월정액 후원을 받고, 이 후원금의 70%를 수익금으로 받는다.

이 밖에도 간접광고나 어떤 특정 브랜드 제품에 대한 홍보 영상을 제작해 수익을 올리거나 기획 단계부터 커머스를 결합해 상품 판매가 이루어지는 일종의 홈쇼핑 채널을 운영해 수익 모델을 만드는 경우도 있다. 최근에는 협찬이나 간접광고임을 밝히지 않고 특정 상품을 홍보하는 '뒷광고'가 사회문제가 되어 일부 유명 유튜버들이 사과하거나 채널 운영을 중단하는 등의 상황도 벌어졌다.

3. 1인 미디어 유튜브 콘텐츠 및 채널 운용 주요 사례

주요 인기 1인 미디어를 보면 기존의 전통 미디어와는 형식과 내용 면에서 차별화 요소가 많이 있다. 10~20분 정도의 길이로 제작되기 때문에 기존 미디어 기반의 프로그램에 비해 상대적으로 짧은 시간에 특정 주제를 효과적으로 전달해야 한다. 또한 편성이 자유로워 영상을 수시로 업로드할 수 있으며, 편당 길이와 포맷도 상대적으로 유연하다. 반면에 콘텐츠 제작의 진입 장벽이 점점 낮아지면서 끊임없이 새로운 유튜브 채널이 등장하고 경쟁하기 때문에 인기 채널이라고 해도 지속성은 상당히 낮은 편이다. 그리고 일반적·보편적인 대중을 타깃으로 하는 것이 아니라 소수의 취향에 맞춘 콘텐츠를 만들기 때문에 1인 미디어를 기존의 방송 장르나 유형으로 구분하거나 그 틀에 맞추어 분석하는 것은 무리일 수 있다. 그럼에도 우리나라에서 인기 있는 1인 미디어 채널의 장르나 유형을 살펴보면 먹방, 키즈, 게임, 반려동물, 뷰티·패션, 교육 등이며 최근에는 뉴스, 시사·정치, 경제 등으로 영역이 다양화되고 있다.

먹방은 '먹는 방송'의 줄임말로, 1인 미디어 크리에이터가 음식을 실제로 먹는 모습을 보여주는 채널이다. 초기 먹방 채널들은 주로 주어진 시간 안에 특정 음식을 먹는 모습을 보여주었으며, 대부분 음식을 맛있게 많이 먹는 모습을 보여주며 그 맛을 전달하는 것이 중심 내용이었다.

최근 인기 있는 먹방 유튜브 채널은 〈떵개떵〉, 〈[Dorothy]도로시〉, 〈tzuyang쯔양〉 등이 있다. 〈떵개떵〉 채널은 구독자 445만 명으로 형제 유튜버가 그날의 주제가 되는 음식을 먹는 모습을 생생한 소리와 함께 전달한다. 이렇듯 요즘 먹방은 단순히 많이 먹는 모습보다 자율감

각 쾌락 반응ASMR: Autonomous Sensory Meridian Response(이하 ASMR)을 전제해 실제 음식물을 섭취하면서 발생하는 소리를 극대화시켜 전달하는 콘텐츠가 인기를 얻고 있다. 〈Jane ASMR 제인〉은 출연자의 얼굴을 전부 노출하지 않고 음식과 입만 클로즈업해 음식물을 섭취할 때의 소리 전달에만 집중한다. 이 채널의 구독자는 1410만 명에 달한다.

키즈·어린이 유튜브 채널은 크게 두 분류로 나뉜다. 먼저 영·유아나 초등학교 저학년 어린이들이 직접 출연해 일상 모습 등을 보여주는 채널이다. 우리나라에서는 앞에서 소개한 〈보람튜브〉나 〈서은이야기[SeoeunStory]〉(구독자 936만 명) 등이 있다. 그다음으로는 아이들의 놀이나 장난감 등을 소개하면서 아이들을 타깃으로 하는 채널들이 있다. 이런 채널로는 〈Nao FunFun〉(구독자 1080만 명), 〈두두팝토이〉(구독자 982만 명) 등이 있다. 어린이들을 대상으로 하거나 어린이가 직접 출연하는 유튜브 콘텐츠의 인기는 우리나라만의 현상이 아니다. ≪포브스 Forbes≫에 의하면 2020년 전 세계에서 가장 수익을 많이 올린 유튜버는 〈Ryan's World〉라는 유튜브 채널의 라이언 카지Ryan Kaji라는 미국 텍사스주에서 사는 9세 소년인데, 연 수익이 약 2905만 달러라고 한다. 이 채널 역시 주인공 라이언이 직접 장난감을 갖고 놀며 소개하고 리뷰하는 콘텐츠로 주로 구성되어 있다. ≪포브스≫의 발표에 따르면 연 수익 10위 안의 채널로 〈Like Nastya〉를 운영하는 아나스타샤 라진스카야Anastasia Radzinskaya라는 러시아 소녀는 약 1800만 달러의 수익을 올렸다. 출연자는 성인이지만 어린이 구독자를 대상으로 장난감이나 놀이 등을 소개하는 채널 〈Blippi〉의 운영자인 스티븐 존Stevin John은 약 1700만 달러의 수익을 올렸다고 한다(Forbes, 2019.12.18).

유튜브는 현재 유튜브 키즈YouTube Kids라는 별도의 플랫폼을 운영하고 있는데, 13세 미만의 어린이는 해당 연령대가 이용할 수 있는 콘텐츠들만 검색과 시청이 가능하며, 부모들이 자녀 계정에 감독 기능을 추가할 수 있도록 하고 있다. 그러나 어린이 콘텐츠의 등급 기준이나 나이 제한 기준이 나라마다 다르고, 시청 제한이나 출연 제한 기준도 모호하며, 소개되는 장난감의 안전성과 유해성 검증도 이루어지지 않는 등 다양한 이슈가 제기되는 중이다.

이 밖에도 유튜브에서 인기 있는 장르로 애완·반려 동물을 대상으로 하는 채널들이 있다. 반려묘를 다루는 〈크림히어로즈〉(구독자 381만 명), 〈수리노을SuriNoel〉(구독자 205만 명), 반려견을 다루는 〈슈앤트리SHU AND TREE〉(구독자 164만 명), 개 훈련사로 유명한 강형욱이 운영하는 〈강형욱의 보듬TV〉(구독자 128만 명) 등이 인기 채널이다. 최근 반려동물을 보유한 인구가 증가해 반려동물을 키울 때 필요한 정보들로 콘텐츠가 구성되어 있지만, 실제 반려동물을 직접 키우지 못하는 사람들이 대리 만족을 얻는 통로로도 인기를 얻고 있다.

게임 관련 콘텐츠를 제공하는 유튜브 채널도 전통적으로 인기 있는 장르다. 인기 게임이 진행되는 장면을 공유하거나 게임 진행을 중계하는 채널들로, 게임 '마인크래프트'의 진행 과정을 보여주는 〈잠뜰 TV〉(구독자 195만 명)와 〈태경 TV〉(구독자 151만 명), 게임 '오버워치'로 콘텐츠를 만드는 〈김재원의 즐거운 세상〉(구독자 151만 명), 게임 '리그 오브 레전드'를 대상으로 방송하는 〈테스터훈TesterHoon〉(구독자 119만 명)과 같은 채널들이 인기다.

이렇듯 인기 연예인이 직접 운영하는 유튜브 채널이나 대형 MCN에 소속된 1인 크리에이터들이 엔터테인먼트, 오락, 취미, 생활정보 등을 다루는 채널이 주로 얻고 있다. 하지만 최근에는 정치, 시사, 경제와 관련된 상대적으로 하드hard 콘텐츠를 다루는 채널에도 구독자가 느는 추세다. 시사·정치 분야를 보면 시사평론가, 정치 논객, 전·현직 정치인들이 각자의 정치적 의견을 표출하는 채널을 만들어 시청자들과 소통하고 있다. 다만 여기에도 진보와 보수로 갈린 한국의 정치 지형이 반영되어 정치색을 짙게 띠며 특정 지지층의 입맛에 맞춘 편향적인 방송을 하는 경우가 많다. 몇몇 채널은 검증되지 않은 가짜 뉴스를 생산·배포하다가 사회적 논란을 부르기도 한다. 부동산, 주식, 가상 화폐 등 경제와 관련된 유튜브 채널도 다양하게 개설되어 있다. 하지만 이 분야 역시 '주식 리딩방'과 같은 회원제 방식으로 운영하며 투자자를 현혹하거나, 잘못된 정보를 제공하며 주식 시장을 교란시키거나, 검증되지 않은 허위 정보로 시청자들이 큰 손실을 보는 등 사회문제를 야기하기도 한다.

최근에는 브이로그Vlog 형식의 콘텐츠가 1인 미디어에서 많이 활용되고 있다. 'Vlog'는 'Video'와 'Blog'의 합성어로 사진이나 텍스트가 중심이 되는 기존의 블로그가 아닌 짧은 영상clip 중심의 블로그를 의미한다. 주로 뷰티, 패션, 먹방, 여행 등의 소재로 일상의 평범한 모습을 보여주는 형식을 취한다. 기존의 유튜브 채널들이 촬영 스튜디오 등에서 주어진 원고를 기반으로 녹화·제작된다면, 브이로그는 일반 방송에서도 인기 있는 관찰 예능의 형식처럼 빌려 진행한다는 차이가 있다. 엑소의 백현, 아이유, 악뮤의 이수현 등 인기 연예인들도 브이로그 형식의 콘텐츠를 제작해 인기를 얻고 있다. 특히 뷰티, 패션, 여행 등의 소재는 기업 마케팅과 연결되어 진행되기도 한다. 가령 한국관광공사의 여행지 홍보 콘텐츠를 보면, 인기 연예인이나 크리에이터가 실제 여행지를 방문해 겪는 체험을 보여주며 관광지 방문을 유도한다. 그 밖에 지방자치단체의 지역 홍보나 브랜드 마케팅에도 브이로그 형식의 콘텐츠가 적극적으로 활용되고 있다.

한국을 알리는 외국인 유튜버들

최근 외국인들이 한국을 소개하는 유튜브 채널을 자주 볼 수 있다. 조슈아 대릴 캐럿Joshua Daryl Carrott과 올리버 존 켄들Oliver John Kendal이 운영하는 〈영국남자 Korean Englishman〉는 구독자가 403만 명으로 주로 한국 음식이나 한국 문화를 접하는 영국인들의 반응을 보여준다. 한국 문화에 관심 있는 외국인들은 물론 한국 문화에 대해 외국인들이 어떤 인식을 갖고 있는지 궁금해하는 한국인들에게도 큰 인기를 얻었다. 가령 "삼겹살을 처음 먹어본 영국인들의 반응!?!"이라는 이름의 동영상은 2021년에 조회 수가 2000만 회를 넘어섰다.

미국인 셰프이자 소믈리에인 더스틴 웨사Dustin Wess는 특이하게도 한국의 전통주를 소개하는 유튜브 콘텐츠를 제작하고 있다. 그는 〈전통주마니아 더스틴〉이라는 채널에서 막걸리, 전통 소주 등 한국 전통 술의 주조 방법과 원리 등을 전문가의 관점에서 소개하고 있다.

또한 외국인들이 한국을 소개하는 유튜브 채널은 점차 영미권 출신에서 전 세계 크리에이터들로 확대되는 추세다. 〈Oh, My Friend!〉는 구독자가 41만 8000명으로 한국에서 거주하는 브라질인 아만다Amanda와 마르셸라Marcella가 운영한다. 한국에서 살며 접한 다양한 한국 문화를 브라질인들에게 알리는 동시에 브라질 문화를 한국에 소개하는 콘텐츠를 제공하고 있다. 이런 현상은 요즘 국가 간의 외교 활동에서 강조되고 있는 민간 주도의 공공 외교public diplomacy로의 확장 가능성을 보여주고 있다.

브이로그 유튜브 채널과 여행

동영상 광고 회사 픽사빌리티Pixability의 2018년 보고서에 따르면 여행과 관련된 유튜브 콘텐츠는 130만 개의 채널에서 1390만 개의 영상이 제작되었으며 조회 수는 3060억 회가 발생했다. 시청자들이 선호하는 여행 영상은 브이로그 형식이 가장 많았으며 그다음으로 광고와 1인칭 시점point of view이 뒤를 이었다. 관광 정보를 브이로그 형식으로 제공하면 경험재인 관광을 시청자가 실제 체험하는 듯한 효과를 줄 수 있다. 이로써 잠재 관광객들에게 상품 선택에 대한 불확실성을 줄여주고 체험의 진정성을 제공한다는 측면에서 의의가 있다.

 그림 1-5 **여행 관련 유튜브 콘텐츠 점유율** (단위: %)

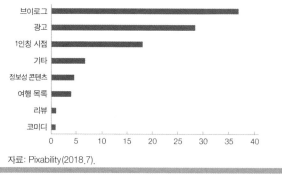

자료: Pixability(2018.7).

참고문헌

≪노컷뉴스≫. 2021.2.14. "유튜버 상위 1% 27명, 181억 원 벌어… 평균 6억 7천". https: //www.nocutnews.co.kr/news/5499185.

≪매일경제≫. 2020.12.4. "팬데믹 시대 언택트 확산에 유튜브가 SNS 대세로, 집콕족 늘 며 구독자 폭증… 유튜브서 쇼핑도". https://www.mk.co.kr/news/culture/ view/2020/12/1249181.

와이즈앱. 2019.9.10. 「안드로이드 스마트폰 이용자의 세대별 이용 현황」.

유하. 2021.8. https://www.youha.info/home.

주수민. 2021. "Can lifestyle and entertainment preferences predict the use of OTT in the COVID-19 era?" 경희대학교 대학원 석사 학위논문.

천혜선 외. 2019. 「미디어 생태계 변화에 따른 1인 미디어 산업 실태조사 체계화 연구」(방 송통신정책연구, 2019-0-0154). 미디어미래연구소.

플레이보드. 2021.4. https://playboard.co.

≪한국경제≫. 2018.8.1. "요즘 초등생들 '유튜브 크리에이터 되고 싶어요'". https:// www.hankyung.com/it/article/2018080117691.

한국전파진흥협회. 2020. 「1인 미디어 산업 동향」, Vol.3.

Forbes. 2019.12.18. "The Highest-Paid YouTube Stars of 2019: The Kids Are Killing It."

Pixability. 2018.7. "In-Flight Viewing: Boosting Brand Awareness among the Right Travelers through YouTube." Boston: Pixability.

제2장

어린이 유튜브 문화

이창호 ㅣ 한국청소년정책연구원 선임 연구위원

요즘 어린이들은 유튜브를 가장 많이 보며 필요한 정보를 유튜브에서 찾는 유튜브 세대다. 한국언론진흥재단(2019)의 조사 결과 초등학생들은 관심이 가는 주제와 관련된 정보를 찾을 때 유튜브와 같은 온라인 동영상 플랫폼을 가장 많이 이용했으며 인터넷 포털과 검색엔진이 뒤를 이었다. 유튜브 문화가 확산되면서 유튜브 크리에이터를 꿈꾸는 어린이들도 늘었고, 이와 관련한 강좌나 책도 봇물처럼 쏟아지고 있다. 어린이가 출연하는 유튜브 채널이 인기를 끌고 있으며 상위 톱 키즈 채널들의 연 수입은 수십억 원에 달한다. 그 결과 조회 수를 높이기 위해 어린이들에게 무리한 요구를 하거나 아동 인권을 침해하는 사례도 늘고 있다. 이에 따라 프랑스를 비롯한 여러 국가들은 어린이 유튜버의 권리와 이익을 보호하기 위한 조치들을 시행하고 있다. 우리나라도 최근 정부에서 인터넷 개인 방송에 출연하는 아동과 청소년에 대한 보호 지침을 마련했다. 아직까지 학교 현장에서 유튜브를 비롯한 1인 미디어에 관한 리터러시 교육이 활발하지는 않다. 유튜브의 추천 알고리즘이 어떤 원리에 따라 작동하는지, 유튜브 제작 과정에서 발생할 수 있는 다양한 문제들은 무엇인지 학생들이 인식할 수 있도록 유튜브 리터러시 교육이 강화되어야 한다.

1. 유튜브에 빠진 아이들

현재의 초등학생들은 유튜브를 통해 필요한 정보를 얻고 다시 이를 통해 자신들이 직접 콘텐츠를 생산하는 세대다. 바야흐로 생산과 소비를 동시에 하는 생비자生費者, 프로슈머prosumer가 되고 있다. 이 세대는 유튜브와 인스턴트 메신저만으로도 완전한 커뮤니케이션이 가능하다(노가영·조형석·김정현, 2020). 영상이 익숙한 아이들에게 영상 매체인 유튜브는 편안하게 접근할 수 있는 미디어다. 유튜브 채널을 직접 운영하는 초등학생들은 구독자 수가 늘기를 원하며 자신이 올린 댓글에 '좋아요'가 많이 눌리기를 바란다(김아미, 2018). 학생들은 학교 숙제를 위해 자료를 조사할 때나 자신이 즐기는 게임의 전략을 알아보기 위해 유튜브를 검색한다.

필자의 두 아이를 보면 요즘 어린이들이 유튜브 세대라는 말이 정말 실감이 난다. 초등학교 6학년과 3학년 아들 두 명인데 틈만 나면 유튜브를 시청한다. 둘 다 게임을 좋아하기 때문에 유튜브를 통해 게임하는 영상을 즐겨 본다. 자신이 좋아하는 게임의 전략을 알기 위해서다. 작은아이는 특히 유튜브 중독이 심하다. 영어에 익숙해서 과학과 우주를 다룬 영어 동영상을 한때 많이 보았다. 요즘은 세계사에 빠져 제1차, 제2차 세계대전을 다룬 영어 콘텐츠를 열심히 보고 있다. 큰아이는 군대 이야기를 다룬 만화 애니메이션이나 무서운 이야기를 소개하는 영상에 관심이 많다. 흥미로운 것은 두 아이 모두 스마트폰으로 영상을 촬영하기를 좋아한다는 점이다. 큰아이는 주로 수학 문제를 푸는 모습을 영상으로 만들어 자랑한다. 작은아이는 유튜브를 통해 배운 세계사에 관한 이야기를 강의하는 영상을 스마트폰으로 제작해 부모에게 자랑한다. 그런데 정작 아이들은 유튜브 계정은 가지고 있지 않다. 유튜브 계정을 만들어 영상을 올리는 것은 부끄러워서인지 싫어한다. 어린이 유튜브 채널의 경우 잘 만들지 않으면 또래들로부터 '싫어요'를 많이 받는다는데, 이 때문에 아이들이 유튜브 계정을 만드는 것은 꺼린다. 코로나19가 발생한 뒤로는 더더욱 유튜브에서 보내는 시간이 많아졌다. 야외 활동이 힘들다 보니 집 안에서 스마트폰으로 게임이나 유튜브를 한다. 그래서 가정 안에서 부모와 자녀 간의 갈등이 심하다.

자녀의 미디어 이용을 통제하는 애플리케이션에 관심이 있는 학부모들이 많다. 이를 적절하게 활용하면 자녀가 주로 이용하는 카카오톡 KakaoTalk, 유튜브, 인스타그램, 게임 등을 차단할 수 있기 때문이다. 이런 제한적 조치는 부모 입장에서는 환영할 만하지만 자녀들이 보기에는 자신들의 자율성을 억압하는 통제 수단일 수 있다. 부모들은 아이가 미디어에 빠져 있는 것이 늘 걱정스럽다. 부모들은 미디어를 자녀의 공부를 방해하고 자녀의 건강을 해치는 존재로 인식한다. 미디어가 자녀에게 미치는 긍정적 영향보다 부정적 영향을 더 크게 느끼는 셈이다. 유튜브의 경우 혹시 아이가 가짜 뉴스라도 접하지는 않을까, 미성년자에게 해로운 콘텐츠를 보지는 않을까, 늘 노심초사한다. 시시콜콜한 내용이나 보고 있는 자녀가 못마땅할 때도 많다.

그렇다면 어린이들이 유튜브에 몰입하는 이유는 무엇일까? 한 연구에 따르면 유튜브에 몰입하는 요인은 크게 현실감, 오감 자극, 솔직함 등 세 가지로 나타났다(강민정·정은주·조해윤, 2020). 즉, 유튜브의 배경이나 소재가 이용자들에게 친숙하고 실제 상황에 따라 진행되는 재미가 있어 유튜브에 빠져든다는 것이다. 어린이들에게 인기 있는 먹방의 경우 실재감과 현실감이 매우 강하다고 볼 수 있다. 유튜브 진행자의 매력적인 외모나 목소리도 유튜브에 몰입하게 만드는 주요 원인 중 하나다. 유명 연예인이 아닌 평범한 사람이 유튜브를 진행한다는 점도 유튜브의 인기 요인이다. 특별한 이야기가 아닌 일상생활에서 일어날 만한 일과 에피소드를 꾸밈없이 진솔하게 보여주기 때문에 이용자들은 유튜브에 매력을 느낀다.

어릴 때부터 디지털 기기를 자주 접하고 이를 다루는 데 익숙한 세대적인 특성도 한몫한다. 이른바 Z세대로 불리는 현재의 초등학생들은 스마트폰을 잘 다루고 온라인과 소셜 네트워크 서비스에서 메시지를 주고받는 데 많은 시간을 보낸다(김상욱, 2020). 또한 유튜브를 통해 배우고 소통하는 세대이기도 하다. 이들은 궁금한 것이 있으면 인터넷 포털을 찾기보다 유튜브를 검색한다. 텍스트보다 영상과 이미지가 익숙하기 때문이다. 40대 이후 세대가 정보를 텍스트에서 찾고 20~30세대가 인터넷에서 구한다면, 10대는 유튜브에서 찾는다(신상기, 2020). 10대들은 또한 틱톡과 같은 짧은 동영상 플랫폼을 선호하는 특징을 보인다. 정보의 홍수 속에서 살다 보니 긴 영상이나 텍스트보다 짧고 간결한 영상과 텍스트를 선호하는 경향이 있다.

무엇보다 유튜브가 어린이들에게 주는 매력은 재미다. 아이들에게 물어보면 유튜브에서 영상을 보는 것이 너무 재미있다고 한다. 필자 또래의 기성세대는 야외에서 다양한 놀이를 하며 어린 시절을 보냈지만 요즘 아이들은 디지털 네이티브digital native라고 불릴 만큼 디지털 기기를 가까이하며 자랐다. 그러다 보니 야외 활동을 하는 시간보다 집에서 스마트폰을 하는 시간이 많아졌다. 아날로그 부모와 디지털 자녀의 만남이라고 해야 할 정도로 세대 간 정보 이용의 차이가 크다(박선미, 2020). 이런 환경에서는 부모의 역할이 매우 중요하다. 의식적으로라도 아이들과 함께 밖으로 나가서 하는 야외 활동이 필요하다. 집에서 아이들이 할 수 있는 활동은 유튜브를 비롯한 스마트폰 이용밖에 없기 때문이다.

2. 유튜버를 꿈꾸는 아이들

유튜브의 인기 때문에 1인 크리에이터를 희망하는 초등학생들의 비율이 최근 급증하고 있다. 교육부 조사에서도 초등학생들의 희망 직업 3순위로 크리에이터가 꼽힐 정도로 유튜버를 희망하는 어린이들이 근래 눈에 띄게 증가했다(교육부 보도자료, 2019.12.10). 2009년과 2015년 조사에서는 크리에이터라는 직업이 아예 20위권 안에 없었다. 초등학생과 달리 중·고등학생의 경우 크리에이터 직업이 상위 20위권 안에 들지 못했다.

프로 게이머의 인기도 해마다 증가하고 있다. 2009년 15위, 2015년 11위, 2019년에는 6위를 차지했다. 남학생들의 경우 유튜브를 통해 게임 동영상을 많이 보기 때문에 프로 게이머에 대한 호감이 많이 생겨났을 수 있다.

교육부의 조사에서 초등학생들이 희망 직업을 알게 된 경로로 부모(36.0%)를 가장 많이 꼽았고, 텔레비전을 비롯한 대중매체(32.1%), 웹사이트·소셜 네트워크 서비스(27.2%) 순이었다. 대부분의 진로 정보를 미디어를 통해 얻고 있는 것이다.

어린이들이 유튜버가 되려는 이유는 인기 있는 유튜버들이 돈도 많이 벌고 유명하기 때문이다. 물론 이런 배경에는 미디어의 영향이 크다. 언론을 통해 돈을 많이 버는 유튜버들이 소개되면서 아이들은 유튜버에 대해 환상을 갖게 된다. 누구나 열심히만 하면 유튜브를 통해 쉽게 돈을 벌 수 있다고 생각하는 것이다. 실제로 성공하는 유튜버는 극소수인데 말이다.

하지만 필자가 최근 연구진으로 참가한 전국 초등학교 고학년 대상의 설문 조사 결과는 매우 다르다. 장래 희망이 유튜버라는 데 동의한

표 2-1 **초등학생 희망 직업 1~20위 변화(2009~2019년)** (단위: %)

구분	2009년		2015년		2019년	
	직업명	비율	직업명	비율	직업명	비율
1	교사	11.3	선생님(교사)	11.1	운동선수	11.6
2	의사	8.6	운동선수	10.4	교사	6.9
3	요리사	7.0	요리사	7.2	크리에이터	5.7
4	과학자	6.2	의사	5.0	의사	5.6
5	가수	5.4	경찰	4.4	조리사(요리사)	4.1
6	경찰	4.2	판사·검사·변호사	3.7	프로 게이머	4.0
7	야구 선수	3.9	가수	3.1	경찰관	3.7
8	패션 디자이너	3.8	과학자	2.8	법률 전문가	3.5
9	축구 선수	3.3	제빵원 및 제과원	2.6	가수	3.2
10	연예인	2.5	아나운서·방송인	2.4	뷰티 디자이너	2.9
11	치과 의사	2.1	프로 게이머	2.2	만화가(웹툰 작가)	2.5
12	변호사	1.9	생명·자연 과학자 및 연구원	2.1	제과·제빵사	2.4
13	유치원 교사	1.9	정보시스템 및 보안 전문가	1.9	과학자	1.8
14	피아니스트	1.8	작가·평론가	1.6	컴퓨터공학자· 소프트웨어 개발자	1.7
15	프로 게이머	1.5	수의사	1.5	수의사	1.6
16	교수	1.4	건축가·건축 디자이너	1.5	작가	1.6
17	사육사	1.4	동물 사육사	1.5	배우·모델	1.4
18	판사	1.4	만화가	1.4	연주가·작곡가	1.4
19	공무원	1.3	기계공학 기술자 및 연구원	1.4	군인	1.3
20	아나운서	1.1	패션 디자이너	1.4	생명·자연 과학자 및 연구원	1.3

주1: 기타와 무응답은 순위에서 제외함.
주2: 누계는 희망 직업이 있는 학생 수 대비 희망 직업 상위 20개에 응답한 학생 수의 비율임.
주3: 희망 직업 순위와 비율은 가중치가 적용되지 않음.
자료: 교육부 보도자료(2019.12.10), 9쪽.

초등학생은 12.4%에 불과했다. 성별로 보면 여학생(7.9%)보다 남학생 (16.7%) 비율이 두 배 이상 많았다. 가정의 경제 수준이 낮을수록 장래 희망을 유튜버로 고른 학생들이 많은 점도 흥미롭다.

표 2-2 '나의 장래 희망은 유튜버가 되는 것이다'에 대한 견해 (단위: %)

구분	전혀 그렇지 않다(①)	그렇지 않다(②)	보통이다 (③)	그렇다(④)	매우 그렇다(⑤)	부정 (①+②)	긍정 (④+⑤)
전체	54.7	18.6	14.3	7.8	4.6	73.3	12.4
성별							
남학생	49.5	17.7	16.1	9.7	7.0	67.2	16.7
여학생	60.0	19.5	12.5	5.7	2.2	79.6	7.9
학년별							
초등 4년	53.1	15.2	14.2	9.7	7.7	68.3	17.4
초등 5년	53.9	19.6	14.0	8.5	4.1	73.5	12.6
초등 6년	56.6	20.7	14.8	5.5	2.4	77.3	7.9
경제 수준							
상위층	61.3	16.4	12.7	6.1	3.5	77.7	9.6
중·상위층	56.1	18.3	15.3	7.0	3.3	74.4	10.3
중·하위층	52.4	20.1	14.4	7.8	5.3	72.5	13.1
하위층	49.3	18.0	13.9	11.1	7.8	67.2	18.9

자료: 한국청소년정책연구원(2020).

표 2-3 '나는 유튜버가 되어 돈을 많이 벌고 싶다'에 대한 견해 (단위: %)

구분	전혀 그렇지 않다(①)	그렇지 않다(②)	보통이다 (③)	그렇다(④)	매우 그렇다(⑤)	부정 (①+②)	긍정 (④+⑤)
전체	49.9	17.5	17.2	9.5	6.0	67.3	15.5
성별							
남학생	45.1	15.7	19.5	11.2	8.5	60.9	19.7
여학생	54.8	19.3	14.8	7.7	3.4	74.1	11.1
학년별							
초등 4년	49.5	16.6	17.7	9.1	7.1	66.1	16.2
초등 5년	50.5	17.9	16.8	8.8	6.1	68.4	14.8
초등 6년	49.7	17.8	17.1	10.4	5.0	67.5	15.4
경제 수준							
상위층	55.2	16.8	14.8	8.4	4.8	72.0	13.3
중·상위층	51.6	18.1	16.7	7.7	5.8	69.8	13.5
중·하위층	48.6	17.5	16.7	11.8	5.5	66.1	17.2
하위층	44.8	17.6	18.9	9.5	9.2	62.4	18.6

자료: 한국청소년정책연구원(2020).

동일한 조사에서 초등학생 응답자의 불과 15.5%가 "유튜버가 되어 돈을 많이 벌고 싶다"라고 답했다. 이 같은 비율은 여학생(11.1%)보다는 남학생(19.7%)에게서 더 높게 나타났고, 가정의 경제 수준이 낮을수록 높아지는 경향을 보였다.

물론 두 조사 결과를 직접적으로 비교하기에는 다소 무리가 있는 것도 사실이다. 교육부의 조사는 초등학생 6학년만을 대상으로 했고, 한국청소년정책연구원의 조사는 초등학교 4, 5, 6학년을 대상으로 삼았다. 조사 시점도 2019년과 2020년으로 약간 차이가 있다. 그럼에도 유튜브 크리에이터를 꿈꾸는 어린이들이 최근 늘어난 것은 분명해 보인다. 이에 따라 초등학생을 위한 유튜브 크리에이터 강좌가 봇물처럼 쏟아지고 있고 관련 도서의 출간도 활발하다. 동영상을 만들고 편집하는 과정부터 유튜브 계정을 만들어 콘텐츠를 올리고 홍보하는 전략까지 다양한 강의가 진행되고 있다.

3. 유튜브 이용 실태

한국언론진흥재단은 초·중·고 학생들의 미디어 이용을 3년마다 조사하고 있다. 2019년 조사 결과에 따르면 온라인 동영상 플랫폼 중 유튜브의 이용률이 가장 높았다. "지난 일주일간 온라인 동영상 플랫폼을 이용한 적이 있다"라고 응답한 학생들(초 78.0%, 중 92.0%, 고 91.7%) 가운데 초등학생의 96.1%, 중학생 98.9%, 고등학생 98.9%가 유튜브를 이용한 적이 있다고 답했다. 초등학생들은 온라인 동영상 플랫폼에서 게임(62.4%)을 가장 많이 이용했으며 음악·댄스(40.2%), 먹방·쿡방(cook방, 요리 방송)(28.8%), ASMR(26.9%), 애니메이션(26.4%), TV 드라

그림 2-1 초등학생들의 유튜브 장르별 이용 현황 　　　　　　　　　　　　　(단위: %)

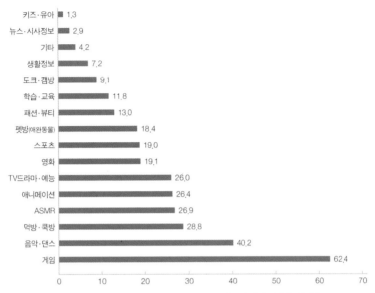

자료: 한국언론진흥재단(2019: 58, 표 2-21)의 내용 중 초등학생 집단의 비율을 제시함.

마·예능(26.0%)의 순이었다(한국언론진흥재단, 2019). 이 중 ASMR는 청각 등 인간의 감각에 호소해 심리적 안정감이나 기분 좋은 쾌감 등 감정적 경험을 유발하는 영상 콘텐츠다(강미정·조창환, 2020). 반면 뉴스·시사정보 이용은 2.9%에 불과했고, 학습·교육 콘텐츠 이용도 11.8%로 그리 높지 않았다. 학생들이 유튜브를 이용해 유용한 정보를 얻기보다 흥미 위주의 콘텐츠나 자극적인 내용의 콘텐츠를 즐긴다는 점을 알 수 있다.

　유튜브는 초등학생들에게 중요한 검색 도구다. 이들이 관심 있거나 흥미 있는 주제가 있을 때 가장 많이 이용하는 경로는 유튜브와 같은 온라인 동영상 플랫폼이었고, 인터넷 포털과 검색엔진이 뒤를 이었다(한국언론진흥재단 보도자료, 2020.1.6). 반면에 고등학생들은 인터넷 포

표 2-4 **초·중·고 학생이 관심 있는 주제가 있을 때 가장 많이 이용하는 경로** (단위: 명, %)

내용	초등학생(762)	중학생(746)	고등학생(855)	전체(2363)
온라인 동영상 플랫폼	50.3	34.0	28.4	37.3
인터넷 포털과 검색엔진	29.7	28.6	41.4	33.6
소셜 네트워크 서비스	8.2	31.3	24.2	21.3
이용자 기반의 지식 생산 사이트	6.8	4.3	5.5	5.5
인공지능 스피커	2.7	1.5	0.3	1.4
기타	2.2	0.3	0.2	0.9

자료: 한국언론진흥재단 보도자료(2020.1.6: 6).

털과 검색엔진을 가장 많이 이용했다.

한국청소년정책연구원의 조사 결과 초등학생들은 유튜브를 통해 원하는 정보를 쉽게 얻을 수 있으며 알고 싶은 정보를 쉽게 이해할 수 있다고 평가했다. 유튜브를 이용하면 기분도 전환되고 스트레스도 많이 해소되는 것으로 나타나기도 했다. 반면 유튜브가 학습에 도움이 된다거나 개인적인 고민을 해결할 수 있다고 믿는 경우는 다소 낮았다. 즉, 교육적 목적보다 유희적·오락적 목적으로 유튜브를 이용하는 경향이 강하다는 것을 알 수 있다.

아이들이 유튜브를 시청하는 방식은 적극적인 것으로 나타났다. 추천 동영상을 보거나 구독자 수나 조회 수가 많은 콘텐츠 위주로 보는 비율은 낮았다. 자신이 보고 싶은 주제를 검색해 시청하는 경우나 구독하는 채널에서 제공하는 영상을 시청하는 비율이 높았다. 아이들은 원하는 정보가 있으면 적극적으로 검색해 해당 영상을 찾으려고 했다. 반면에 최근 6개월 동안 유튜브에 콘텐츠를 올린 적이 있다고 응답한 비율은 전체의 11.1%에 그쳐 어린이들이 직접 콘텐츠를 만들어 올리는 경우는 드문 것으로 나타났다.

그림 2-2 **유튜브를 통해 얻는 혜택**

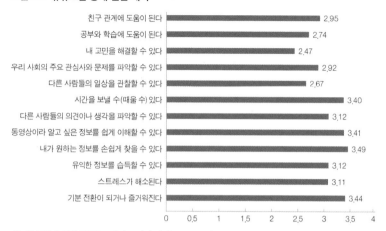

주: 각 문항은 5점 척도(1 = 전혀 그렇지 않다 …… 5 = 매우 그렇다)로 구성됨.
자료: 한국청소년정책연구원(2020).

그림 2-3 **유튜브를 시청하는 방식**

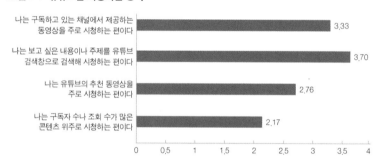

주: 각 문항은 5점 척도(1 = 전혀 그렇지 않다 …… 5 = 매우 그렇다)로 구성됨.
자료: 한국청소년정책연구원(2020).

4. 어린이 유튜버 보호 방안

전 세계적으로 어린이 유튜버들의 활약이 거세다. 어린이 유튜버들은 장난감으로 노는 모습, 학교 수업 준비, 친구들과의 놀이, 노래 따라 부르기 등의 주제를 주로 다룬다(이상호, 2020). 국내에서 대표적인 어린이 유튜브 채널인 〈보람튜브〉는 세부 채널로서 〈브이로그〉(조회 수 125억 5035만여 회)와 〈토이리뷰〉(조회 수 47억 6846만여 회)를 운영하고 있다.* 장난감 놀이, 파티 놀이, 요리하기, 아기 돌보기 등이 주된 내용이다. 이 채널의 연 수입은 적게는 수십억 원에서 많게는 수백억 원에 이르는 것으로 알려져 있다. 몇 년 전에는 가족이 강남에 빌딩을 사며 화제가 되기도 했다. 〈서은이야기[SeoeunStory]〉는 구독자 936만 명으로 부모와 함께 운영되고 있다. 부모는 아이가 애정 결핍 현상을 보여 아이와 많은 시간을 보내기 위해 유튜브를 시작했다고 한다. 외국에서 인기를 끌고 있는 〈CKN Toys〉는 구독자 1740만 명으로 주로 장난감을 갖고 노는 장면을 소개한다. 어린이 유튜버들이 늘고 있지만 어린이가 단독으로 채널을 운영하기는 쉽지 않아 부모가 함께 참여하는 경우가 많다.

하지만 어린이 유튜버에 대한 시선이 곱지만은 않다. 일부 채널에서는 아동 학대로 의심되는 영상이 제작되기도 하고, 어린이 채널의 수익이 수억 원대인 것으로 알려지면서 이용자들이 느끼는 상대적 박탈감도 커지고 있다(이상호, 2020). 부모가 자녀들을 돈벌이 목적으로 이용하고 있다는 비판도 제기된다. 일부 채널은 조회 수를 높이기 위해

---

* 이 장에서 소개되는 유튜브 채널의 구독자 수와 조회 수는 별다른 언급이 없다면 2021년 8월을 기준으로 한다.

사회 통념상 건전하지 못한 내용을 전달하기도 한다. 한 아동보호 단체는 이보람 양의 부모를 아동 학대 혐의로 경찰에 고발하기도 했다(≪서울신문≫, 2019.7.24). 아이를 장난감 자동차에 태운 뒤 실제 도로 위에서 촬영하는 행위나 임신, 출산 등의 상황을 설정해 억지로 연기를 시키는 상황극 행위가 아동에 대한 학대라고 보았기 때문이다.

이런 문제를 해결하기 위해 유튜브 측에서는 13세 미만의 어린이들에게 유익한 콘텐츠를 제공하는 유튜브 키즈를 오픈하기도 했다. 이 애플리케이션을 이용하면 보호자가 자녀에게 유용한 채널을 골라 제공할 수 있고 원치 않는 채널은 차단할 수도 있다. 아울러 자녀의 유튜브이용 시간을 제한할 수도 있다.

프랑스는 어린이 유튜버 보호법을 마련해 만 16세 미만의 아동을 상업적 목적의 온라인 영상에 출연시키려면 당국의 허가를 받도록 했다(≪조선일보≫, 2020.10.8). 어린이들이 영상을 찍느라 학교 수업에 빠지는 것도 금지했고, 어린이가 번 돈을 부모가 마음대로 가져가지 못하게끔 장치를 마련했다.

미국은 '쿠건 법'에 따라 미성년자가 벌어들인 수익의 일정액을 신탁회사 계좌로 관리하도록 했다. 이후 성인이 되면 수익을 되돌려 주는식이다(≪경향신문≫, 2019.8.9).

'쿠건 법'

여섯 살 때 찰리 채플린Charles Chaplin의 영화 〈키드Kid〉에 출연했던 영화배우 재키 쿠건Jackie Coogan이 자신이 번 400만 달러를 부모가 탕진했다며 제기한 소송으로 만들어진 법이다. 아역 스타의 수입 중 15%를 신탁회사 계좌로 관리한 뒤에 성인이 되면 되돌려 주는 제도다.

우리나라도 방송통신위원회(2020.6.30)가 최근 인터넷 개인 방송에 출연하는 아동·청소년 보호 지침을 마련했다. 이 지침에 따르면 콘텐츠 제작자는 아동·청소년 출연자가 심야(22시부터 6시까지)에 생방송을 진행하거나 콘텐츠에 출연하는 행위, 아동·청소년 출연자가 1일 6시간 이상 생방송을 진행하거나 콘텐츠에 출연하는 행위, 아동·청소년 출연자와 그 보호자의 동의 없이 아동·청소년 출연자의 개인 정보가 노출되는 행위 등을 해서는 안 된다. 또한 신체적·정서적·심리적으로 아동·청소년을 학대하거나 학대하는 상황으로 오인될 수 있는 내용의 콘텐츠, 아동·청소년 출연자가 신체적 폭력·위험이나 과도한 정신적 불안, 공포 등에 노출될 수 있는 콘텐츠, 아동·청소년 출연자가 주류, 담배, 마약류, 환각 물질 등 청소년 유해 약물 등을 소지 또는 흡입 등 사용하거나 광고하는 내용이 담긴 콘텐츠를 제작하지 않아야 한다.

하지만 이 지침은 법적인 강제력이 없기 때문에 아쉬운 점이 있다. 유튜브와 같은 인터넷 개인 방송 사업자들을 대상으로 하는 교육이 향후 강화될 필요가 있다.

5. 어린이 미디어 교육 현황

전 세계적으로 미디어 리터러시에 대한 관심이 높아지고 있다. 하지만 학생들이 학교에서 받는 미디어 교육은 국어나 사회 수업 시간을 활용한 신문 활용 교육, 강당에 모여서 받는 정보 통신 윤리 교육이 대부분인 것으로 나타났다(양정애·김아미·박한철, 2019). 수행평가를 할 때 과제물을 제출하기 위해 동영상이나 카드 뉴스를 만드는 경우도 있는 등 여전히 제작 중심의 교육에 치우쳐 있는 실정이다. 따라서 미디어의 본질을 이해하거나 미디어에 대한 비판적 이해를 도모하는 미디어 리터러시 교육은 학교 교과 교육에서 잘 이루어지지 않고 있다.

김지연(2018)은 학교 미디어 교육의 문제점으로 미디어의 창의적·능동적 활용보다 미디어로부터 청소년을 보호하는 데 초점을 맞춘 교육과정을 지적했다. 예컨대 학교에서의 미디어 교육은 스마트폰 중독 예방이나 사이버 폭력 예방 등을 강조하고 있다. 또한 정규교육 과정에 미디어 교육이 빠져 있다 보니 체계적인 교육이 잘 이루어지지 않는다는 것이다.

특히 학교 현장에서는 유튜브를 비롯한 1인 미디어에 대한 교육이 많이 부족한 실정이다. 현재 많은 학교에서 수업을 진행할 때 유튜브를 활용하고 있다. 하지만 부모들이 자녀가 유튜브를 이용하지 못하도록 설정해 놓는 경우가 많아 교사들이 유튜브 영상을 활용해 수업하는 데 어려움을 호소하는 실정이다. 이성철(2019)은 학교 내에서 유튜브, 인스타그램, 카카오톡 같은 디지털 플랫폼에 대한 교육이 제대로 이루어지지 않는 이유로 부모의 통제를 지적한다. 부모가 자녀의 스마트폰 이용을 지나치게 통제하다 보니 일부 학생의 경우 유튜브와 같은 특정 애플리케이션 사용이 차단되어 있기도 하다. 기존의 미디어 교육이 신문과 뉴스에 초점을 두고 있어 1인 미디어에 대한 교육이 부족하다는 주장도 있다(김자영, 2017.12.12). 초등학교에서의 실제 교육 경험을 토대로 김자영은 학생 스스로 유해 방송을 찾거나 실제 제작자가 되어 방송을 제작하는 등 실천 중심의 프로젝트 사업을 제안한다.

미디어 리터러시 교육은 다양한 영역을 포괄한다. 미디어 활용뿐 아니라 미디어를 통한 소통, 미디어에 대한 비판적 이해, 미디어 윤리 등 범위가 넓다. 초·중·고 교사와 미디어 교육 강사들은 미디어 리터러시 교육의 내용으로 미디어를 윤리적이고 책임 있게 이용하는 방법을 익히는 것과 미디어 콘텐츠의 내용을 비판적으로 이해하고 분석하는 능력을 가장 중요하게 인식했다(정현선·김아미, 2017.8.9). 반면 디지털 미디어 기술을 활용하는 방법을 배우는 교육으로 미디어 리터러시 교육의 중요성을 인식하는 정도는 가장 낮았다.

유튜브를 비롯한 1인 미디어가 대중화되는 지금 시점에서 유튜브를 책임 있게 활용하고 유튜브 콘텐츠를 비판적으로 분석하는 리터러시 역량이 더욱 중요해지고 있다.

6. 리터러시 함양 방안

요즘 아이들은 팔로워가 얼마나 많은지와 '좋아요'나 별풍선이 눌린 숫자가 얼마나 되는지에 따라 자신의 존재감이 평가된다고 생각한다(김대진, 2020). 유튜브에 익숙한 아이들은 조회 수가 권력이라는 사실을 누구보다 잘 알고 있다(김광희 외, 2019). 그만큼 타인이 자신의 콘텐츠를 어떻게 평가하는지에 민감하다. 이 때문에 타인의 주의를 끌기 위해 자극적이고 흥미로운 콘텐츠를 올릴 우려도 존재한다. 최근에는 초등학생들이 유튜브에 올린 '엄마 몰카(몰래 카메라)'가 사회적으로 파장을 일으켰다. 장난감 총으로 엄마를 위협하며 놀라게 하는 모습이나 엄마가 설거지하는 모습을 올리기도 한다(김광희 외, 2019). 유튜브 동영상에서 유행하는 욕설이나 이상한 말을 따라 하는 버릇도 생겨나고 학교 폭력으로 이어지기도 한다(김자영, 2017.12.12). 특히 유튜브에는 객관적인 사실을 왜곡한 가짜 뉴스가 많이 범람하고 특정 집단이나 인종을 폄하하는 혐오 표현도 늘고 있어 어렸을 때부터 미디어 리터러시 역량을 함양하는 것이 어느 때보다 중요하다.

그림 2-4 **개인 방송 리터러시가 포괄해야 하는 영역**

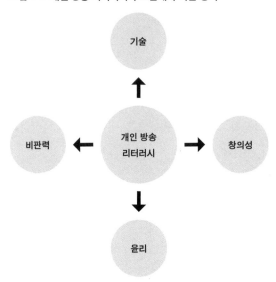

자료: 심재웅(2020), 165쪽.

심재웅(2020)은 유튜브를 비롯한 개인 방송 리터러시가 포괄해야 하는 영역으로 기술, 비판력, 창의성, 윤리를 제시했다. 그의 논의에 기초해 어린이를 대상으로 하는 유튜브 리터러시YouTube literacy 교육의 방향을 제시하면 다음과 같다.

먼저 기술 영역은 학생들이 유튜브 제작에 필요한 콘텐츠 창조와 관리 능력을 함양하는 것이다. 이는 주로 기술적인 능력과 관련되며 어떻게 영상을 찍고 편집할지가 해당한다고 볼 수 있다. 요즘 초등학생들은 디지털 기기에 익숙해 약간의 시간만 쏟으면 쉽게 편집 기술을 익힐 수 있다.

창의성 영역은 여타의 유튜브 채널과는 다른 자신만의 독창적이고 창의적인 영상을 어떻게 만들어내는지와 관련 있다. 유튜브 제작자가 되고 싶은 학생이라면 자신이 왜 유튜브를 만들려는지, 주된 독자층을 누구로 할지, 자신만의 고유한 콘텐츠는 무엇인지를 진지하게 고민하게 해야 한다.

비판력 영역은 이 중 가장 중요한 요소로 유튜브 콘텐츠를 비판적으로 이해할 수 있는 능력을 의미한다. 현재 시사·정치 유튜브 채널을 중심으로 허위 정보나 왜곡된 사실을 전파하는 사례가 넘쳐난다. 이런 정보들을 그대로 받아들이지 않고 여러 매체의 정보와 교차 비교해 판단하는 습관을 기르도록 해야 한다. 또한 팩트 체크 사이트 등을 이용해 유튜브 정보가 사실인지 아닌지를 검증하는 능력을 함양시켜야 한다. 기존의 미디어와 달리 유튜브는 개인 방송, 즉 1인 미디어에 가깝다. 따라서 엄격한 필터링 장치가 없어 허위 정보나 가짜 뉴스가 유포되고 확산될 가능성이 높다. 이런 점을 학생들이 잘 인지하도록 비판적 리터러시 교육을 강화해야 한다. 특히 중요한 것이 유튜브 추천 알고리즘에 대한 이해다. 이 추천 시스템은 자신이 즐겨 이용하고 선호하는 콘텐츠가 지속적으로 노출되도록 디자인되어 있다. 학생들은 이런 원리를 정확히 이해할 필요가 있으며 그 위험도 자각하도록 해야 한다. 특정 견해에 치우친 정보를 지속적으로 접하다 보면 나중에는 이와 다른 견해의 정보를 받아들이기가 쉽지 않다. 유튜브를 비롯한 소셜 미디어는 정파적인 의견과 견해가 쉽게 전파될 수 있기에 반드시 이와 다른 정보들도 찾아본 뒤에 비교해 보아야 한다.

마지막으로 유튜브 리터러시에서 중요한 영역은 윤리다. 요즘 학생들은 유튜브 조회 수에 매우 민감하고 조회 수를 높이기 위한 노력도 많이 한다. 그러다 보면 자칫 자극적인 흥미 위주의 콘텐츠를 양산하기도 쉬워진다. 학생들이 타인의 반응에 지나치게 일희일비하지 않고 콘텐츠의 질을 높이기 위해 노력하도록 만드는 것이 중요하다. 유튜브를 단순히 돈을 쉽게 버는 수단으로 생각하지 않도록 세심한 배려가 필요하다. 타인의 모습이나 행동을 담은 영상을 찍을 때는 상대방의 동의를 얻도록 가르치는 것도 중요하고, 타인의 저작물을 함부로 가져다 쓰지 않도록 가르치는 저작권 교육도 이 과정에서 필요하다(김경희 외, 2020: 167).

참고문헌

강미정·조창환. 2020. 「욕구 충족 영상 콘텐츠(브이로그/ASMR/먹방) 이용 동기, 수용
자 특성, 시청 만족도에 관한 연구」. ≪한국콘텐츠학회논문지≫, 제20권 1호, 73~
98쪽.

강민정·정은주·조해윤. 2020. 「Z세대가 즐기는 유튜브 채널의 몰입 요인과 특징」. ≪한
국콘텐츠학회논문지≫, 제20권 2호, 150~161쪽.

≪경향신문≫. 2019.8.9. "유튜브 속 아이들, 괜찮은 걸까?" http://news.khan.co.kr/
kh_news/khan_art_view.html?artid=201908091521001&code=940100.

교육부 보도자료. 2019.12.10. "2019 초·중등 진로교육 현황조사 결과 발표".

김광희 외. 2019. 『미디어 리터러시 수업: Z세대를 위한 미디어 교육 길잡이』. 휴머니스트.

김대진. 2020. 『청소년 스마트폰 디톡스: 정서건강을 위한 청소년 디지털 중독과 예방의
모든 것』. 생각속의집.

김상욱. 2020. 「모든 콘텐츠를 욕망하는 한국 소비자, 그들은 누구인가?」. 김상남 외 9인.
『언택트 시대 콘텐츠, 새로운 소비자를 욕망하다』, 27~66쪽. 크린비디자인.

김아미. 2018. 「초등학생 유튜브 문화와 교육적 대응」. ≪경기도교육연구원 이슈페이퍼≫,
2018-03.

김자영. 2017.12.12. 「1인 미디어 방송 이해를 위한 수업지도 사례: 초등학생 인기 직업
유튜버·BJ 장단점 스스로 깨우치기」. 한국언론진흥재단 웹진 ≪미디어리터러시≫,
제3호(겨울호), 40~45쪽. https://dadoc.tistory.com/2570.

김지연. 2018. 「4차 산업혁명 시대의 스마트 미디어 리터러시 교육, 현황과 전망」. 한국언
론학회 엮음. 『4차 산업혁명 시대의 미디어 리터러시 교육』, 299~356쪽. 지금.

노가영·조형석·김정현. 2020. 『콘텐츠가 전부다: '콘텐츠 온리'의 시대, 콘텐츠를 가진
자가 세상을 가진다』. 미래의창.

박선미. 2020. 『디지털 자녀와 아날로그 부모를 위한 대화법: 스마트 시대, 사춘기 자녀와
의 소통! 미디어 리터러시 - 부모들을 위한 최고의 미디어 교과서』. 따스한이야기.

방송통신위원회. 2020.6.30. "인터넷개인방송 출연 아동·청소년 보호 지침".

≪서울신문≫. 2019.7.24. "95억 빌딩 산 '보람튜브' 아동 학대 논란도". https://www.
seoul.co.kr/news/newsView.php?id=20190724500118&wlog_tag3=daum.

신상기. 2020. 「1인 미디어 시대, 구독자는 누구인가?」. 김상남 외 9인. 『언택트 시대 콘텐츠, 새로운 소비자를 욕망하다』, 227~258쪽. 크린비디자인.

심재웅. 2020. 「개인방송 리터러시」. 김경희 외. 『디지털 미디어 리터러시: 미디어에 대한 올바른 이해와 활용』, 142~174쪽. 한울엠플러스.

양정애·김아미·박한철. 2019. 「미디어교육의 재구조화: 21세기 한국의 미디어교육 영역 및 구성」. 한국언론진흥재단.

이상호. 2020. 『야만의 회귀, 유튜브 실체와 전망: 창의적 공유지에서 퀀텀문명까지 생존비법』. 예린원.

이성철. 2019. 「청소년의 디지털 불평등: 디지털시대, 디지털 리터러시 배우지 못하는 학생들」. ≪신문과방송≫, 제584호(8월호), 32~37쪽.

정현선·김아미. 2017.8.9. 「책임 있는 미디어 이용 교육 중요: 교육 활성화 위해 수업 자료 보급 필요」. 한국언론진흥재단 웹진 ≪미디어리터러시≫. https://dadoc.or.kr/2521.

≪조선일보≫. 2020.10.8. "프랑스 어린이 유튜버 수익금, 부모가 마음대로 못 쓴다". https://www.chosun.com/international/europe/2020/10/08/7LXO6KKE6JF7VOSSMO5L5PUFBI/?utm_source=naver&utm_medium=original&utm_campaign=news.

한국언론진흥재단. 2019. 『2019 10대 청소년 미디어 이용 조사』.

한국언론진흥재단 보도자료. 2020.1.6. "관심 주제 있을 때 초등학생은 '동영상' 찾고 고등학생은 '포털' 찾아".

한국청소년정책연구원. 2020. 「청소년 미디어 이용 실태 및 대상별 정책대응방안 연구 I: 초등학생 - 기초분석보고서」.

제3장

유튜브의 시사·정치 콘텐츠

이종명 ┃ 대구가톨릭대학교 프란치스코칼리지 글쓰기말하기센터 연구교수

모두가 유튜브로 말하고 듣는 시대다. 일상적으로 오가는 정치 대화도 유튜브로 무대가 옮겨졌다. 특히 2017년에 정치 격변과 미디어 시장의 변화가 맞물리면서 시사·정치 유튜브 콘텐츠가 폭발적으로 성장했다. 종합 편성 채널에 나오던 평론가 집단이 유튜브로 옮겨 가 시사·정치 유튜브 채널을 개설하면서, 집회라는 광장 정치의 현장에 조응하는 개인 유튜브 채널이 범람하기 시작했다. 유튜브에서 시사·정치 콘텐츠를 소비하는 수용자 집단도 10~20대에서 이제는 50~60대가 주도하는 양상으로 변화했다. 유튜브를 통한 시사·정치 콘텐츠의 생산과 수용은 의사소통의 정치에 대한 시대적 요구와 그에 부합하는 유튜브의 특성이 결합한 결과다. 사회·정치 참여의 매개체로서 유튜브는 정치적 메시지 공유의 장이자 네트워크 구축의 터전이 된다. 이런 배경에는 전통적 뉴스 미디어와 저널리즘 전문가 집단에 대한 불신이 있으며, 대항적으로 소셜 미디어 유튜브의 시사·정치 콘텐츠에 대한 확신이 있다. 유튜브 전성시대에 정치 격변과 미디어 환경의 변화가 맞물린 국면에서 제기되는 명과 암을 살피면서 그다음을 그려본다.

1. 유튜브 시대, 전통적 뉴스 미디어에 위협일까 공생일까

바야흐로 유튜브 전성시대다. 모두가 유튜브로 말하고 모두가 유튜브로 듣는다. "시각적으로 압도하는"(Miller et al., 2016: 155) 미디어의 등장은 전통 미디어의 대표 격인 텔레비전 시대의 테크놀로지 차원과 문화 형식 차원에 격변을 초래하고 있다.

유튜브는 단순히 새로운 기업의 등장이나 사업 차원의 변화를 넘어선다. 정보·통신 기술 분야와 산업, 경제 분야 전반에서 전통적인 글로벌 미디어 기업들의 영향력을 일찌감치 추월했다(Moore and Tambini, 2018). 여섯 살 유튜버의 하루 수익이 임직원 1700명이 근무하는 지상파 방송사 MBC의 하루 광고 매출액과 맞먹는 현실에 노동조합 성명이 나오는 등 그 영향은 직접적이며 현재적이다(≪시사저널≫, 2019.8.22).

커런과 시턴(Curran and Seaton, 2009)은 새로운 미디어의 등장과 수용을 논의하는 장을 다음과 같은 선언으로 시작한다. "70세 수용자의 (미디어) 습관이 변화되었다"(198). 새로운 미디어의 등장이 미칠 변화는 단순히 여가 차원에 머무르지 않는다. 정치적 행동은 물론 미디어 산업 전반과 제도에 직접적으로 영향을 미칠 가능성을 지적한다. 나아가 민주주의의 미래까지 바꾸어놓으리라는 주장을 펼친다.

유튜브의 전면화가 텔레비전의 산업과 문화 차원에 전방위적 폭격을 가하는 지금 정치와 시사 콘텐츠가 주요 콘텐츠로 등장했다(김남두, 2018). 이에 텔레비전을 비롯한 전통적 뉴스 미디어의 위상이 위협받으면서, 대항적anti-television 유튜브에 대한 비관적 논의(Sandvig, 2015)가 일어난다. 이후 유튜브와 텔레비전의 공존과 공생 방안을 모색하는 해석들이 점차 일반화된다. 이는 유튜브가 시각적으로 온전히 텔레비전을 압도하지만 한편으로는 전통적 방송 미디어와 기술적으로는 별반 다르지 않은 특성에 기인한다. 이 장에서는 유튜브에서 시사·정치 콘텐츠의 등장과 그 영향력이 확대되는 데 따른 의미를 짚고, 명과 암을 진단함으로써 그다음의 논의를 열어보고자 한다.

2. 시사·정치 콘텐츠의 유튜브 진출과 수용

1982년생부터 2000년생까지 지칭하는 밀레니얼 세대(Lancaster and Stillman, 2010)는 스마트폰 등 디지털 모바일 미디어를 통해 뉴스를 소비하는 경향이 강하다. 무엇보다 소셜 미디어를 통해 뉴스의 생산과 유통에 이르는 영역의 주된 수용자들이다. 이들은 전통 미디어를 통한 뉴스 소비에서 벗어나 스마트폰 등 모바일 미디어를 통한 뉴스 소비를 더 자연스럽고 빠르게 받아들였다(손재권, 2015). 밀레니얼 세대의 모바일 뉴스 이용률의 90%를 차지하는(한국언론진흥재단, 2017) 이런 시대적 변화는 뉴스의 변혁 혹은 위기와 직결된다. 전통적 뉴스 미디어의 영향력이 모바일 시대가 되면서 감소했고 그로 인해 저널리즘의 위기까지 도래했다는 주장(김선호·김옥태, 2015)이 나오는 이유다.

뉴스 미디어 소비는 더 이상 온라인 뉴스 플랫폼이나 인터넷 포털에 국한되지 않는다. 전통 미디어의 뉴스를 소비하면서 동시에 온라인과 소셜 미디어를 재탐색하던 시기(Geraci and Nagy, 2004)는 이미 지나갔다. 한국의 경우 전통 미디어보다 스마트폰을 통한 뉴스 소비가 증가하는 중이다(한국언론진흥재단, 2017). 2014년 연구(김영주·정재민, 2014)에서 이미 스마트폰의 소셜 미디어를 통한 뉴스 소비 비율이 높아졌다. 소셜 미디어의 뉴스 소비 증가가 이어지는 상황(김위근·황용석, 2013)에서 전 연령대를 포괄하는 스마트폰과 소셜 미디어를 통한 뉴스 소비의 편중은 확대일로를 걸을 것으로 보인다.

이런 변화는 더 이상 특정 세대에 국한되지 않는다. 전통적으로 스마트폰과 소셜 미디어의 주된 수용자로 분류되었던 10~20대 청년층에 집중하는 것은 좁은 접근이다. 전 국민의 95%가 스마트폰을 쓴다는 통계로도 알 수 있듯 스마트폰 이용은 세대를 불문하는 것이 현실이다. 한국언론진흥재단의 연구(김영주·정재민, 2014)를 보면 60대 이상의 소셜 미디어를 통한 뉴스 이용률은 35%로 전 세대 평균인 18.9%보다 높게 나타났다. 카카오톡, 네이버 밴드와 같은 인스턴트 메신저의 이용률 역시 2015년 기준 60대가 72.3%, 70대가 36.1%로 높게 나타났다(한국인터넷진흥원, 2015). 이런 변화와 맞물려 시사·정치 유튜브 채널의 이념 지형도도 보수 성향을 중심으로 획정되고 있다.

2021년 8월 '뉴스/정치/사회' 분야 유튜브 랭킹을 20위까지 살펴보면 보수 채널의 강세가 눈길을 끈다. 유튜브 랭킹에 따르면 드라마, 예능, 교양 등을 다루는 〈MBC entertainment〉, 〈JTBC Entertainment〉, 〈SBS NOW〉를 제외한, 뉴스 채널만 따지면 〈TV CHOSUN〉이 구독자 256만 명으로 1위, 〈YTN news〉가 250만 명으로 2위, 〈SBS Catch〉가 209만 명으로 3위, 〈SBS 뉴스〉가 177만 명으로 4위, 〈채널A〉가 176만 명으로 5위를 차지했다. 그리고 보수 시사·정치 유튜브 채널인 〈진성호방송〉과 〈신의한수〉가 각각 144만 명과 142만 명으로 8위와 9위를 차지했다. 반면에 진보 채널로 분류되는 〈사람사는세상 노무현재단〉은 116만 명으로 10위 안에 들지 못했다. 유시민 노무현재단 이사장이 〈유시민의 알릴레오〉 채널로 유튜버 활동을 시작했을 무렵에는 일시적으로 〈신의한수〉 구독자 수를 넘겼으나 현재는 보수 유튜버인 〈진성호방송〉이 시사·정치 유튜버 중 1위로 전통 미디어의 뉴스 전문 채널들에 이어 상위권을 다투고 있다.

표 3-1 '뉴스/정치/사회' 분야 유튜브 채널 구독자 수 순위 (단위: 만 명)

순위	유튜브 채널	구독자 수
-	〈MBC entertainment〉	838
-	〈JTBC Entertainment〉	684
-	〈SBS NOW〉	457
1	〈TV CHOSUN〉	256
2	〈YTN news〉	250
3	〈SBS Catch〉	209
4	〈SBS 뉴스〉	177
5	〈채널A〉	176
6	〈JTBC News〉	171
-	〈EBS Culture〉	154
7	〈MBC NEWS〉	149
8	〈진성호방송〉	144
-	〈디글 클래식:Diggle Classic〉	143
-	〈KBS Drama Classic〉	143
9	〈신의한수〉	142
-	〈SBS STORY〉	135
-	〈세바시 강연Sebasi Talk〉	133
10	〈KBS News〉	132
11	〈채널A 뉴스〉	120
12	〈사람사는세상 노무현재단〉	116

주: 2021년 8월 기준.
자료: 유튜브 랭킹의 뉴스/정치/사회 분야.

　주요 시사·정치 유튜버로는 〈뉴스타운TV〉, 〈뉴데일리TV〉, 〈미디어워치TV〉, 〈펜앤드마이크TV〉, 〈프리덤뉴스〉 등이 있다. 정당이나 싱크탱크로는 〈우리공화당LIVE〉, 〈가로세로연구소〉, 〈오른소리〉 등이 있고 개인 유튜브 채널로는 〈신의한수〉를 포함해 〈TV홍카콜라〉, 〈조갑제 TV〉, 〈이언주TV〉, 〈김문수TV〉 〈김동길TV〉, 〈엄마주옥순〉, 〈정성산TV〉, 〈윤튜브〉, 〈우종창의 거짓과 진실〉, 〈고성국TV〉, 〈김진TV〉, 〈김용호연예부장〉 등이 있다. 그 밖에 태극기 집회 유튜버를 포함해 약 80여 개의 보수 성향 유튜버들이 활동하고 있다.

2017년 박근혜 대통령 탄핵 국면을 기점으로 시사·정치 유튜브 채널이 폭발적으로 늘 때 두 가지 차원에서 유입이 이루어졌다. 하나는 전통적 뉴스 미디어에 속했던 보수 스피커들의 유튜브 진출이다. 보수 메이저 언론 중 하나인 TV조선조차 대통령 탄핵 여론을 조성할 만한 기사들을 보도하고, 모든 언론이 입을 모아 박근혜 대통령과 최순실의 국정 농단에 대해 비판의 날을 세우면서 종합 편성 채널을 주름잡던 소위 보수 성향의 평론가 집단이 설 자리를 잃게 되었다.

그에 따라 김진, 고성국과 같은 인물들이 자연스럽게 유튜브 채널을 개설하고 개인 방송을 시작했다. 이들은 〈신의한수〉의 신해식, 〈펜앤드마이크TV〉의 정규재, 〈황장수의 뉴스브리핑〉의 황장수 등이 탄핵 정국 전부터 운영하던 유튜브 채널에서 시장 가능성을 엿보았다. 그 밖에도 조갑제, 김동길 등 보수 논객으로 일컬어지는 이들이 유튜브에 자리 잡았다. 뒤이어 홍준표, 이언주, 김문수, 진성호 등 정치인들의 유튜브 참여도 이루어졌다. 보수 유튜브의 확장이 본격화된 것도 이 무렵으로(≪시사인≫, 2019.6.5), 〈TV홍카콜라〉와 같은 정치인의 유튜버 전면화에 사회적인 이목이 집중되기도 했다.

이들과 흐름을 달리하는 경우로 일반인들의 유튜버 전향이 있다. 이들 중 절대다수는 태극기 집회에서 라이브 유튜버로 활동하는 이들로 유튜버의 '현장 중심' 콘텐츠 구성 등에서 절대적 강점을 가지고 있다. 태극기 집회 참가자 대부분이 우리공화당을 지지하는 이들(42.2%)이다(≪조선일보≫, 2018.8.27). 통계의 맹점에도 불구하고* 태극기 집회

---

* ≪조선일보≫의 조사는 기사 서두에서도 밝혔듯이 우리공화당에 의뢰해 이루어진 것이다. '대한애국당 태극기 집회 설문조사 협조 안내', 2018.8.14, http://orp.or.kr/bbs/zboard.php?id=notice&no=266.

의 주최로서 2016년 12월부터 지금까지 활약해 온 정당이 우리공화당이기에 나온 결과라고 할 것이다. 그 태극기 집회에 매주 참여하며 유튜브로 방송하는 이들 역시 우리공화당과 맞닿아 있다. 이처럼 정치적 격변을 국면으로 삼아 시사·정치 유튜버들이 폭발적으로 늘고 관련 콘텐츠가 범람하게 된 것이 지금의 현실이다.

3. 정치 소통과 참여를 독려하는 유튜브

1) 의사소통의 정치와 '뉴 뉴미디어'로서의 유튜브

소통 정치는 문자 그대로 의사소통에서 출발한다. 이런 본질적 특성 때문에 미디어와는 불가분의 관계를 맺고 있다. 소통 정치와 공론장을 통한 공동 의제의 공유와 합의 과정이 미디어의 발전과 더불어 성취되고 있다는 뜻으로도 풀이된다. 매클루언(McLuhan, 1962)이나 옹(Ong, 1982)은 새로운 미디어의 발전이 구술성과 문자성의 결합을 통해 소통의 새로운 장을 열 것으로 내다보았다. 특히 매클루언은 구술 문화에 바탕을 두었던 고대 그리스의 광장 정치와 문자 문화에서 출발한 민족 국가의 시기가 결합되는 '다시 부족화된 사회retribalization(재부족화)'의 가능성을 새로운 미디어의 등장을 통해 엿보았다(McLuhan, 1962: 205).

구술 문화가 발달하면서 미디어의 재매개, 그를 통한 재부족화에 대한 논의는 소셜 미디어 시대에 더 긴요해진다. 글쓰기 공간으로서의 소셜 미디어에 주목한 이재현(2012)은 소셜 미디어의 재매개 관습을 '구술적 문자성oral literacy'(334)으로 설명했다. 부족사회의 구술 문화가 인쇄술이 발명된 뒤에 문자성으로 대체되었다. 이후 라디오와 텔레비전이 등장하며 구술 언어가 다시 주목받아 2차적 구술성이 지배하게 되는 사회를 맞이했다(Ong, 1982). 다시 인터넷을 위시한 온라인 미디어가 등장하자 텍스트 문화의 2차적 대두로 보기도 했다(Small, 2003). 인스턴트 메신저, 140자 제한의 짧은 글쓰기가 요구되는 트위터Twitter 등 소셜 미디어의 구술적 특징에 더 주목하면서 "구술적 문자성"(이재현, 2004: 23)으로 보아야 한다는 주장을 펼친다.

이동후(2010)는 여기서 한 걸음 더 나아가 소셜 미디어 시대 커뮤니케이션의 '제3의 구술성'이라는 개념으로 설명한다. 그는 우선 전자적 미디어들이 청각적 세계를 복원하고 있다는 옹(Ong, 1967)의 주장을 넘어선다. 디지털 플랫폼을 통해 미디어의 속성별 구분이 무의미해진 상황에서 일어나는 미디어 융합에 주목한다. 그중 인터넷을 매개로 이루어지는 커뮤니케이션 양식을 레빈슨(Levinson, 2009)은 '뉴 뉴미디어new new media'라고 칭한다. 유튜브, 페이스북, 트위터 등 소셜 미디어가 그것이다. 이전의 인터넷 미디어인 '뉴미디어'는 기존의 콘텐츠를 전달하고 소비하는 수준에 머물렀다. 반면 뉴 뉴미디어는 기존의 콘텐츠 소비를 넘어 새로운 미디어 수용을 보여준다. 궁극적으로 뉴 뉴미디어를 통해 "모든 소비자는 생산자"가 될 수 있다(이동후, 2010: 56). 사회적 미디어, 즉 소셜 미디어로서 뉴 뉴미디어는 소비와 생산 차원을 넘어 사회적 상호작용을 매개한다. 아울러 사회적 관계를 유지하고 강화하며 나아가 확대하는 데 기여한다.

요컨대 제1의 구술성이 소리를, 문자성은 텍스트를, 제2의 구술성이 현존하는 소리와 영상을 기반으로 커뮤니케이션이 이루어졌다. 반면 제3의 구술성의 대상이 되는 뉴 뉴미디어는 보다 복잡한 수준의 커뮤니케이션이 이루어진다. 대표적인 특성으로 '하이퍼텍스트성'과 '상호연결성'을 꼽는다(이동후, 2010: 57). 읽기 경로의 선택이 수용자의 손에 달려 있을 뿐만 아니라 텍스트를 읽으면서 쓰는 활동이 동시에 이루어진다. 이는 고대 구술 문화의 특징과 유사하다. 여기서 나아가 상호 연결된 네트워크는 대칭적이거나 대화적인 상호작용을 가능하게 한다. 기존의 텍스트 읽기와 쓰기가 "고독한 행위"(Ashcroft, 2006/2008: 585; 이동후, 2010: 62에서 재인용)였다면, 뉴 뉴미디어는 지극히 개인적이면서 동시에 공공의 발화가 될 수 있다.

2) 소셜 미디어로서의 유튜브와 사회·정치 참여

초기에는 전통 미디어를 위협하는 새로운 미디어의 등장이 사회·정치 참여에 나쁜 영향을 미친다는 주장이 유효해 보였다(Putnam, 1995; Kraut et al., 1998). 그러나 새로운 미디어가 정보와 커뮤니케이션을 통한 사회·정치 참여를 증대시킨다는 연구들(Katz and Rice, 2002; Shah, Kwak and Holbert, 2001)이 나오며 반박되었다. 이에 정치적 관심, 인간적 신뢰와 관계 맺기에 기반을 둔 정치 참여에 대한 논의가 설득력을 얻는 추세다. 소셜 미디어 등 다양한 미디어로의 접촉 가능성이 확대될 뿐만 아니라 정보에 접근하는 비용이 절감되는 등 개인의 정치적·사회적 지식의 습득이 용이해지고 있다. 그로 인해 정치 효능감의 증진과 사회·정치 참여 가능성의 증대 간에 연결 고리가 형성되는 것이다(McLeod et al., 1999).

한국에서 구체적 사례로 유튜브의 시사·정치 채널을 이용하는 동기와 정치사회화에 주목한 몇몇 연구가 있다(박상현·김성훈·정승화, 2020; 장석준, 2020; 오대영, 2018). 우선 유튜브가 "상호작용성, 탈대중화, 비동시성의 뉴미디어적 속성"(박상현·김성훈·정승화, 2020: 8)을 갖추었다고 보았다. 이런 관점에서 유튜브의 정치·시사 채널을 시청하는 성인 남녀 310명을 대상으로 이용 동기를 조사했더니 정치적 콘텐츠가 주는 오락성, 심리적 안정감, 정보를 추구하는 태도, 편리한 미디어 이용성의 답변이 나왔다. 그중에서도 매체 편리성과 정보 추구를 위해 유튜브의 시사·정치 콘텐츠를 이용하는 이들은 자연스럽게 정치적 지식을 습득하는 데에도 긍정적인 영향을 받는 것으로 나타났다. 나아가 정치 효능감의 증가로 이어졌다.

미디어가 가능하게 하는 상호작용성, 그 안에서 이루어지는 정치 대화가 정치 참여로 이끈다고 주장한 장석준(2020: 97)은 텍스트 중심의 소셜 미디어와는 차별화된 유튜브의 특성이 정치 참여를 더욱 촉발시킨다고 보았다. "시민의 능동적 행위와 상호작용성이 우선되는 정치 유튜브 방송의 특성"(장석준, 2020: 123)이 전통 미디어가 소통 방식으로 택해온 일방향적인 정보 제공과 차별화되면서 정치 대화의 장이 열렸다는 것이다. 특히 "생생한 정치 현상"(124)을 전달하는 유튜브 시사·정치 콘텐츠의 특성이 전통 미디어의 뉴스 생산 관행으로는 불가능한 밀접 접촉을 가능하게 한다. 이런 시각은 오대영(2018)의 연구에서도 잘 드러나는데, '네트워크 형성'을 목표로 유튜브를 이용하는 이들이 특히 정치 참여에 더 많은 영향을 받는다.

소셜 미디어의 뉴스 유통은 단순히 뉴스 소비 차원에만 머무르지 않는다. 예컨대 같은 뉴미디어 범주에 속할 수 있는 인터넷, 그중에서도 포털 뉴스의 경우 뉴스 콘텐츠의 가공과 유통에 제약이 있다. 반면에 소셜 미디어는 뉴스의 확산 측면에서 적극적인 개입이 가능할 뿐만 아니라 자신의 견해와 관심사에 따라 뉴스를 새롭게 생산하고 가공해 확산시킬 수 있는 자율성이 있다(박선희, 2012: 38~39). 특히 뉴스의 확산 규모와 속도에서 기존의 뉴스 미디어와는 비교할 수 없을 만한 강점을 지닌다(김영욱·김광호, 2010). '좋아요', 구독, 공유 등과 같은 유튜브나 페이스북의 서비스는 뉴스 파급력의 극대화에 기여한다.

이런 접근은 비단 뉴스 이용 패턴의 변화뿐만 아니라 생산 관행, 심지어는 뉴스 자체에 대한 개념까지 변화시키는 데 의미가 있다(박선희, 2012). 소셜 미디어의 뉴스 콘텐츠는 수용자가 직접 뉴스 유통을 통제한다. 전통적 뉴스 미디어가 택해온 뉴스 가치를 따르지 않는다. 개인의 관심사, 취향, 관점에 따라 뉴스가 새롭게 구성된다(Baekdal, 2009). 이는 소셜 미디어의 가장 두드러진 특성인 네트워크적 속성을 통해 타인과의 소통, 즉 토론과 반응의 청취 속에서 자신의 주장을 내고 공유하는 하나의 운동movement이다(박선희, 2012). "저널리즘의 역사가 뉴스 이용자의 범위를 확대하는 과정이었다면, 온라인 뉴스의 등장은 뉴스 생산자가 확대되는 과정이었으며, 소셜 미디어(원문에서는 SNS)의 등장은 뉴스 전파자 혹은 뉴스 매개자가 확대되는 시작 지점"이라는 박선희(2012: 40)의 주장이 설득력을 갖는다.

유튜브 시사·정치 콘텐츠가 촉발한 정치적 변화는 수용자에게만 국한되지 않는다. 이는 유튜브가 뉴스 채널로서 지위가 높아진 것에 기인한다(전상현·이종혁, 2020). 페이스북은 소위 '담벼락timeline'에서 저마다 뉴스를 공유하며 소셜 미디어의 시사·정치 콘텐츠 유통 형태에 새로운 가능성을 열었다. 이후 유튜브가 등장하면서 독점적 지위를 빼앗기게 된 데에는 뉴스피드news feed 알고리즘 행위자의 개입에 기인한다는 해석이 있다. 특히 개인 간의 소통에 주목하는 페이스북과 달리 유튜브 공간에서 이루어지는 공적 소통의 가능성(142~143)에 주목할 만하다. 이처럼 뉴스 유통의 변화는 전통 미디어의 뉴스 콘텐츠가 유튜브 채널을 통해 유통되는 새로운 흐름을 이끈다(유승현·정영주, 2020). 2019년 하반기에 들어 유튜브의 시사·정치 콘텐츠를 이용하는 사람들을 중심으로 지상파 방송 유튜브 뉴스 채널의 이용률이 증가하는데, 이들은 대부분 연성 뉴스라고 할 만한 문화, 스포츠 등 공감하기 쉬운 콘텐츠에 주목한다(93). 변화하는 뉴스 유통에 대응하기 위해 전통적 저널리즘 영역에서는 라이브 스트리밍에 주목하거나 차별화 전략을 구사하고, 서브 채널과 하위 브랜드를 운용하며 언론사의 지위는 유지하면서도 수용자가 선호할 만한 콘텐츠에 다가가려는 노력을 기울인다(양선희, 2020). 아울러 전통적 뉴스 미디어 중에서도 더 역사가 깊은 신문사들에서는 소속 기자들이 영향력 감소를 절감하며 1인 미디어 시장인 유튜브로 시선을 돌리는 현상이 발생했다(양형모·박주연, 2020). 이미 신문기자들은 1인 방송을 제작하면서 전문 기자로의 역할 확대를 추구하기도 한다(49).

전통적 저널리즘의 위협과 소위 '유튜브 저널리즘'이라는 논의가 대두되는 등 손쉽게 경계를 그을 수 없는 시대다. 그로 인해 '너와 나는 다르다'라는 양측(전통 미디어 입장, 뉴미디어 유튜브 입장)의 견해 차이는 이제 더 이상 면피의 창구가 될 수 없다. 뉴미디어와의 상호 공생 속에서 저널리즘의 지위를 확보하고자 대립하는 혼란스러운 상황(유용민, 2019: 26)이 이어진다. 특히 전통 미디어가 그동안 주장해 온 언론의 특권에 대한 문제 제기가 뉴미디어에서 불거진다. 그뿐만 아니라 저널리즘의 객관성과 주관성이라는 기본 원칙에 대한 의문도 제기된다. 이런 논쟁이 시사하는 바는 명징하다. 유튜브를 더 이상 저널리즘이 아닌 뉴미디어의 새로운 현상으로서의 무언가로 규정할 수 없게 되었다는 것이다.

수용자와 전통적 언론사들이 유튜브의 시사·정치 콘텐츠에 대응하려는 움직임과 함께 정치인들도 유튜브를 소통과 표현의 창구로 활용하기 시작했다(원성심·김경호, 2020; 박영득, 2019). 구독자를 5000명 이상 확보한 35개 채널의 시사·정치 콘텐츠를 분석한 원성심과 김경호의 연구(2020)를 보면 유튜브는 소셜 커뮤니케이션의 도구로 소통 창구의 역할을 할 뿐만 아니라 정치적 메시지와 캠페인을 전달하는 통로가 된다. 또한 앞에서 저널리즘을 둘러싼 논쟁에서 살펴본 것처럼 언론으로서의 기능도 모두 구현하고 있다는 주장을 펼친다. 유튜브에 대한 수용자들의 인식을 살펴보면(≪미디어오늘≫, 2019.11.1) 유튜브의 시사·정치 콘텐츠를 뉴스로 보아야 한다는 입장에 응답자의 50%가 넘게 동의하는 현실에 정치인들도 부합할 수밖에 없는 것이다. 그러나 사적 소통 수단으로서 유튜브를 활용하고 유권자를 만나는 새로운 환경은 정치의 사인화私人化를 불러일으킨다는 우려도 제기되고 있다(박영득, 2019: 21).

4. 정치 불신과 분노를 부추기는 유튜브

1) 전통 미디어와 저널리즘 전문가 집단에 대한 불신

2016년 미국 대통령 선거 기간 중 "IS(이슬람 국가)에 무기를 판 힐러리 클린턴", "프란치스코 교황의 도널드 트럼프 지지" 등의 뉴스가 특정할 수 없는 유령 언론사들에서 생산되어 유튜브 등을 통해 전파되었다. 도널드 트럼프Donald Trump의 미국 대통령 당선에 소셜 미디어의 소위 가짜 뉴스가 영향력을 발휘했다는 주장(황용석·권오성, 2017)도 있다. 반면에 트럼프 대통령은 CNN과 같은 주류 미디어도 소셜 미디어에서 확산된 가짜 뉴스를 확대 재생산하며 자신의 당선에 악영향을 미쳤다고 주장했다.

이른바 전통 미디어의 영향력이 축소되고 신뢰도가 낮아지는 것이

지금의 시대 상황이다. 유튜브를 통한 뉴스 소비가 어느덧 당연하게 되었고 이제 생산 영역까지 넘보며 뉴스 미디어의 이용과 관련된 토양이 완전히 변화했다. 유튜브 등 소셜 미디어의 초연결성으로 집단적 사고에 기반을 둔 확증 편향이 미치는 영향에 대한 비판적 논의들이 제기되는 까닭이다(이상기·손나리, 2018).

　뉴스를 비롯한 정보의 취사선택이 가능해지고 유튜브 추천 알고리즘과 같은 기술적 보조를 통해 추천받은 뉴스만 접하면서 본래의 성향이 공고해지는 구조가 가속화된다. 즉, 자신이 선호하는 뉴스만 골라서 본다. 불편하거나 자기와 맞지 않는다고 판단한 뉴스는 필터링되거나 스스로 차단하기 일쑤다. 박근혜 대통령 탄핵을 둘러싼 촛불 집회와 태극기 집회 참여자들의 이념적 실천에서 보듯이, 소셜 미디어를 통한 소통으로 강화된, 동일한 사안을 놓고 벌어지는 서로 다른 해석에 대한 추론이 일례다(이종명, 2020).

　문제는 뉴스를 유튜브로 시청하는 수용자들이 증가하는 데서 그치지 않는다. 전통적 뉴스 미디어인 기성 언론에 대한 불신이 팽배해진 것이 큰 문제다. 송경재는 "기존의 정부나 언론이 독점적으로 해오던 정보 유통 방식을 불신"하는 현실로 인해 "'증권가 찌라시'처럼 SNS 정보가 열 개 중 하나라도 맞으면 열광하게 되는 것"이라며 현 세태를 평가했다(≪중앙일보≫, 2015.6.13). 이런 과정과 맞물리며 가짜 뉴스 논란은 더욱 커져갈 뿐이다.

　저널리즘, 즉 언론 영역에서 '기자'의 권위가 추락하는 것은 현재 대한민국에서 가짜 뉴스 논란과 맞물려 있다. 혹은 세월호 참사와 함께 이루어진 한국 보도의 재난적 상황이 연쇄적으로 발생하면서 가속화되었다고도 볼 수 있다. 한국의 상황을 논하기 앞서 ≪뉴욕타임스The New York Times≫의 진단에 따르면 이는 전 세계적 추세다. "이 시대에 가장 널리 퍼져 있는 이데올로기는 권력층에 대한 반사적인 불신과 체제 개혁을 요구하는 끊임없는 외침, 즉 반기득권주의다"(≪중앙일보≫, 2013.6.22). 풀어 설명하면 소셜 미디어 등 새로운 미디어의 발전으로 뉴스 생산과 전달의 진입 장벽이 낮아지면서 헤아릴 수 없을 만큼 많은 언론이 등장했다. 무엇보다 이들은 반기득권주의로 무장하고 있다(강준만, 2019: 51).

소위 '기레기'로 대표되는 언론에 대한 비난은 언론이 누린 후광효과가 사라졌기 때문이라는 주장도 있다(강준만, 2019: 78). 이제 개개인은 자칭하든 타칭하든 기자가 될 수 있다. 유튜브를 통해 뉴스를 유통시키는 '미디어'로서 역할을 할 수 있게 되었다. 나아가 언론의 '위선' 측면도 활발히 조명된다. 이는 2016년 미국 대통령 선거 과정에서 대두된 트럼프 신드롬으로 미디어 혁명이 이루어졌다는 해석에서 출발한다. '말만 하고 행동은 없는' 정치인과 보수적 위선에서 자유로운 트럼프의 언행을 통해 '위선의 전복'을 이끌어냈다는 평가가 그것이다(강준만, 2016: 23).

언론에 대한 이와 같은 모욕적 언사나 외면은 결국 신뢰의 문제에서 기원한다. 대중의 불신과 혐오 속에서 대기업(6.9%)에도 미치지 못하는 신뢰 수준의 언론(6.8%)이 수수방관할 때가 아니라는 이야기다(≪미디어오늘≫, 2018.11.1). 특히 공적 역할을 수행하는 언론이 동시에 시장 질서에 순응하며 생존해 나가야 하는 기업적 속성을 은폐하는 과정에서 대중의 불신과 혐오를 불러일으켰다는 지적(강준만, 2019: 80)이나, 언론의 위기를 곧 사회의 위기로 주장하는 전향적인 자세를 주문하기도 한다. 소위 '가짜 뉴스'에 대응하기 위한 '진짜 뉴스'의 구축은 전통적 저널리즘의 역할을 소환한다(정철운, 2020). 팩트 체크와 같은 사실 확인을 위한 콘텐츠의 발달이 한국에서는 JTBC를 중심으로 확산되고

(180), 프랑스의 "크로스체크crosschseck 프로젝트"(181), 노르웨이의 "팩티스크faktisk"(182) 등에서 사실 정보를 활발히 확인하고 이를 수용자에게 전해 궁극적으로 '미디어 리터러시'를 높이는 방향으로 언론이 기능해야 한다고 강조한다. 저널리즘이 "진짜 뉴스의 진지"(183)를 구축하고 유튜브 등의 플랫폼을 압박함으로써 소위 '저널리즘의 가치'를 지켜낼 수 있다는 주장은 정철운 기자를 비롯해 전통 미디어 종사자들에게서 보이는 신념과도 같다.

2) 가짜 뉴스의 시대, 소셜 미디어에 대한 확신

앞서 살펴본 것처럼 언론과 전통 미디어의 위기는 어제오늘의 일이 아니다. 특히 전문가 집단에 대한 신뢰 하락, 반지성주의 등과 맞물려 언론인에 대한 수용자의 평가 하락은 뉴스 이용의 하락을 이끈다(오대영, 2017). 전통 미디어가 만드는 뉴스에 대한 신뢰 제고는 가짜 뉴스 시대에 요원해 보인다. 2017년 기준 스마트폰 이용 시간 중 동영상 이용 시간은 11.6%다(방송통신위원회, 2018). 안드로이드 스마트폰 사용량 기준으로 동영상 애플리케이션 사용 시간 점유율에서 유튜브가 차지하는 비율은 무려 85.6%에 달했다(와이즈앱, 2018). 더구나 유튜브 알고리즘은 조회 수를 높이기 위해 필터 버블, 즉 확증 편향을 강화하는 방식으로 작동한다. 그로 인해 자신의 성향이나 신뢰하는 정보와 맞는 맞춤형 정보만을 접하게 된다. 정치, 사회 등의 영역에서 자신과 다른 의견을 접할 창구가 거의 소거된다(정철운, 2018).

나아가 유튜브의 시사·정치 콘텐츠로 유통되는 가짜 뉴스가 다시 전통적 뉴스 미디어를 통해 보도되는 "가짜 뉴스의 뉴스화"(김춘식·홍주현, 2020) 역시 심각한 문제다. 진위 여부를 가리는 팩트 체크 형식의 개인 채널도 소수 있으나 대부분은 자극적이고 가공되지 않은 언어로 가짜 뉴스를 유통하는 메신저 역할을 수행한다(429). 이에 대해 주류 언론은 가짜 뉴스의 진위 여부를 가리는 대신에 이를 정치적 사건으로 다루며 거짓 정보를 확산하는 창구로 기능한다(431). 사적 유튜브 채널이 동질적인 네트워크를 구축해 가짜 뉴스의 확산 경로로 작동하는 문제(Shu et al., 2019)에 더해 전통적 뉴스 미디어가 유튜브 채널에서 가짜 뉴스의 재확산 창구로 조응하면서 전통 미디어의 신뢰 하락을 자초하고 있다.

신뢰가 수용자의 정보 선택 선호와 회피의 첫째 요인(박상호·성동규, 2005)이라는 분석을 참고한다면 유튜브 콘텐츠의 선호 수준은 곧 유튜브 뉴스에 대한 신뢰의 척도라고 짐작할 수 있다. 전통 미디어에 대한 수용자의 신뢰 하락은 전 세계적 추세다(Jones, 2004; Tsfati, 2010). 아울러 뉴미디어 저널리즘에 대한 대안적 수용과 전통 미디어에 대한 비판과 불신이 증대되는 상황(하승태·이정교, 2011)으로 이어진다. 이런 현실을 전통 미디어에 대한 불신과 뉴미디어에 대한 확신으로 정리할 수 있다.

미디어에 대한 신뢰와 그에 따르는 선택적 노출은 동종에 대한 선호homophily와 동기화motivation를 촉진한다. 궁극적으로는 편향 동원된 정치 참여와 극화polarization를 불러온다(나은영·차유리, 2012). 사실 여부와 관계없이 원하는 결론을 위해 정보를 찾는 방향성 동기화directional motivation는 검증과 관계없이 자신의 정치적 견해와 정보가 옳다고 여기는 허위 지각misperception 상황에서 더욱더 강하게 작용한다(노성종·최지향·민영, 2017). 그 결과가 바로 지금 경험하는 가짜 뉴스로 나타나고 있다.

이런 방향성 동기화는 동종 선호의 과정을 거치면서 집단화된다. 그 결과가 선스타인(Sunstein, 2002)이 주장한 집단 극화group polarization로 나타난다. 동종 선호는 사회심리학에서 설명하는 인지 부조화cognitive dissonance와 확증 편향으로 개념화된다. 자신의 견해와 논리를 뒷받침하는 정보를 추구하는 심리적 방어기제의 작동(Petty et al., 1997), 신념과 일치하는 정보만 골라 취득하는 심리 상태(Rabin and Schrag, 1999)로 간략히 설명할 수 있다. 대표적으로 태극기 집회 현장에 가보면 자신의 신념이나 기대와 어긋나는 현실에서 겪는 고통으로 인지 부조화를 보이는 이들을 만날 수 있다. 이를 줄이기 위해 동류 집단의 가짜 뉴스를 편식하는 확증 편향을 거쳐 사회적 동조를 부추기는 일련의 과정을 거치게 된다(이종명, 2020; 전상진, 2017). 또 다른 예로 고위공직자범죄수사처 설립을 둘러싼 논란을 들 수 있다. 유튜브의 시사·정치 채널과 텔레비전 채널의 편향성을 분석한 연구(허만섭, 2020)에서 유튜브와 전통적 뉴스 미디어 간의 어조 차이를 관찰할 수 있다. 유튜브 채널에서는 공격적이고 자극적이며 구체적이고 감정적인 이분법에 기초한 어조로 편향성을 드러냈다. 반면에 텔레비전 채널에서는 사실을 인용하는 어휘의 조합으로 간접적인 의견만 보여주었다.

동류 집단을 결속하기 위해 이들은 극단주의적 특성을 더 강화하기도 한다(한은영, 2020). 소위 "허위의 공동체"(125)를 구축해서 이념 성향이 다른 사회집단과 상종하지 않으려는 태도(127)를 유튜브 콘텐츠의 생산과 유통을 통해 견지하게 된다. 이념 투쟁에 수반되는 극단적이고 거짓된 혐오의 서사는 일견 규제의 대상으로 삼아야 할 법하다. 하지만 유튜브 수용자들은 이에 대해 양분된 입장을 보인다(함민정·이상우, 2020). 이념상으로 특히 보수·중도 집단이 가짜 뉴스에 더 많이 노출되는 양상을 보이며(43), 진보와 보수를 막론하고 유튜브를 통해 가짜 뉴스에 가장 쉽게 많이 노출된다는 점(44)이 특기할 만하다. 문제는

보수 집단에서는 해당 정보를 진짜로 받아들이는 행태를 보인다는 점
인데, 특히 60대에서 해당 정보에 대한 사실 확인 여부에 둔감한 것으
로 보인다(47). 여기에 소위 '표현의 자유'라는 기치 아래 가짜 뉴스에
대한 규제를 반대하는 양상이 보수 집단에서 더 강하게 드러난다는 점
도 문제다.

이처럼 변화하는 사회 현상, 그리고 그 안에서 수용자들의 태도 탓
에 유튜브가 가짜 뉴스의 확대 재생산 창구로 역할하고 있음이 자명하
다(정철운, 2018). 특히 박근혜 대통령을 옹호하는 입장에 섰던 시사평
론가들은 종합 편성 채널의 정치 토크쇼에서 나와 유튜브에 모였다. 심
의와 제재가 없는 유튜브에서 선전 메시지를 전파하며 수익 모델을 구
축했다. 2017년 초 탄핵으로 정치적 위기의 초시계를 읽던 박근혜 대
통령이 지상파 뉴스의 인터뷰 채널이 아닌 유튜브의 〈정규재TV〉(현 〈펜
앤드마이크TV〉)에 출연해 단독 인터뷰를 가진 것은 상징적이다.

뉴미디어의 정치 콘텐츠를 생산하는 유튜버들은 박근혜 대통령 탄
핵 반대를 위한 논리를 제공하고 담론을 생산하고자 스스로 언론임을
자처했다. 소위 보수 우파 세력이 유튜브 공간에서 담론 생산자로 맹
위를 떨치는 지금(≪주간경향≫, 2019.9.27) 인지 부조화와 확증 편향만
으로 가짜 뉴스와 유튜브 뉴스 콘텐츠의 확장을 설명하는 것은 부족하
다는 지적이 나오는 이유다(김병수, 2017).

5. 유튜브의 시사·정치 콘텐츠, 향후 전망

남녀노소, 지위 고하를 막론하고 우리 일상에서 유튜브를 분리하기
는 이제 불가능에 가깝다. 단순하게 새로운 현상의 하나로 받아들일 수

도 있겠지만, 미디어를 통해 세상을 바라보고 이해하며 즐겨온 역사적 맥락의 연장선으로 이해하는 것이 보다 적절하다. 특히 이 미디어가 태동할 때부터 부여받고 자임해 온 '정치적' 역할을 고려한다면, 유튜브를 통해 확장세를 거듭하는 시사·정치 콘텐츠의 위상도 같은 선상에서 논의되어야 한다.

이런 관점에서 이 장은 급변하는 시기에 유튜브 안에 시사·정치 콘텐츠가 스며들었는지를 살피는 데서 논의를 출발했다. 스마트폰의 등장과 보급, 그리고 이 '테크놀로지'를 통해 뉴미디어로서 '소셜 미디어'의 확산이 가능해지며 미디어 지형의 변화를 낳았다. 그 안에서 주류 수용자 연령대의 변화가 일어나기도 했다. 세대를 막론하고 스마트폰의 사용률이 높은 가운데 60대 이상 연령층의 소셜 미디어를 통한 뉴스 이용도 매년 늘어나고 있다.

수용자층의 변화와 맞물려 유튜브에서 이념 성향 지도도 재편되고 공고해지고 있다. 보수 성향의 시사·정치 유튜브 채널들이 성장하고 지배적 위치를 차지한 상황이 이미 3년 넘게 지속되고 있다. 미디어 테크놀로지와 환경의 변화만으로는 설명할 수 없는 지점이 바로 여기다. 그 속에는 '정치적 격변'이라는 맥락이 맞물려 있다. 박근혜 대통령 탄핵이라는 정치 지형의 변환이 일어나면서 우리 사회에서 지배적 담론을 행사하던 보수 여론이 그 위치를 수성하지 못하는 양상을 보였다. 전술한 정치와 미디어가 분리될 수 없다는 내용을 복기해 본다면, 자연스럽게 미디어 내부에서도 지배 담론의 패러다임 변화가 일어났다고 짐작할 수 있다.

종합 편성 채널이 등장하면서 폭발적으로 늘어난 시사평론가들은 정치와 미디어 환경의 급변기를 맞아 유튜브로 시선을 돌렸다. 이곳에서 각자가 시사·정치 콘텐츠를 생산하는 채널을 개설해 구독자를 모았다.

곧이어 개인 유튜버들이 그 뒤를 이었다. 박근혜 대통령 탄핵에 대해 직접적인 정치 행위를 하고 목소리를 높이기 위한 움직임으로 일어난 태극기 집회 유튜버들이 대표적이다. 이들은 집회·시위 현장을 보조하고 메시지를 재생산하는 역할을 자임했다. 태극기 집회를 주최하는 정당과 협조하고 협업하며 이들의 활동은 현재까지도 명맥을 이어오고 있다.

유튜브를 통한 시사·정치 콘텐츠의 생산, 유통, 수용은 '의사소통의 정치'라는 기본적인 역할에 더없이 충실하다. 블로그 등 텍스트 중심으로 생산되어 온 뉴미디어의 시사·정치 콘텐츠가 유튜브라는 영상 미디어와 접합되며 구술 문화로의 복원이 가능해졌다는 주장이 힘을 얻는다. 소통과 표현의 창구로 유튜브를 활용하는 데 멈추지 않고 정치 참여 움직임까지 일어났다. 더 나아가 유튜브를 통해서만 뉴스를 보는 저널리즘적 역할을 획득하게 되었다. 시사·정치 유튜브 채널이 주류 미디어로서 주류 정치의 담론 생산과 유통에 앞장서는 것이다.

물론 이와 같은 장밋빛 미래만 있는 것은 아니다. 유튜브 저널리즘 이라는 새로운 움직임의 기저에는 전통적 뉴스 미디어인 텔레비전, 신문과 저널리즘 전문가 집단인 기자에 대한 불신이 깔려 있다. 불신이라는 감정적 동기는 안타깝게도 검증이라는 이성적 해결책으로 이어지지 못한다. 분노라는 즉각적인 반응으로 표출되는 것이 대부분이다. 유튜브의 시사·정치 콘텐츠를 수용하는 이들은 전통적 뉴스 미디어의 콘텐츠를 믿지 않는다. 뉴스 생산 관행을 통해 소위 '사실'로서의 뉴스를 생산하는 규범이 없는 소셜 미디어의 '가짜' 뉴스를 믿고 만다. 전문가 집단을 향한 불신을 넘어 자기 의견과 일치하는 동류 집단의 검증되지 않은 뉴스를 확신하고 맹신한다.

거스를 수 없는 미디어 기술의 발전, 그 안에서의 지형 변화, 그것을 추동한 정치적 격변의 국면 속에서 유튜브의 시사·정치 콘텐츠는 한동안 그 위상을 유지할 것으로 보인다. 새로운 정치 담론 질서에 걸맞게 유튜브는 의사소통의 정치와 직접적인 참여를 선도한다. 그 기저에는 전통적 뉴스 미디어에 대한 불신, 저널리즘 전문가 집단의 권위 추락 등이 깔려 있다. 이것이 거짓된 정보, 의견을 사실로 여기는 등의 맹신, 이것의 무분별한 확산, 공고한 믿음의 벨트 구축 등과 같은 현상으로 표출되고 있다. 유튜브의 지배적 위치가 공고하다면 소위 가짜 뉴스의 맹위도 계속해서 이어질 것이다. 이 장은 유튜브의 시사·정치 콘텐츠를 둘러싼 명과 암을 조명했다. '왜' 이런 현상이 일어났는지를, '누가', '무엇을' 하는지를 이해함으로써 그다음 논의인 '어떻게'에 대한 고민과 해결책을 논할 수 있을 것이다.

참고문헌

강준만. 2016. 「'미디어혁명'이 파괴한 '위선의 제도화': 커뮤니케이션의 관점에서 본 '트럼프 현상'」. ≪사회과학 담론과 정책≫, 제9권 2호, 85~115쪽.

_____. 2019. 「왜 대중은 반지성주의에 매료되는가?: 설득 커뮤니케이션의 관점에서 본 반지성주의」. ≪정치·정보연구≫, 제22권 1호, 27~62쪽.

김병수. 2017. 「'가짜 뉴스'에 속고 싶은 사람들」. ≪인물과사상≫, 제228호, 172~179쪽.

김선호·김옥태. 2015. 『모바일 뉴스 포맷과 디자인』. 한국언론진흥재단.

김영주·정재민. 2014. 『소셜 뉴스 유통 플랫폼: SNS와 뉴스 소비』. 한국언론진흥재단.

김위근·황용석. 2013. 『젊은 세대의 뉴스미디어 이용: 현황과 전망』. 한국언론진흥재단.

김춘식·홍주현. 2020. 「유튜브 공간에서 '가짜뉴스의 뉴스화': 〈고성산불〉 관련 정치적 의혹 제기와 청와대 반응 사례 연구」. ≪정치·정보연구≫, 제23권 2호, 403~439쪽.

나은영·차유리. 2012. 「인터넷 집단극화를 결정하는 요인들: 공론장 익명성과 네트워크 군중성 및 개인적, 문화적 요인을 중심으로」. ≪한국심리학회지: 사회 및 성격≫, 제26권 1호, 103~121쪽.

노성종·최지향·민영. 2017. 「'가짜뉴스효과'의 조건: 2017년 대통령 선거에서 나타난 '가짜뉴스효과'의 견인 및 견제 요인」. ≪사이버커뮤니케이션학보≫, 제34권 4호, 99~149쪽.

≪미디어오늘≫. 2018.11.1. "국민 신뢰도 1위는 '대통령', 국회는 또 꼴찌". http://www.mediatoday.co.kr/news/articleView.html?idxno=145286.

_____. 2019.11.1. "국민 절반이 '유튜브는 언론이다'". http://www.mediatoday.co.kr/news/articleView.html?idxno=203362.

박상현·김성훈·정승화. 2020. 「유튜브 정치·시사 채널 이용이 정치사회화에 미치는 영향」. ≪한국콘텐츠학회논문지≫, 제20권 9호, 224~237쪽.

박상호·성동규. 2005. 「미디어 신뢰도가 정치효능감과 투표행위에 미치는 영향에 관한 연구: 대학생의 정치참여행위를 중심으로」. ≪한국언론학보≫, 제49권 4호, 110~139쪽.

박선희. 2012. 「SNS 뉴스 소통: 다중성과 구술성」. ≪언론정보연구≫, 제49권 2호, 37~73쪽.

박영득. 2019.「유튜브에 나타난 정치의 사인화와 정당정치의 미래」.≪글로벌정치연구≫, 제12권 2호, 1~29쪽.

방송통신위원회. 2018.「2017년 방송매체 이용행태 조사」.

손재권. 2015.「디지털 인재 활용 '미디어 파괴자'로 변신 중: 모바일 퍼스트를 위한 신문사의 대응」.≪신문과방송≫, 제531호(3월호), 6~11쪽.

≪시사인≫. 2019.6.5. "보수 유튜브를 움직이는 원동력은?" https://www.sisain.co. kr/news/articleView.html?idxno=34736.

≪시사저널≫. 2019.8.22. "여섯 살 보람이가 지상파 공룡 MBC와 맞먹는다". https:// www.sisajournal.com/news/articleView.html?idxno=189391.

양선희. 2020.「유튜브 저널리즘의 시대, 전통적 저널리즘의 대응현황과 과제」.≪사회과학연구≫, 제31권 1호, 245~262쪽.

양형모·박주연. 2020.「신문기자의 유튜브 1인 방송 콘텐츠 생산의 특징과 저널리즘 역할 인식 연구」.≪커뮤니케이션학 연구≫, 제28권 1호, 33~59쪽.

오대영. 2017.「수용자의 언론인, 신문뉴스 문제, 신문뉴스 신뢰도 평가가 신문뉴스 이용량에 미치는 영향에 대한 종단적 연구」.≪한국언론정보학보≫, 제83권 3호, 96~129쪽.

_____. 2018.「유튜브 정치동영상 이용이 정치사회화에 미치는 학습효과: 정치효능감, 정치관심도, 정치참여를 중심으로」.≪교육문화연구≫, 제24권 1호, 97~115쪽.

와이즈앱. 2018. '2018 앱분석/리테일분석'. https://www.wiseapp.co.kr.

원성심·김경호. 2020.「유튜브를 통한 정치인의 자기표현: '인플루언서' 채널의 특성을 중심으로」.≪한국방송학보≫, 제34권 3호, 137~173쪽.

유승현·정영주. 2020.「뉴스 유통의 변동과 지상파 뉴스 콘텐츠의 대응전략에 대한 탐색적 연구: 지상파방송 유튜브 뉴스 채널을 중심으로」.≪방송통신연구≫, 제111호(여름호), 68~109쪽.

유용민. 2019.「유튜브 저널리즘 현상 논쟁하기: 행동주의의 부상과 저널리즘의 새로운 탈경계화」.≪한국방송학보≫, 제33권 6호, 5~38쪽.

유튜브 랭킹. 2021.8. https://youtube-rank.com/board/bbs/board.php?bo_table =youtube&sca=뉴스/정치/사회.

이동후. 2010.「제3의 구술성: '뉴 뉴미디어' 시대 말의 현존 및 이용 양식」.≪언론정보연구≫, 제47권 1호, 43~76쪽.

이상기·손나리. 2018. 「페이크 뉴스(Fake News)에 대한 수용자들의 비판적 대응은 가능한가?」. ≪인문사회과학연구≫, 제19권 1호, 519~541쪽.

이재현. 2004. 『멀티미디어와 디지털 세계: 뉴미디어란 무엇인가?』. 커뮤니케이션북스.

_____. 2012. 「글쓰기 공간으로서의 SNS: 재매개, 환유, 에크프라시스」. ≪커뮤니케이션 이론≫, 제8권 1호, 323~351쪽.

이종명. 2020. 「광장 정치에서의 유튜버의 역할: 2019년 태극기 집회 유튜버 참여관찰 연구」. 고려대학교 박사 학위논문.

장석준. 2020. 「정치 유튜브방송 이용과 정치대화, 정치효능감, 정치참여 간의 영향 관계 분석」. ≪정치커뮤니케이션연구≫, 제57호, 89~132쪽.

전상진. 2017. 「인지부조화와 맞불 어르신: 그들이 박근혜 전 대통령 탄핵에 반대했던 이유」. ≪한국사회학회 사회학대회 논문집≫, 686~694쪽.

전상현·이종혁. 2020. 「뉴스는 '어떻게' 페이스북에서 유튜브로 가게 되었나?: 행위자-연결망 이론 관점을 적용한 플랫폼 뉴스 보도의 의미 연결망 분석」. ≪방송통신연구≫, 제111호(여름호), 110~151쪽.

정철운. 2018. 「가짜뉴스·유튜브·극우보수와 저널리즘」. ≪인물과사상≫, 제247호, 168~183쪽.

≪조선일보≫. 2018.8.27. "태극기 집회엔 돈 받고 동원된 노인뿐?… 대졸·중산층이 절반 넘어". http://news.chosun.com/site/data/html_dir/2018/08/27/2018082700227.html.

≪주간경향≫. 2019.9.27. "'돈맛' 알아버린 우파 유튜버 폭주". http://weekly.khan.co.kr/khnm.html?mode=view&code=115&art_id=201909271437391.

≪중앙일보≫. 2015.6.13. "총기난사 팬 헛소문… '집단지성'과 '카더라'에 낀 SNS". https://news.joins.com/article/18015825.

≪중앙일보≫. 2013.6.22. "디지털의 치명적 유혹… 포퓰리즘을 경계하라". https://news.joins.com/article/11873229.

하승태·이정교. 2011. 「미디어 이용량과 선호 콘텐츠 유형이 미디어 신뢰도에 미치는 영향: 전통적 미디어와 뉴미디어를 아우르며」. ≪한국언론학보≫, 제55권 1호, 413~434쪽.

한국언론진홍재단. 2017. 『2017 언론수용자 의식조사』.

한국인터넷진흥원. 2015. 「2015년 모바일인터넷이용 실태조사」.

한은영. 2020. 「5·18역사왜곡의 극단주의적 특성: 유튜브 5·18왜곡 동영상을 중심으로」. ≪민주주의와 인권≫, 제20권 1호, 87~135쪽.

함민정·이상우. 2020. 「유튜브 정보 규제에 대한 이용자들의 인식 연구」. ≪한국콘텐츠학회논문지≫, 제20권 2호, 36~50쪽.

허만섭. 2020. 「유튜브 채널과 TV 채널의 편향성에 대한 네트워크 분석: 공수처 이슈를 중심으로」. ≪한국디지털콘텐츠학회논문지≫, 제21권 8호, 1453~1464쪽.

황용석·권오성. 2017. 「가짜뉴스의 개념화와 규제수단에 관한 연구: 인터넷서비스사업자의 자율규제를 중심으로」. ≪언론과법≫, 제16권 1호, 53~101쪽.

Baekdal, T. 2009.4. "Where is Everyone." Baekdal/plus. http://www.baekdal.com/media/market-of-information.

Bell, E. 2016.6.25. "The Rise of Mobile and Social News: And What It Means for Journalism." *Huffington Post UK.* https://www.huffingtonpost.co.uk/emily-bell/future-journ alism_b_7587312.html?guccounter=1.

Jones, C. 2004. "Networks and learning: communities, practices and the metaphor of networks - a response." *ALT-J, Research in Learning Technology*, Vol.12, No.2, pp.195~198.

Levinson, H. 2009. "Reciprocation: The Relationship between Man and Organization." in A. M. Freedman and K. H. Bradt(eds.). *Consulting Psychology: Selected Articles by Harry Levinson.* pp.31~47. American Psychological Association.

McLuhan, M. 1962. *The Gutenberg Galaxy.* Toronto; Buffalo: University of Toronto Press.

Ong, W. 1967. *The presence of the word: Some prolegomena for cultural and religious history.* New Haven: Yale University Press.

_____. 1982(2002). *Orality and Literacy: The Technologizing of the Word.* New York: Methuen.

Pew Research Center. 2019.2.5. "Smartphone Ownership Is Growing Rapidly Around the World, but Not Always Equally." https://www.pewresearch. org/global/2019/02/05/smartphone-ownership-is-growing-rapidly-aro und-the-world-but-not-always-equally.

Putnam, R. D. 1995. "Tuning in, Tuning Out: The Strange Disappearance of Social Capital in America." *PS: Political Science & Politics*, Vol.28, No.4, pp.664~683.

Sandvig, C. 2015. "The Internet as the Anti-Television: Distribution Infrastructure as Culture and Power." *Signal Traffic: Critical Studies of Media Infrastructures*, pp.225~245.

Shah, D. V., Nojin Kwak and R. Lance Holbert. 2001. "'Connecting' and 'Disconnecting' with Civic Life: Patterns of Internet Use and the Production of Social Capital." *Political communication*, Vol.18, No.2, pp. 141~162.

Small, S. 2003. "Becoming Mobile: SMS and Portable Text." *Sarai Reader 03: Shaping Technologies*, pp.157~159.

Sunstein, C. R. 2002. "The Law of Group Polarization." *Journal of Political Philosophy*, Vol.10, No.2, pp.175~195.

Tsfati, Y. 2010. "Online News Exposure and Trust in the Mainstream Media: Exploring Possible Associations." *American Behavioral Scientist*, Vol.54, No.1, pp.22~42.

제4장

유튜브와 저널리즘

양선희 ┃ 대전대학교 글로벌문화콘텐츠학과 교수

유튜브가 엔터테인먼트와 정보검색에 이어 뉴스와 시사 정보까지 아우르는 미디어 생태계의 절대 강자로 부상하면서 '유튜브 저널리즘'이라는 용어가 회자되고 있다. 유튜브 저널리즘 현상은 초기에 개인들의 유튜브 정치 채널을 중심으로 확산하기 시작해 지금은 주류 언론사들까지 합세하며 범위와 유형이 확장되었다. 유튜브 저널리즘은 뉴스의 연성화, 정파적 이용, 뉴스 문법의 파괴 등 다양한 특성을 보이는 가운데 지역 언론은 지역 밀착형 뉴스와 공감대 높은 보편적 뉴스를 동시에 추구하는 이원화 전략을 지향할 필요가 있다.

현재 유튜브 저널리즘은 도입과 성장 단계를 지나 변화와 조정을 통한 성숙 단계로의 이행이 필요한 시점이다. 주류 언론과의 상호 보완적 공생 관계 속에서 차별화된 틈새 전략으로 다양한 뉴스 소비자의 욕구를 충족시키는 한편 미디어 리터러시 교육을 통해 뉴스 소비자의 합리적 뉴스 선택을 도울 필요가 있다.

1. 뉴스 생태계와 유튜브

2020년 11월 기준으로 한국인이 가장 많이 사용하는 애플리케이션은 유튜브로 622억 분의 사용 시간을 기록했다. 2위 카카오톡의 265억 분과 3위 네이버의 190억 분을 합한 것보다 훨씬 많은 시간이며, 2019년 11월의 사용 시간 442억 분에 비해서도 180억 분(40.7%) 늘어난 수치다. 코로나19 팬데믹으로 언택트un-contact가 활성화되고 '집콕 문화'가 생긴 점을 감안해도 상당히 가파른 상승 폭이라고 할 수 있다.

2005년 유튜브는 누구나 동영상 콘텐츠를 업로드할 수 있는 엔터테인먼트 중심으로 서비스를 시작했다. 이때만 해도 유튜브가 지금처럼 광범위한 이용자와 엄청난 이용 시간을 보유하게 되리라고는 상상하기 어려웠다. 그러나 2006년 ≪타임TIME≫이 유튜브를 올해의 발명품에 선정한 데 이어 구글로 인수되며 주목받기 시작하더니 비교적 짧은

표 4-1 한국인이 가장 많이 사용하는 애플리케이션   (단위: 억 분)

순위	애플리케이션	사용 시간
1	유튜브	622
2	카카오톡	265
3	네이버	190
4	인스타그램	47
5	페이스북	39
6	다음	38
7	네이버 웹툰	31
8	틱톡	26
9	카카오 페이지	24
10	네이버 카페	24

주: 2020년 11월 기준으로 만 10세 이상 한국인의 스마트폰(안드로이드와 iOS) 애플리케이션 사용 시간을 추정함.
자료: 와이즈앱(2020.11) 자료를 재구성함.

시간 안에 엔터테인먼트와 정보검색, 뉴스와 시사 정보를 아우르는 미디어 생태계의 절대 강자로 부상하게 되었다.

한국언론진흥재단의 『2020 언론수용자 의식조사』를 보면 2020년 가장 큰 성장세를 보인 것은 온라인 동영상 플랫폼을 통한 뉴스 이용이다. 온라인 동영상 플랫폼 이용률은 2018년 33.6%, 2019년 47.1%, 2020년 66.2%로 늘었다. 뉴스 이용률도 2018년 6.7%, 2019년 12.0%, 2020년 24.4%로 매해 두 배씩 급증해 유튜브로 대표되는 온라인 동영상 플랫폼이 새로운 뉴스 유통 플랫폼으로 빠르게 자리 잡아가고 있다. 이런 증가세는 모든 연령대에서 고르게 나타났으며, 특히 60대 이상에서는 2019년에서 2020년 사이에 온라인 동영상 플랫폼을 통한 뉴스 이용이 세 배 이상 증가했다. 반면에 텔레비전, 신문, 라디오, 잡지와 같은 기존 매체를 통한 뉴스 이용은 지속적으로 감소해 2011년과 비교할 때 2020년 종이 신문의 이용률은 44.6%에서 10.2%로, 라디오 뉴스 이용률은 26.8%에서 8.1%로 크게 줄어들었다. 한편 글로 된 뉴스보다 영상 뉴스에 대한 선호가 높아져 뉴스와 시사 정보를 얻는 주요 경로를 하나만 고르게 했을 때, 텔레비전과 온라인 동영상 플랫폼을 선택한 응답자는 각각 1.6%p, 1.3%p 증가한 반면에 인터넷 포털을 선택한 응답자는 2.7%p 감소했다. 온라인 동영상 플랫폼을 선택한 이들은 2.8%로 전체에서 차지하는 비중은 낮지만, 이 역시 2019년(전년도)에 비하면 두 배가량 증가한 수치다(한국언론진흥재단, 2020).

유튜브는 사람들이 각자의 라이프 스타일이나 취향에 따라 선택적으로 뉴스를 소비하거나 직접 뉴스 생산의 주체로 변모하는 공간이면서 동시에 주류 언론이 저널리즘을 실현하는 공간이기도 하다. 최근 유튜브가 뉴스의 생산, 유통, 소비 공간으로 부상하자 유튜브 저널리즘에 대한 관심도 고조되고 있다. 유튜브 저널리즘이란 무엇이며 디지털 미디어 환경의 심화 속에서 뉴스 플랫폼으로 부상한 유튜브에 주류 언론은 어떤 전략과 실천으로 대응하고 있는지 살펴본다.

2. 유튜브 저널리즘

1) 왜 유튜브 저널리즘인가?: 유튜브 저널리즘의 부상 배경

국내에서 유튜브가 저널리즘 미디어로 부상하게 된 배경으로 주류 언론에 대한 뉴스 이용자들의 실망과 불신이 꼽힌다(양선희, 2020; 유승현·정영주, 2020; 이상호, 2020; 이준웅, 2019). 사실과 검증이라는 저널리즘의 기본 책무를 견지하지 못한 주류 언론에 대한 실망과 함께 주류 언론으로부터 외면당한 뉴스 이용자들이 유튜브로 이동하면서 저널리즘 미디어로 부상하게 되었다는 분석이다. 수용자들에게 전문적이고 신뢰감을 주는 정론적 가치는 더 이상 중요하지 않게 되었으며(이상호, 2020), 어차피 객관적이고 공정한 뉴스가 아니라면 자신과 정치 성향이 일치하는 뉴스를 더 신뢰한다는 것이다(유승현·정영주, 2020). 이런 분석을 증명하듯 한국은 「디지털 뉴스 리포트 2021」에서 '뉴스 전반에 대한 신뢰'가 조사 대상 46개국 중 공동 38위에 그쳤다(오세훈·박아란·최진호, 2121). 이는 40개국 중 꼴찌였던 전년도(2020년)에 비하면 나아진 것이기는 하나, 2016년 처음 조사에 참여한 이후 한국은 매년 최하위권을 전전하고 있다. 아울러 「디지털 뉴스 리포트 2020 한국」에서 '나와 같은 관점의 뉴스'를 선호하는 비중은 44%로 터키(55%), 멕시코(48%), 필리핀(46%)에 이어 네 번째로 높은 수준이었다(이소은·박아란, 2020). 즉, 객관적이고 공정한 뉴스인지 또는 사실 검증이 이루어졌는지 여부보다 믿고 싶은 뉴스, 자신의 정치 성향에 부합하는 뉴스를 찾아 소비하려는 경향이 강화되었다고 할 수 있다.

개인들이 유튜브 채널을 개설하고 특정 정치 사안이나 쟁점에 관해 정보와 해설을 제공하며 뉴스의 생산 주체로 뉴스 생태계 전면에 나서면서 주류 언론 대신에 유튜브의 시사·정치 채널을 통해 정치 뉴스를 소비하는 이용자도 늘었다. 극우 보수 성향의 유권자를 대표하는 〈신의한수〉, 2017년 초 박근혜 대통령을 단독 인터뷰하며 급부상한 〈정규재TV〉(현 〈펜앤드마이크TV〉) 등 정치 이슈를 다루는 인지도 높은 개인 채널들이 등장했다. 이어서 정치인 홍준표의 〈TV홍카콜라〉와 유시민 노무현재단 이사장의 〈유시민의 알릴레오〉가 등장했고, 보수와 진보 진영의 대표 인사인 둘의 유튜브 합동 방송 〈홍카레오〉(2019.6.3)가 세간의 화제를 모으면서 정치 뉴스와 토론이라는 저널리즘적 영역에 유튜브가 자리 잡는 결정적 계기가 되었다. 이는 유튜브에서 정치 성향에 따라 뉴스와 시사 정보를 소비하는 수용자들이 늘어나는 기폭제로 작용했다.

이제 뉴스 소비자들은 디지털 미디어 환경이 개인에게 부여해 준 정보의 생산, 유통, 소비에 관한 능동성과 선택성을 바탕으로 저널리즘 영역에서 새로운 질서를 만들고 있다.

2) 유튜브 저널리즘이란 무엇인가?: 정의, 유형, 특징

(1) 정의

시청률 조사 기업 닐슨은 「2019 뉴스미디어 리포트: 유튜브 저널리즘」 보고서에서 모바일을 통해 시청하는 유튜브 동영상 뉴스의 급성장을 두고 유튜브 저널리즘 현상이라고 명시했다. 『2020 언론수용자

의식조사』에 따르면 메신저와 소셜 네트워크 서비스를 언론으로 인식하는 비율이 2019년(전년도) 대비 각각 4.4%p, 4.0%p 줄어든 반면 온라인 동영상 플랫폼에 대해서는 2.4%p 증가(한국언론진흥재단, 2020)해 소통과 관계 중심의 채널과 뉴스 콘텐츠를 유통하는 인터넷 포털이나 동영상 플랫폼을 구분하는 경향을 보였다. 이런 인식은 실제 뉴스 소비 방식으로 이어졌다. 한국은 소셜 미디어 플랫폼 중 유튜브를 통해 뉴스를 이용하는 비율이 두드러져 2019년 38%에서 2020년 45%로 증가했다(이소은·박아란, 2020).

유용민(2019)은 저널리즘을 일반적인 공적 관심과 주요 당대 현안에 관한 정보를 생산하고 확산시키는 행위 또는 관행으로 정의한 셔드슨 [Schudson, 2003(2011)]의 관점에서 볼 때 유튜브 저널리즘은 기존 저널리즘의 확대이자 강화된 버전이라고 평가했다. 의제를 선점하고 공론화해 여론의 반향을 이끄는 데 탁월하며, 자신의 시각과 관점에 따라 공적 의제에 관한 정보 생산과 유통에 적극 관여하기 때문이다. 그러나 뉴스를 탐사하는 취재 과정을 거쳐 데스크의 게이트 키핑gate keeping을 통해 편집된 기사를 자사의 온·오프 라인 미디어 플랫폼을 통해 보도, 논평, 해석하는 지속적이고 정기적인 활동 과정이자 사실의 객관성 확인 및 공정성, 공공성 등의 원칙 아래 수용자에게 전달하는 것(이상호, 2020)으로 저널리즘의 정의를 생각한다면 정치적 성향이 명확히 드러나고 객관성과 공정성보다 주관적 해석과 판단에 무게를 둔다는 점에서 기존의 저널리즘과는 일정 부분 거리를 두고 있다고 할 수 있다. 그러나 누구나 정보를 생산, 유통할 수 있는 디지털 미디어 환경에서 개인이 게이트 키핑과 의제 설정의 주체로 부상하면서 기존의 저널리즘 정의를 유튜브에 그대로 적용하는 것은 저널리즘의 변화한 현실과 괴리가 있다는 지적도 있다(유용민, 2019).

유튜브 저널리즘에 관한 이론 정립이나 합의된 정의가 없음에도 불구하고 유튜브 저널리즘은 유튜브의 폭발적 성장과 소비 수요만큼이나 빠르게 사회적으로 수용되는 분위기다. '유튜브'라는 동영상 플랫폼은 정보 수집과 생산 과정에서 사실 검증, 게이트 키핑, 의제 설정을 핵심으로 하는 '저널리즘'과 어떤 방식으로 결합해 새로운 유형의 저널리즘을 탄생시켰을까? 유튜브 저널리즘은 현재 성장기로 다양한 논의가 이루어지고 있어 뚜렷하게 규정을 짓기는 이른 시점이다. 그럼에도 유튜브를 통한 뉴스 소비 현상과 구조에 대한 변화를 포괄하는, 현시점에서의 유튜브 저널리즘에 관한 개념 정리는 필요하다. 생산 주체, 소재와 내용, 형식 측면에서 유튜브 저널리즘은 다음과 같이 정의할 수 있다.

유튜브 저널리즘

동영상 플랫폼 유튜브에서 개인과 주류 언론 등 다양한 생산 주체가 소재와 내용을 자유롭게 게이트 키핑해 사실과 관점이 담긴 해설을 기존의 틀에 얽매이지 않고 다양한 방식으로 제공함으로써 뉴스 소비자들의 선택을 받는 저널리즘 제도다.

---

(2) 유형과 특징

초기 유튜브 저널리즘 현상은 개인들의 유튜브 정치 채널을 중심으로 확산하기 시작했으며, 주류 언론사들의 유튜브 채널 진출로 그 범위와 유형이 확장되었다. 유튜브 저널리즘의 유형은 통상 생산 주체에 따라 나뉘는데 이상우(2019)는 전통 미디어 사업자, 정치인과 정당, 개인으로, 닐슨의 보고서(2019)는 방송사, 디지털 언론사, 인플루언서, 일반 개인으로 구분했다.

결국 유튜브 저널리즘의 유형은 생산 주체가 주류 언론의 범주에 포함되는지 여부를 기준으로 주류 언론이 제작한 뉴스와 개인이 제작한 뉴스로 양분할 수 있다. 이와 같은 분류는 미디어 환경이 변화하고 다양한 생산 주체가 공존하는 유튜브 플랫폼에서 사실 검증을 통한 팩트 전달과 사회적 책무성을 수행하며 저널리즘의 신뢰성과 공적 가치를 지켜가야 하는 주류 언론과 개인 등 주류 언론이 아닌 뉴스 생산 주체를 구분하기 위해서다. 디지털 언론사의 경우 주류 언론의 범주에 포함하는 데 논란이 있으나 게이트 키핑과 의제 설정이 관행적·일상적으로 이루어지고, 〈스브스뉴스〉 등 방송사의 서브 채널이 포함된다는 점에서 주류 언론의 범주에 해당한다고 할 수 있다. 따라서 유튜브 저널리즘 유형은 신문사와 방송사 그리고 하위 브랜드인 서브 채널을 포함하는 '주류 언론 제작 뉴스'와 정치인, 인플루언서, 일반 개인을 포괄하는 '개인 제작 뉴스'로 구분된다.

뉴스 플랫폼으로 유튜브가 부상하면서 몇 가지 특징이 나타나고 있다. 첫째, 뉴스의 연성화 경향이다. 닐슨의 보고서(2019)에 따르면 유튜브 뉴스 이용자들의 이용 동기는 흥미성, 편리성, 다양성이었다. 뉴스 이용자들이 유튜브 뉴스에 기대하는 차별화된 가치는 재미fun, 유쾌한 장난frolic, 경박함frivolity으로 재미있는 콘텐츠가 이용 동기이자 뉴스 가치로 작용하고 있었다. 실제로 재미있고 자극적인 뉴스나 대중적 관심을 받는 인사와 관련된 뉴스일수록 조회 수가 높으며, 반대로 조회 수를 높이기 위해 자극적인 제목이나 호기심을 유발하는 섬네일을 동원하기도 한다. 지상파 방송의 유튜브 뉴스 채널을 분석한 유승현·정영주(2020)의 연구에 따르면 인기를 끄는 뉴스 콘텐츠는 정치 갈등과 같은 경성 뉴스보다 국민적 공감대 형성이 가능한 콘텐츠나 사회,

표 4-2 **매체별 상위 이용 기사 주제** (단위: 건, %)

매체(사례 수)	1순위	2순위	3순위	4순위	5순위
인터넷 포털 (3799)	사회(84.6)	경제(68.4)	생활(59.5)	정치(56.9)	연예·오락 (54.6)
메신저 서비스 (733)	사회(71.3)	연예·오락 (53.6)	생활(35.9)	정치(32.5)	경제(26.0)
소셜 네트워크 서비스 (584)	사회(73.9)	연예·오락 (56.1)	생활(31.0)	경제(27.5)	정치(26.7)
온라인 동영상 플랫폼 (1221)	사회(75.6)	연예·오락 (51.8)	정치(41.2)	경제(30.6)	생활(26.5)

자료: 한국언론진흥재단(2020: 23).

문화, 스포츠 등 가벼운 주제를 다룬 콘텐츠로 나타났다.

둘째, 정파적 이용이다. 『2020 언론수용자 의식조사』에 따르면 최근 이용이 급증하고 있는 온라인 동영상 플랫폼에서는 다른 인터넷 기반 매체에 비해 정치 뉴스의 이용이 많다. 〈표 4-2〉를 보면 매체를 막론하고 이용률이 가장 높은 사회 기사를 제외하면, 인터넷 포털에서는 여러 주제를 비교적 고르게 접하는 반면 메신저 서비스, 소셜 네트워크 서비스, 온라인 동영상 플랫폼에서는 연예·오락 기사 이용률이 높게 나타났다. 그리고 온라인 동영상 플랫폼의 경우 연예·오락 기사의 이용이 많지만, 메신저나 소셜 네트워크 서비스에 비해 정치 기사의 이용률이 높게 나타났다(한국언론진흥재단, 2020). 유튜브의 알고리즘은 이용자가 자신의 성향과 맞는 필터링된 정보만을 접하게 하고, 필터 버블을 통해 다양한 관점을 접할 수 있는 기회를 차단해 확증 편향을 만들어낸다(양선희, 2020). 실제로 유튜브 이용은 중도 37%, 진보 48%, 보수 49%로 진보나 보수 등 정치 성향이 분명한 사람들이 더 많이 이용하는 것으로 나타났다(김선호·김위근, 2019). 자신의 관점과 일치하는 뉴스와 시사 콘텐츠에만 선별적으로 노출되는, 이른바 정파적 이용에 따른 정치적 양극화가 우려되는 부분이다.

셋째, 뉴스 문법과 영상 문법의 파괴를 들 수 있다. 주류 언론 채널에서는 일반적인 텔레비전 시청자의 특성에 맞춘 형식을 취하므로 간결하고 축약된 내용을 천천히 나열하며 해당 주제의 주체별 입장을 골고루 다룬다. 이와 달리 개인 채널은 빠른 속도로 특정 뉴스의 쟁점을 깊게 파고드는 형식을 취하므로 객관적인 균형보다 주관적인 날카로움으로 승부를 본다. 즉, 내용의 객관성과 스튜디오 촬영을 통한 높은 품질보다 경박스러우면서 자극적인 재미를 주는 요소가 유튜브 이용자의 만족을 높이는 중요 변인으로 작용하고 있다(이상호, 2020). 기존의 육하원칙이나 전문가 인터뷰 및 분석 등을 빌려 뉴스를 마무리하는 기존의 뉴스 문법이 밀려나고, 인위적인 편집을 배제한 생생한 라이브로 현장을 전하며 관심을 유도한다(유승현·정영주, 2020). 이에 주류 언론 채널들도 시청자의 선택을 받기 위해 유튜브 문법을 받아들이는 데 적극적이다. 매끄럽게 구성된 원고와 정제된 화면 등 정형화된 뉴스 제작 방식에서 벗어나 재미와 탈형식을 추구하는 것이다. 최근 미국 대통령 선거에서 '유튜브스럽게' 자극적인 영상을 제작하고 제목을 뽑은 언론사들이 유튜브 알고리즘 추천에 더 유리하다는 결과가 나오는 등 전 세계 언론사들이 유튜브식 소비 패턴에 적응하면서 '유튜브화化'하고 있다는 평가다(박민제·정원엽, 2020.11.30).

3. 전통 미디어의 유튜브 활용

유튜브는 동영상 플랫폼이라는 특성상 전통 미디어 가운데 텔레비전과 많은 부분에서 유사하다. 그래서인지 방송사 유튜브 채널의 구독자 수나 등록 영상 수가 신문사나 인터넷 언론사에 비해 월등히 많은 것이 사실이다. 조승원(2020)은 "TV 뉴스 세상에 '시청률'이 있었다면 유튜브 세상에는 '조회 수'라는 괴물이 버티고 있다"라고 정리한다. 나아가 '꼿꼿한 저널리스트'에서 '조회 수 장사꾼'으로 변신하기까지 불과 일주일이 걸리지 않았으며 '알고리즘의 노예'가 될 수밖에 없다는 부정적·비관적 견해를 내놓았다. 반면 유튜브 저널리즘의 한 축을 구성하는 다양한 전문가들보다 스토리를 구성할 수 있는 특화된 능력을 가진 기자들이 경쟁력이 있다거나(심영구, 2019), 전통 미디어에서는 불가능했던 뉴스 소비자와의 유튜브 영상, 댓글을 통한 소통으로 주류 저널리즘에 대한 신뢰 회복을 모색할 수 있다는 긍정적·낙관적 전망을 제시하기도 한다(김기화, 2019).

미디어가 진화하는 과정에서 새로운 미디어는 늘 기존 미디어의 생존에 위협적인 존재였다. 문해력이 필요한 신문 중심의 미디어 시대에 문해력 없이 남녀노소 누구나 실시간으로 이용할 수 있는 라디오가 등장했고 이어서 움직이는 영상까지 더한 텔레비전이 나오며 신문은 위기를 겪었다. 하지만 신문은 방송과의 매체적 차별성을 강조하며 해설 기능을 강화하고 사진과 그래픽을 확대하며 저널리즘적 가치를 유지하는 데 성공했다. 인터넷 기반의 디지털 미디어 환경은 상호작용성을 바탕으로 정보 유통의 새로운 패러다임을 정립하며 전통적 저널리즘을 위협했다. 하지만 오히려 디지털 환경을 적극적으로 활용하며 기존의 일방향적 전달이 가진 약점을 보완하고 뉴스 이용자들의 제보를 활용하는 등 새로운 성장 기회로 삼은 측면도 있다.

이제 유튜브는 저널리즘의 장으로 부상해 주류 언론에게 위협적 존재가 되었다. 전통 미디어에게 유튜브는 '선택'이 아닌 '필수'가 되었고(금준경·박서연, 2020.3.8), '변수'가 아닌 '상수'이며(김재영, 2020), 생존의 문제가 되고 있다. 엔터테인먼트와 정보검색에 이어 뉴스까지 장악하며 미디어 생태계를 아우르는 강자로 부상한 유튜브 플랫폼 앞에서 전통 미디어들은 어떤 전략을 구사하며 생존을 모색하는지 살펴보자.

1) 주류 언론의 유튜브 현황

주류 언론의 유튜브 채널은 2006년 MBN과 MBC가 가장 먼저 개설했으며(유승현·정현주, 2020), YTN이 운영하는 계정이 2020년 10월 국내 언론사 최초로 구독자 수 200만 명을 돌파했다.

2020년 3월 기준으로 언론사들이 운영하는 유튜브 뉴스 채널의 구독자 수는 〈YTN NEWS〉가 157만 명으로 가장 많고, 〈JTBC News〉가 128만 명으로 2위다. SBS와 MBC는 20위권에 각각 세 개 채널씩 진입시켰다. SBS는 〈비디오머그〉(3위, 79만 5000명), 〈SBS 뉴스〉(4위, 75만 5000명), 〈스브스뉴스〉(10위, 50만 6000명)다. MBC는 〈MBC News〉(8위, 57만 9000명), 〈엠빅뉴스〉(14위, 44만 4000명), 〈14F 일사에프〉(19위, 34만 1000명)다. 그 밖에 〈채널A 뉴스〉가 5위, 〈tbs 시민의방송〉이 6위, 〈KBS News〉가 7위, 〈뉴스 TVCHOSUN〉이 9위로 상위 10위권에 포함되었다(금준경·박서연, 2020.3.8).

구독자 수 현황을 살펴보면 자사 영상을 활용해 동영상 플랫폼에 최적화된 콘텐츠를 생산하는 방송 매체의 강세가 두드러졌다. 상위 20개 채널 중 신문사가 운영하는 〈조선일보〉와 〈HankyorehTV〉(현 〈한겨레TV〉), 인터넷 언론사가 운영하는 〈MediaVOP〉(≪민중의소리≫ 운영), 〈OhmynewsTV〉, 〈팩트TV NEWS〉, 〈newstapa〉를 제외한 14개 채널이 방송사의 메인 뉴스 채널이거나 서브 채널이다.

언론사들의 유튜브 채널 운영은 디지털 미디어 환경에 대한 장기적

표 4-3 **언론사가 운영하는 유튜브 뉴스 채널의 구독자 현황**　　　　(단위: 만 명)

순위	유튜브 채널	구독자 수
1	〈YTN news〉	157.0
2	〈JTBC News〉	128.0
3	〈비디오머그〉	79.5
4	〈SBS 뉴스〉	75.5
5	〈채널A 뉴스〉	75.5
6	〈tbs 시민의방송〉	74.6
7	〈KBS News〉	67.8
8	〈MBC News〉	57.9
9	〈뉴스 TVCHOSUN〉	56.4
10	〈스브스뉴스〉	50.6
11	〈팩트TV NEWS〉	50.6
12	〈newstapa〉	47.2
13	〈MBN News〉	45.7
14	〈엠빅뉴스〉	44.4
15	〈연합뉴스TV〉	42.1
16	〈조선일보〉	39.4
17	〈MediaVOP〉	37.4
18	〈OhmynewsTV〉	36.2
19	〈14F 일사에프〉	34.1
20	〈HankyorehTV〉	31.7

주: 2020년 3월 3일 기준.
자료: 금준경·박서연(2020.3.8) 자료를 재구성함.

비전과 전략에 의한 선택이라기보다 급변하는 플랫폼과 이에 따른 뉴스 소비 환경에 대처하고자 시작한 것이다. 그 때문에 방송사 채널들은 유튜브 채널을 위한 별도의 콘텐츠를 제작하기보다 텔레비전 뉴스를 그대로 업로드하거나 아이템 단위로 잘라 게시하는 수준에 그치는 경우가 많았다. 신문사 채널의 경우 인쇄 매체 기반의 언론사가 영상 콘텐츠를 만드는 일 자체가 인력, 장비, 일처리 방식의 차이 등으로 모든 면에서 어려울 수밖에 없었다.

그러나 최근 주류 언론들은 유튜브 뉴스 생태계에 대한 면밀한 관찰과 탐색 끝에 발상을 전환해 다양한 전략과 시도를 보여주고 있다. 특화된 브랜드를 통해 이용자를 타기팅하고 맞춤형 뉴스 콘텐츠를 제공하는 서브 채널 운영이 그 예다. SBS의 채널들을 보면 〈스브스뉴스〉가 18~24세 여성을 주된 타깃층으로 하고, 〈비디오머그〉는 18~44세까지를 주된 타깃층으로 하되 남성 이용자가 더 많은 특성이 있다. MBC의 〈엠빅뉴스〉는 30~40대, 〈14F 일사에프〉는 20~30대 여성을 타깃층으로 한다. 〈엠빅뉴스〉에 방탄소년단 관련 콘텐츠가 올라오면 조회 수가 3만 회에서 4만 회가량 나오지만 〈14F 일사에프〉에 올리면 수십만 회가 나온다. 반면에 〈14F 일사에프〉에서 스포츠 콘텐츠는 호응이 없다. KBS의 서브 채널인 〈크랩 KLAB〉은 20~30대 여성을 타깃으로 삼아 지상파 방송 뉴스에서 다루지 않거나 다루지 못하는 아이템들을 중심으로 콘텐츠를 생산한다(유승현·정현주, 2020). JTBC는 메인 채널인 〈JTBC News〉 외에도 엔터테인먼트, 드라마, 연예, 웹 예능 등 분야별로 아홉 개의 채널을 운영하고 있다. 〈HankyorehTV〉는 동물을 소재로 한 '애니멀피플'이라는 콘텐츠를, ≪한국일보≫의 〈PRAN-프란〉은 장애인, 젠더 등 다양성 콘텐츠를 선보이는 등 언론사들이 운영하는 서브 채널은 타깃에 맞는 콘텐츠를 제작하며 브랜드를 확장하고 있다(금준경, 2018).

둘째, 유튜브 문법의 적극 활용이다. KBS의 〈댓글 읽어주는 기자들〉은 KBS 기자들이 자신의 기사에 달린 댓글들을 직접 읽고 이에 관해 설명, 변명, 반성, 반박하는 내용을 담는다. 디지털 콘텐츠의 빠른 템포, 유쾌한 진행, 인터넷 밈meme의 적극적인 활용으로 '의미'보다 '재미'를 앞세우는 시사 콘텐츠를 만들고 있다. 텔레비전에서 나와 유튜브로, 또 댓글로 소통하면서 기자들이 '악플러'라고 치부했던 사람들이 사실은 한국 사회와 언론에 높은 관심, 불만, 분노를 가진 열정적인 뉴스 소비자임을 알게 되고, 시청자와 기자 사이의 벽이 무너지는 경험을 하기도 한다(김기화, 2019).

셋째, 틈새시장 공략과 차별화 전략이다. 형식 파괴, 재미, 자극적인 콘텐츠로 뉴스 가치를 새롭게 창출하는 다양한 생산 주체와 경쟁해야 하는 유튜브 생태계에서 살아남으려면 철저한 시장분석으로 틈새시장을 찾고 경쟁에서 우위를 선점할 수 있는 차별화 전략을 모색해야 한다. 인쇄 매체에서 출발한 신문은 유튜브에 적합한 영상 콘텐츠를 만드는 데 태생적 한계를 가질 수밖에 없으며, 이는 방송사 채널에 비해 신문사 채널들이 구독자 수에서 고전하는 현실에서도 확인할 수 있다. 그러나 유튜브 플랫폼을 통한 뉴스 소비가 증가하는 상황에서 신문도 생존하려면 유튜브를 외면할 수는 없으며 다양한 틈새시장을 찾아 차별화를 꾀하고 있다. 한두 주 간격으로 고퀄리티 영상을 제작해 입소문을 낸 뒤에 기업의 홍보 콘텐츠와 결합한 브랜디드 콘텐츠로 수익을 내는 ≪헤럴드경제≫의 〈인스파이어〉(현 〈헤럴드스토리 HERALD〉), 배경에 주제와 관련된 사진과 영상이 나오고 텍스트가 뜨고 음성으로 읽어주며 독자가 궁금해하는 이슈를 취재한다는 이미지를 구축한 ≪국민일보≫의 〈취재대행소 왕〉 등은 동영상 시장의 후발 주자로서 '틈새'를 공략하는 전략을 구사한다(금준경, 2018). ≪서울경제≫의 〈서울경제썸 Thumb〉 역시 소셜 실험, 스톱모션, 그래픽 텔링 등의 형식으로 1년 뒤에도 소비될 만한 에버그린evergreen 콘텐츠를 염두에 둔 제작 원칙으로 차별화하고 있다(최형욱, 2019).

방송 역시 뉴스에서 다룰 수 없는 내용을 쉽고 자세하게 보완 설명하는 콘텐츠의 필요성을 인식하고 있다. 방송사가 가진 전문성을 활용해 깊이 있는 해설을 제공함으로써 스트레이트straight 아니면 스낵커블

snackable이라는 양대 흐름을 탈피한 제3의 영역에서 가능성을 모색하고 있다(유승현·정현주, 2020).

2) 지역 언론과 유튜브

권역과 지리적 경계에 기반해 생명력을 유지해 온 지역 언론에게 공간성을 무력화시키는 디지털 미디어 환경은 존립에 대한 위기의식을 불러일으키면서 동시에 디지털 혁신에 나설 수밖에 없도록 만들었다.

2011년 1월 ≪부산일보≫가 지역 언론사 최초로 유튜브 채널을 개설했고, 지역 방송사 중에서는 KNN이 2013년 1월 가장 먼저 유튜브 채널을 개설하고 서비스를 시작했다. 눈에 띄는 점은 대부분의 경우 지역 일간지가 같은 지역의 방송사보다 먼저 유튜브 서비스를 시작했다는 것이다. 2020년 6월 기준으로 〈부산일보〉, 〈매일신문〉, 〈국제신문〉 등 몇몇 지역 일간지들이 운영하는 유튜브 채널은 구독자 수, 누적 조회 수, 평균 조회 수에서 대다수 지역 지상파의 채널을 압도하고 있다. 구독자 수에서 〈KBS광주〉가 18만 명인 점을 제외하면 〈매일신문〉이 7만 9000명, 〈부산일보〉가 7만 2000명으로 지역 방송사 채널보다 많았으며, 영상의 누적 조회 수는 〈부산일보〉가 9900만 회로 가장 높았고 〈KBS광주〉가 8900만 회, 〈국제신문〉이 4600만 회 순이었다. 영상별 평균 조회 수도 종합 채널로 운영되는 〈KBS광주〉의 2만 6000회를 제외하면 수백 회에서 수천 회에 그친 다른 지역 지상파에 비해 〈부산일보〉가 2만 2000회, 〈국제신문〉이 1만 5000회 등 지역 일간지가 월등히 높았다. 신문 매체의 특성상 동영상 제작이 비교적 어렵고 TV 뉴스를 그대로 게시할 수 있는 방송사와 달리 유튜브 채널을 위한 콘텐츠를 새롭게 제작해야 하기에 콘텐츠의 양은 방송사에 비해 적지만, 이것이 오

표 4-4 **지역 언론사들의 유튜브 채널 운영 현황**

지역	유튜브 채널(지역 언론사)
경기·인천	〈경기일보 경기TV〉(경기일보), 〈기자들의 기자회견〉(경인일보), 〈인천일보TV〉(인천일보), 〈중부일보〉(중부일보), 〈OBS뉴스〉(OBS)
강원	〈강원도민TV〉(강원도민일보), 〈강원일보〉(강원일보), 〈원주MBC Program〉(원주MBC), 〈튜브 54〉(춘천MBC), 〈헬로! 강원〉(LG헬로비전 강원), 〈G1방송〉(G1), 〈MBC강원영동NEWS〉(MBC강원영동)
대전·세종·충청	〈대전MBC〉(대전MBC), 〈스튜디오 엠보싱studio embossing〉(MBC충북), 〈중도일보〉(중도일보), 〈KBS대전 뉴스〉(KBS대전)
대구·경북	〈경북일보TV〉(경북일보), 〈뉴스민〉(뉴스민), 〈대구MBC뉴스〉(대구MBC), 〈매일신문〉(매일신문), 〈안동MBC NEWS〉(안동MBC), 〈영남일보〉(영남일보), 〈TBC〉(TBC)
부산·울산·경남	〈경남도민일보〉(경남도민일보), 〈경남신문〉(경남신문), 〈국제신문〉(국제신문), 〈부산MBC뉴스〉(부산MBC), 〈부산일보〉(부산일보), 〈울산MBC뉴스〉(울산MBC), 〈울산매일 UTV〉(울산매일), 〈캐내네〉(KNN), 〈KBS Busan〉(KBS부산), 〈KBS창원〉(KBS창원), 〈MBC경남 NEWS〉(MBC경남)
전북	〈전주MBC News〉(전주MBC), 〈KBS전주〉(KBS전주)
광주·전남	〈광주MBC〉(광주MBC), 〈광주일보〉(광주일보), 〈남도일보TV〉(남도일보), 〈목포MBC뉴스〉(목포MBC), 〈전남일보〉(전남일보), 〈플레이버튼PLAYBUTTON〉(KBS광주), 〈kbc광주방송〉(KBC광주방송)
제주	〈스튜디오 제주MBC〉(제주MBC), 〈제리뉴스〉(제주의소리), 〈TV Halla〉(한라일보)

주: 수익 창출이 가능한 구독자 수 확보, 단순 가공이 아닌 오리지널 콘텐츠 제작, 조사일 기준 한 달간 업로드 활성화 등의 기준으로 선정함.
자료: 금준경·박서연(2020,5,10) 자료를 재구성함.

히려 콘텐츠의 질에 집중하게 만들면서 상대적으로 높은 경쟁력을 확보한 것으로 보인다(주은신, 2020).

구독자 수나 조회 수 등의 지표를 볼 때 지역 언론의 유튜브 채널들이 뚜렷한 성과가 있다고 평가하기는 어렵다. 그러나 지역 특성이나 지역 현안을 중심으로 콘텐츠를 만들고 현장성을 더하는 등 다양한 시도를 이어가고 있으며 김재영(2020), 주은신(2020) 등 지역 언론의 유튜브 채널에 관한 연구와 관련 보도를 살펴볼 때 크게 두 가지 방향으로 수렴되고 있는 듯하다. 하나는 지역성 강화다. 지역의 시의적 이슈와 현안을 발굴하고 심층 분석하거나 지역성을 구현하는 지역 밀착형 콘텐츠는 지역 언론 유튜브 채널의 강점이자 차별성이 될 수 있다. 〈KBS대전〉 채널은 육상 유망주로 떠오른 충남 계룡중학교 양예빈 선수를 소재로 여러 편의 영상을 선보여 폭발적인 호응*을 얻었다. 이로써 채널 구독자 수가 늘었고 동일 권역의 〈대전MBC〉와 〈TJB NEWS〉가 가세하며 반사이익까지 얻었다(김재영, 2020). 이 외에도 〈목포MBC뉴스〉의 콘텐츠 '낭만항구'는 자유분방한 로컬 유튜브 토크쇼를 표방하며 지역 광고를 받을 정도로 안착했고, 〈국제신문〉의 지역 밀착형 기획 콘텐츠 '부산온'은 지역민 대상의 관찰 카메라를 통해 1000만 회가 넘는 조회수를 기록했다. 코로나19 국면에서 많은 지역 언론 유튜브 채널이 지자체의 브리핑을 생중계했으며, 〈중도일보〉 채널은 코로나19 확진자 동선을 지도 애플리케이션을 활용해 입체적으로 구현해 보이기도 했다(금준경·박서연, 2020.5.10).

다른 하나는 지역성이라는 한계를 극복하는 보편성의 추구다. 특정 지역의 고유한 특성을 너무 강화하면 콘텐츠의 보편성이 떨어져 이용자층을 전국적으로 확대하기 어렵다. 콘텐츠를 중심으로 이용자들이 군집하고 소통하는 유튜브 플랫폼의 특성상 지역성이 강한 이슈는 오히려 채널의 장기적 성장을 저해할 수 있기에 폭넓은 공감을 이끌어낼 만한 지역 소재의 전국화와 보편화가 필요하다. 지역 중심적 이슈에만 머무르기보다 다양한 사회·문화적 이슈를 동영상 콘텐츠로 제작해 경쟁력을 확보할 필요가 있다(주은신, 2020). MBC강원영동이 미디어 스타트업과 함께 만드는 〈하우투: 하루를 우리에게 투자한다면〉 채널이 좋은 예로 지역 MBC가 공동 제작한 'TV 특강' 콘텐츠를 3분으로 압축

---

* 아홉 편의 영상을 제작해 최고 조회 수 367만 회를 기록했으며, 조회 수 100만 회에 가까운 영상도 다섯 편에 달했다.

표 4-5 **지역 방송사들의 유튜브 활용 유형과 특징적 사례**

유형	지역 방송사	내용
지역적 특성 최대화	대전·세종·충남 지역 방송 3사	권역 내에 소재한 중학교 육상 선수인 양예빈의 달리기 모습을 영상으로 만들어 폭발적 반응을 일으킴.
	여수MBC	지역의 눈으로 바라보는 지역 밀착형 시사 콘텐츠로서 '지역 밀착 무식용감 젊은르뽀'를 포방한 '바다부러'를 통해 3개월 만에 조회 수 1억 회를 돌파함.
	목포MBC	기존의 시사 프로그램의 틀을 깬 콘텐츠 '낭만항구'를 제작해 두 달 만에 마니아층이 형성될 정도로 화제를 모음.
	광주MBC	5·18 민주화운동 39주기를 맞아 39시간 동안 5·18과 관련된 콘텐츠, 주요 행사, 이벤트 등을 현장 생중계함.
권역의 한계 극복	안동MBC 목포MBC 대구MBC MBC경남	예천군 의회의 해외 연수 논란, 손혜원 국회의원의 부동산 투기 의혹, 황교안 국무총리의 공직자 윤리 위반 의혹, 2019년 4·3 보궐선거 등 전국적 파급력을 지닌 지역 사안을 집중 취재·보도해 구독자 수가 증가함.
	MBC강원영동	지역 MBC가 공동 제작한 'TV 특강'을 압축 편성한 〈하우투: 하루를 우리에게 투자한다면〉을 통해 텔레비전에서 이탈한 2040 세대를 유인함.
	KNN	중·장년층에게 인기 있는 장르와 콘텐츠 소비 방식에 맞추어 유튜브 채널을 활용함.

자료: 김재영(2020: 53).

해 편성하는 형식으로 조회 수 100만 회를 넘겨 지역의 한계는 있어도 콘텐츠의 한계는 없다는 사실을 실증했다(김재영, 2020).

지역 언론에게 유튜브는 위기나 시련이라기보다 새로운 기회에 가깝다. 유튜브의 등장이 없었어도 지역 언론은 사실상 고사 상태였기 때문이다. 뉴스 소비자들이 디지털 영역으로 옮겨 가면서 발생한 독자와 시청자 수 감소는 광고 수익 감소와 재정 악화로 이어졌고, 제작비와 인력의 부족에 따른 뉴스의 질적 하락은 지역 언론의 경쟁력 약화를 초래했다. 그러나 뉴스 소비 환경의 변화에 발맞추어 유튜브 채널을 통해 지역성과 보편성이라는 상반된 가치를 효과적으로 조화시킬 수 있다면 위기의 지역 언론에 새로운 돌파구가 마련될 수 있다. 물리적 공간성을 기반으로 현장감 있는 지역 밀착형 뉴스를 만들어 충성도 높은 지역 뉴스 소비자를 확보하고 전국적 관심과 공감을 얻을 만한 콘텐츠 경쟁력을 갖춘다면 뉴스 소비자층은 전국으로 확장된다. 지역 언론은 지역에 있지만 유튜브는 어디에나 있기 때문이다.

4. 유튜브 저널리즘에 관한 인식과 전망

한국언론진흥재단의 조사에 따르면 유튜브 이용자의 64.2%가 유튜브를 매일 시청한다고 대답했다. 콘텐츠를 16개 유형으로 분류해 가장 즐겨 이용하는 콘텐츠를 물었더니 여행·제품 리뷰·브이로그 등 '생활정보'(1위, 45.8%), '경제·금융·재테크'(2위, 43.2%), 'TV 드라마·예능'(3위, 43.1%), '뉴스·시사정보'(4위, 42.3%)의 순이었다(양정애, 2021.2.23). 가장 빈번하게 이용하는 콘텐츠인 '생활정보'와 '뉴스·시사정보'의 차이가 3.5%p에 불과해 유튜브에서 뉴스 소비가 엔터테인먼트와 정보검색만큼이나 일반적이며 유튜브 저널리즘 현상을 일상적으로 경험하고 있음을 알 수 있다.

디지털 미디어 환경은 개인에게 정보의 생산, 유통, 소비 과정에 참여하고 선택할 수 있는 기회를 주었고 유튜브는 그 정점에 있다. 누구나 정보를 생산, 유통할 수 있고, 개인은 자유롭게 선택해 소비할 수 있으며, 주류 언론의 유튜브 채널도 개인 채널과 경쟁한다. 그러나 아이러니하게도 선택성의 확대가 다양한 견해와 관점을 접할 기회의 증가로 이어지지는 않고 있다. 오히려 자신의 정치 성향에 부합하는 채널만 선택하는 정파적 이용이 강화되고 있다. 이용자의 선호에 최적화된 동영상을 추천하는 유튜브의 알고리즘은 필터 버블을 만들고, 버블에

간혀 필터링된 정보만을 접하는 이용자는 다양한 시선으로 사회를 바라볼 수 있는 기회를 잃는다. 이런 확증 편향 속에서 우리 사회가 이념적·정치적 양극화가 심화될 우려가 있다.

최근 전 세계적으로 논란이 되고 있는 가짜 뉴스가 유튜브의 알고리즘과 만날 경우 걷잡을 수 없이 확산된다는 점도 심각한 문제다. 「디지털 뉴스 리포트 2020 한국」에 따르면 허위 정보나 오정보의 채널로 가장 우려되는 미디어 플랫폼을 물었을 때 조사 대상 40개국 전체적으로는 페이스북(29%)이 가장 높게 나타난 반면 한국에서는 유튜브(31%)라는 응답이 가장 많아 유튜브가 허위 정보의 채널로 악용될 수 있다는 우려가 가장 높았다(이소은·박아란, 2020). 코로나19와 관련해 허위 정보의 유통 경로로 우려되는 미디어 플랫폼을 조사한 「디지털 뉴스 리포트 2021」에서도 한국은 유튜브(34%)라는 응답이 압도적으로 높게 나타났다. 반면에 46개국 평균 28%의 응답으로 가장 높은 우려를 산 페이스북은 한국에서는 10%에 그쳤다. 한국언론진흥재단이 실시한 유튜버 관련 인식 조사에서도 유튜버의 자질로 '내용에 대한 사실 검증'이 78%로 가장 중요하게 나타났다. 또한 유튜버와 관련된 사회문제 중 '가짜 뉴스 전파'(87%)가 가장 심각하다고 답해 가짜 뉴스에 대한 우려와 함께 사실 검증을 중요하게 인식하고 있었다(양정애, 2021.2.23).

정치적 양극화와 가짜 뉴스의 확산이라는 부정적 측면에도 불구하고 유튜브가 가진 뉴스 플랫폼으로서의 영향력은 쉽게 사라지지 않을 것이다. 네트워크 환경은 누구나 정보를 생산하고 공유할 수 있는 구조적 특성을 가지고 있으며, 이로 인해 게이트 키핑과 의제 설정이라는 저널리즘의 핵심 기능을 수행할 수 있기 때문이다.

지금까지가 유튜브 저널리즘의 도입과 급속한 성장 단계였다면 이제 변화와 조정을 통해 성숙 단계로 이행해야 한다. 주류 언론과 상호

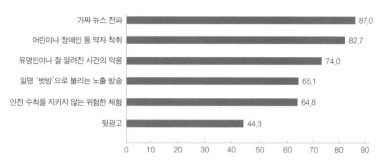

그림 4-1 유튜버와 관련된 사회문제 중 유형별로 '매우 심각'하다고 인식하는 비율 (단위: %)

주: 2021년 2월 3~9일 조사했으며 사례 수는 1000명임.
자료: 한국언론진흥재단 미디어연구센터의 온라인 설문 조사(2021); 양정애(2021.2.23: 6)에서 재인용.

보완적 관계를 정립하면서 공존의 역학 관계를 모색하는 것이다. 주류 언론과 차별화된 뉴스 가치와 재미를 제공하며 심층 분석과 새로운 관점을 제시해 주류 언론이 놓친 틈새시장을 공략해야 한다. 이를 통해 뉴스 소비자의 여러 욕구를 충족하고 다양성과 차별성을 확보해 주류 언론과 상호 보완적 관계를 형성하는 것이다. 주류 언론 채널과 개인 채널이 공존하며 다양한 층위의 저널리즘이 구현되는 중에 경쟁력 있는 콘텐츠가 뉴스 소비자의 선택을 받게 될 것이다. 이 과정에서 주류 언론은 사실 검증 시스템을 활성화해 유튜브 저널리즘 생태계의 왜곡을 바로잡는 역할이 필요하다. 또한 뉴스 소비자를 대상으로 미디어 리터러시 교육을 펼쳐 대중이 뉴스 미디어 환경에 대한 폭넓은 이해와 비판적 접근을 바탕으로 합리적 선택을 하도록 도울 필요가 있다.

참고문헌

금준경. 2018. 「'오리지널 콘텐츠·라이브·서브채널'에 승부 걸다」. ≪신문과방송≫, 제 570호(6월호), 11~15쪽.

금준경·박서연. 2020.3.8. "'저널리즘'의 미래 유튜브에 있을까". ≪미디어오늘≫. http://www.mediatoday.co.kr/news/articleView.html?idxno=205645.

금준경·박서연. 2020.5.10. 「지역언론 유튜브 채널 '희망' 쏘아올리다」. ≪미디어오늘≫. http://www.mediatoday.co.kr/news/articleView.html?idxno=206963.

김기화. 2019. 「뉴스가 아닌 플랫폼에서 콘텐츠로 살아남기 댓글을 무시하는 언론사에 미래는 없다: KBS 유튜브 〈댓글 읽어주는 기자들〉」. ≪방송기자≫, 제49권, 30~32쪽.

김선호·김위근. 2019.6.14. 「유튜브의 대약진 〈Digital News Report 2019〉 한국 관련 주요 결과」. ≪미디어이슈≫, 제5권 3호. 한국언론진흥재단.

김재영. 2020. 「네트워크 시대의 지역 가치와 지역방송 플랫폼화에 관한 시론적 탐색」. ≪한국언론정보학보≫, 제99호, 40~64쪽.

닐슨. 2019. 「2019 뉴스미디어 리포트: 유튜브 저널리즘」. 닐슨코리아.

박민제·정원엽. 2020.11.30. "중간지대 사라진 유튜브 뉴스… '언론사 채널도 편향성 논란'". ≪중앙일보≫. https://news.joins.com/article/23933054.

심영구. 2019. 「'유튜브'라는 요물, 어떻게 할 것인가」. ≪방송기자≫, 제50권, 38~39쪽.

양선희. 2020. 「유튜브 저널리즘의 시대, 전통적 저널리즘의 대응현황과 과제」. ≪사회과학연구≫, 제31권 1호, 245~262쪽.

양정애. 2021.2.23. 「유튜브 이용자들의 '유튜버'에 대한 인식」. ≪미디어이슈≫, 제7권 1호. 한국언론진흥재단.

오세훈·박아란·최진호. 2021.6.23. 「한국, 뉴스 전반 신뢰도 조사 대상 46개국 중 공동 38위: 〈Digital News Report 2021〉로 본 한국의 디지털 뉴스 지형」. ≪미디어이슈≫, 제7권 4호. 한국언론진흥재단.

와이즈앱. 2020.11. '한국인이 가장 오래 사용하는 앱'. https://www.wiseapp.co.kr.

유승현·정영주. 2020. 「뉴스 유통의 변동과 지상파 뉴스 콘텐츠의 대응전략에 대한 탐색적 연구: 지상파방송 유튜브 채널을 중심으로」. ≪방송통신연구≫, 제111호(여름호), 68~109쪽.

유용민. 2019. 「유튜브 저널리즘 현상 논쟁하기: 행동주의의 부상과 저널리즘의 새로운 탈경계화」. ≪한국방송학보≫, 제33권 6호, 5~38쪽.

이상우. 2019. 「유튜브와 허위정보」. 『유튜브와 정치편향성, 그리고 저널리즘의 위기』, 한국방송학회·한국심리학회 세미나 자료집(2019.8.21), 6~31쪽.

이상호. 2020. 『야만의 회귀, 유튜브 실체와 전망: 창의적 공유지에서 퀀텀문명까지 생존 비법』. 예린원.

이소은·박아란. 2020. 「디지털 뉴스 리포트 2020 한국」. 한국언론진흥재단.

이준웅. 2019. 「'정치의 장'된 유튜브: 편협하고 얄팍한 언론에 실망한 시민들의 탈출구」. ≪신문과방송≫, 제584호(8월호), 48~51쪽.

조승원. 2020. 「유튜브에 저널리즘은 있는가?: '유튜브 초짜' 기자의 절박한 생존기」. ≪방송기자≫, 제52권, 26~28쪽.

주은신. 2020. 「지역 언론 유튜브 채널의 특징과 개선 방안에 대한 탐색적 연구: 지역 지상파 방송과 지역 일간지 사례를 중심으로」. ≪언론과학연구≫, 제20권 3호, 109~154쪽.

최형욱. 2019. 「유튜브 속으로 뛰어든 기자들」. ≪관훈저널≫, 제150호, 26~33쪽.

한국언론진흥재단. 2020. 『2020 언론수용자 의식조사』.

Schudson, M. 2003(2011). *The Sociology of News*. New York: W.W. Norton & Company.

제5장

유튜브와 엔터테인먼트 유튜브 현상, 문제점, 대안 이해하기

정의철 ¦ 상지대학교 미디어영상광고학과 교수

이 장에서는 필자가 유튜브 시청자로서 겪은 체험과 의견에 덧붙여 유튜브와 관련된 선행 연구들을 심층적으로 분석했다. 유튜브가 태동하고 발전하게 된 사회·문화적 맥락, '유튜브 알고리즘', 미디어 플랫폼으로서 유튜브의 긍정적·부정적 영향을 깊이 있게 이해하고자 했다. 나아가 미디어 학자, 방송 작가, PR 컨설턴트, 청소년 전문가, 전직 방송인, 헬스 커뮤니케이션 연구자 등 다양한 분야의 '미디어 관련 전문가'들의 유튜브 경험과 학술적 관점으로부터 제시된 분석, 비판, 대안에 귀를 기울였다. 연구의 결과 체계적인 연구를 통해 유튜브 생태계에 대한 철저한 이해를 바탕으로 유튜버와 이용자 모두를 대상으로 미디어의 사회·문화적 역할과 책임에 관한 교육 및 캠페인의 강화, 상업성과 선정성을 부추기는 유튜브 알고리즘 등 구조적 요인을 개선하기 위한 연대와 실효성 높은 정책의 개발, 이 과정에서 시민들의 적극적 참여가 중요함을 알 수 있었다.

1. 유튜브와 엔터테인먼트의 시대, 무엇을 논의할 것인가?

유튜브와 '엔터테인먼트entertainment'는 최근 미디어 생태계에서 가장 중요한 플랫폼과 콘텐츠 장르를 대표한다. 미디어의 상업화와 디지털 기술의 발전 속에서 플랫폼과 함께 콘텐츠 장르도 복잡다기화하고 있으며, 이런 변화를 반영하는 '인포테인먼트infortainment'라는 용어가 등장한 지도 십수 년이 지났다. 정보와 오락의 합성어인 인포테인먼트는 정보와 엔터테인먼트 간의 경계가 흐려지는 미디어 생태계에서 벌어지는 융합 현상과 그에 따른 변화를 함축하는 의미를 갖는다. 정보나 콘텐츠의 정확성과 품질을 고민하고 토론하며 대안을 찾기보다 자극적이고 선정적인 제목이나 이미지를 중심으로 진영과 집단 간의 갈등을 부각하며 '구독/좋아요' 늘리기에 여념 없는 일부 시사·정치 유튜브 채널은 인포테인먼트 현상의 부정적 결과로 평가할 수 있다. 채널 이용자들은 정치적 동기를 갖고 시청을 시작했지만, 부정적 의미의 엔터테인먼트적 콘텐츠에 심취하게 되면서 비합리적 주장, 루머, 가짜 뉴스를 확신하고 반대 진영을 조롱하며 같은 편끼리 서로 격려하며 만족하다가 끝나는 경우가 많다.* 이런 일부 시사·정치 유튜브 채널은 뉴스 브리핑, 대담, 토론 형식을 취하고 있지만 전통적 저널리즘이나 엔터테인먼트의 긍정적 영향과는 동떨어져 있다. 최근에는 다양한 이른바 뉴미디어들 중에서도 유튜브가 인포테인먼트와 엔터테인먼트의 일상화를 주도하며 압도적인 영향력을 행사하고 있다. 유튜브는 국경을

---

* 엔터테인먼트든 저널리즘이든 인포테인먼트든 긍정적·부정적 영향이 모두 있다. 이 장에서 말하는 엔터테인먼트의 부정적 영향은 상업화를 위한 선정적·자극적 콘텐츠의 범람, 금권 지상주의, 정치적 양극화 초래 등이며, 긍정적 영향은 일상에 윤활유가 되는 즐거움, 재미, 휴식, 레저 제공 등으로 규정했다.

초월하는 기술적 특성과 알고리즘 등 고유한 작동 메커니즘을 갖고 있으며 미디어의 상업화 조류에 걸맞은 인포테인먼트, 나아가 엔터테인먼트의 일상화에 최적화된 미디어다. 이런 유튜브의 기능에 대해 다양한 관점에서 연구가 전개되고 있는 것은 문제를 규정하고 분석해 대안을 제시하는 단초가 된다는 점에서 다행스럽다.

엔터테인먼트가 쉬면서 즐길 수 있는 오락적 여흥거리라면 유튜브와 같은 미디어는 이런 콘텐츠의 전송과 소통을 담당하는 매개체로서 핵심 역할을 한다(김정섭, 2020). 구글은 자본주의 체계 내에서 이윤 확대를 위해 유튜브 이용자들이 자동으로 배출하는 데이터를 수집하고 분석한 '메타데이터meta data(데이터에 대한 데이터)'를 이용해 빅데이터 처리 기술로 개발한 알고리즘(데이터 시술 계획)을 일방적으로 활용한다. 이를 통해 실시간으로 이용자들이 보이는 특정 태도의 패턴을 읽어내 개별 이용자들에게 원하는 콘텐츠를 제공하며 유튜브에서 오래 머물도록 한다(김성재, 2019: 107~108). 이상호(2020)는 유튜브의 영상 아카이브 기능과 작은 삶의 흔적들을 영상으로 남기는 작은 역사인 미시자micro history 공간으로서의 기능을 고려하면, 신문과 텔레비전을 거의 보지 않는 지금 청소년들이 성인이 되는 10년 뒤에는 유튜브 의존도가 더욱 심화될 것이라고 예측했다. 이런 점에서 유튜브의 알고리즘과 함께 유튜브가 만들어내는 엔터테인먼트적이면서도 복잡다기한 현상을 정확하게 이해하고 대안을 모색해야 하는 시점이다.

최근에는 주류 언론, 대기업, 정부 기관, 대학들도 유튜브를 운영하며 유튜브 시장의 규모가 커지고 있어 유튜브가 더는 1인 미디어를 위한 플랫폼이 아니라는 주장이 설득력을 얻고 있다. 동시에 유튜브라는 플랫폼을 통해 미디어 콘텐츠의 생산과 확산 과정에 일반인들의 참여가 늘면서 콘텐츠 생산자 대 콘텐츠 수용자 간의 위계가 약해지고 있는 점도 분명한 변화다. 일반인이 길거리 노래방에 출연하는 형식으로 가수의 꿈을 실현하려는 채널, 커플 만남에 대해 조언하며 관련 사업을 소개하는 채널, 일반인이나 업계 관계자가 호텔, 맛집, 명소를 소개하는 채널, 일상에 필요한 교육, 법률, 주택, 자동차, 인간관계, 직장 생활, 남녀 관계 등의 정보를 제공하는 채널, 역사 지식과 상식을 제공하는 채널, 연예인, 정치인, 스포츠 스타, 명사들이 운영하는 채널 등이 생겨나며 유튜브의 엔터테인먼트 차원의 역할이 부각되고 있다.

인간이 '호모 루덴스Homo ludens(유희적 동물)'로 불리는 것처럼 인간은 엔터테인먼트라는 '항상적' 속성을 갖고 있다.[*] 유튜브라는 매개체는 인간의 이런 속성을 적극적으로 이용하며 발현시키고 있다고 해석된다.

유튜브의 알고리즘은 물론 유튜브의 성장 배경과 본질에 대해 날카로운 비판적 분석을 제공하는 『야만의 회귀, 유튜브 실체와 전망: 창의적 공유지에서 퀀텀문명까지 생존비법』(이상호, 2020)에서는 "짐승은 가죽을 남기고, 사람은 유튜브를 남긴다"라는 재미있는 격언을 소개했다. 이 말 속에는 유튜브가 인류의 삶에서 보편화되고 있음과 일상에서 없어서는 안 될 필수 부분임을 잘 함축하고 있다.[**] 필자는 개인적

• 김정기(2019)는 인간은 호모 이코누미쿠스(Homo economicus, 경제적 동물), 호모 폴리티쿠스(Homo politicus, 정치적 동물), 호모 파베르(Homo faber, 도구적 동물), 호모 루덴스(Homo ludens, 유희적 동물) 등으로 불리며, 정치, 경제, 권력, 문화, 도구, 유희 모두가 인간에게 중요하며, 이것들이 인간의 역사, 지배, 가족, 집단, 마을 도시, 공동체, 국가의 형성, 유지, 해체에 핵심 요소라고 주장했다. 이런 점에서 엔터테인먼트는 인간의 본성 중 일부라고 해석할 수 있다.

•• 김성재(2019: 108)는 글로벌 인터넷을 통해 구현된 최초의 자유로운 사회인 텔레마틱 사회(telematische gesellschaft)에서 유튜브 활동을 하는 디지털 커뮤니쿠스(digital communicus)에게 필요한 덕목은 기술적 형상(디지털 그림)을 이용해 축제(목적 없는 놀이)를 즐김으로써 인간이기(menschen sein)를 실현하는 유희

으로 2018년 가을 집에서 텔레비전으로 유튜브를 시청할 수 있는 환경을 처음으로 갖게 되었다. 그 전에는 구식 텔레비전이라 인터넷 접속이 불가능했고 가끔 노트북을 통해 유튜브를 보는 것이 전부였으니, 유튜브를 제대로 시청하기 시작한 것은 이때부터다. 유튜브를 본격적으로 시청하게 된 뒤에도 유튜브 알고리즘은 고사하고 '구독/좋아요' 등의 이용 방식도 모르다가 1년 반 전쯤부터 구독하는 채널들이 생겨났고 지금은 20여 개 정도 구독하고 있다. 요즘은 텔레비전 수상기를 통해 보는 지상파, 종합 편성 채널, 케이블 방송을 다 합친 것보다 유튜브를 더 많이 시청하고 있다. 하루 두세 시간은 유튜브를 보고 있으니 유튜브에 심취해 있다는 말이 맞을 것이다. 처음에는 정치, 시사, 뉴스 채널을 주로 시청했지만 지금은 여행, 스포츠, 맛집·먹방, 연애(결혼), 레저 등을 다루는 채널들로 범위가 넓어졌다. 개인적인 관심사와 취미에 따라 보기도 하고, 유튜브 알고리즘의 추천을 받아 애초 관심이 크지 않았지만 현재는 구독까지 하는 경우도 있다. 현재 구독하는 채널들은 정치 채널 세 개, 기성 언론이 운영하는 채널 하나를 제외하면 모두 엔터테인먼트와 직간접적으로 관련되어 있다. 여기서 말하는 엔터테인먼트는 광의의 개념으로 여행, 스포츠, 맛집·먹방, 연예, 레저부터 일상의 소소함과 즐거움을 다루는 내용까지 포괄한다. 구독하지는 않지만 다양한 시사·정치, 역사, 음악 등 엔터테인먼트 채널을 수시로 보고 있다. 시사·정치를 다루는 채널들인 경우도 정치 정보와 지식을 제공하지만 엔터테인먼트적 내용도 많이 접할 수 있으며, 채널 운영자들 스스로도 이것이 유튜브 채널의 특징이라고 언급하는 경우를 관찰할 수 있다. 이 장에서는 필자의 이런 유튜브에 대한 일종의 '참여 관찰'과 '자

의 인간(Homo ludens)이 되는 것이라고 말했다.

기 성찰'도 연구 방법으로 역할을 하고 있다.

　다양한 유튜브 채널을 2년 반가량 시청한 경험을 종합하고 성찰한 결과 유튜브라는 콘텐츠의 생산과 공유 공간이 전통 미디어 대 소규모 개인 미디어, 프로페셔널리즘 대 아마추어리즘, 공적 토론 대 사적 잡담, 저널리즘 대 엔터테인먼트, 전문성 대 평범성, 인쇄 매체 대 영상 매체 등 과거에는 이분법으로 나뉘었던 영역들이 교차하고 상호작용하며 경합하는 지점으로 변모하고 있음을 알 수 있었다. 이 장에서는 유튜브 시청자로서 필자가 겪은 개인적인 경험과 평가에 덧붙여 유튜브와 관련된 선행 연구들을 분석하고, 이른바 '미디어 전문가'들의 다양한 목소리에도 귀를 기울였다. 이를 통해 유튜브의 기능, 특히 엔터테인먼트적 역할과 현상에 대한 분석과 함께 유튜브 생태계가 몰고 온 장단점을 논의하고 대안도 모색했다. 이 연구에 참여한 미디어 전문가들은 미디어 학자, 방송 작가, PR 컨설턴트, 아동·청소년 전문가, 전직 방송인 등이다. 방송·통신 업계에서 근무한 경험이 있는 경우, 유튜브 채널을 개설하고 운영한 경험이 있는 경우, 미디어 현장 경험이 있는 경우를 포함한다. 미디어 전문가로서의 학문적 관점이나 이론적 해석만이 아니라 이들 전문가들도 유튜브 이용자이자 일부는 채널 운영자로서 유튜브를 경험하고 성찰한 바를 근거로 자유롭게 말하고 분석하도록 했다. 즉, 인터뷰 참여자인 미디어 전문가들이 경험한 유튜브와 그 영향에 대해 자유롭게 의견을 제시하고, 필자는 이를 중계하면서 필자의 경험 및 선행 연구와 결합해 해석하고 함의를 찾으며 대안도 모색하는 작업에 초점을 두었다.

2. 유튜브의 본질 바로 이해하기

2005년 출범한 유튜브는 이제 '유튜브 전성시대'라는 말이 자연스럽게 받아들여질 정도로 그 영향력이 커졌다. 대중문화의 소비 창구, 생산 기지, 유통 채널로서 정치, 경제, 문화, 지식, 일상 등 모든 영역에서 유튜브의 영향이 미치지 않는 곳은 없다. 유튜브를 통해 부동산과 주식 정보를 찾고 음악, 영화, 음식, 게임, 육아, 건강에 관한 정보를 손쉽게 얻는다. 상대적으로 문화적 할인cultural discount이 낮은 유튜브의 특성 덕분에 방탄소년단의 노래나 한류 콘텐츠가 전 세계적으로 빠르게 확산되었다는 유튜브-엔터테인먼트와 연관된 긍정적 평가도 있다. 한국의 경우 시사·정치 유튜브 채널이 많은 관계로 유튜브에서 정치와 관련된 뉴스나 의견을 시시각각 접할 수 있다. 그럼 만큼 정치적 관심을 유지하는 원천이자 가짜 뉴스, 루머, 인신공격이 난무하는 장이 되기도 한다. 전 세계적으로 매년 수천 명이 유튜브 활동만으로 억대의 수익을 올리고 있고, 한국에서도 다양한 콘텐츠를 제공하며 광고 수익으로 신흥 부자 대열에 합류하는 유튜브 크리에이터들이 속속 등장하고 있다. 유튜버-유튜브 이용자-광고주로 구성된 '유튜브 생태계'는 콘텐츠를 수익으로 연결하는 혁명적 'TV 생태계'를 형성했다(김성재, 2019: 92). 누구나 콘텐츠를 쉽게 업로드하고 접근 가능하며 필요한 콘텐츠를 얻을 수 있다는 점에서 유튜브는 현대사회에서 핵심적인 정보와 엔터테인먼트 채널이자 소통 창구, 나아가 강력한 문화 트렌드가 되었

• 2005년 '모든 사람들의 텔레비전'을 표방하며 출범한 유튜브는 창립 10여 년 만에 슈퍼 플랫폼으로 성장했으며, 블랙홀처럼 세상의 모든 콘텐츠를 빨아들이는 위력을 떨치고 있다(김성재, 2018). 이 플랫폼의 광범위한 위력에 대한 평가는 다각도로 진행되는 중이다.

다. 2019년 교육부 조사를 보면 초등학생들의 장래 희망 3순위로 유튜브 크리에이터가 선정되었다고 한다. 종합하면 유튜브는 신문, 라디오, 텔레비전, 인터넷으로 이어진 미디어 기술혁신의 결과물이자 그 이상이고, 인간의 욕구와 꿈을 표현하고 실천할 수 있는 수단으로 간주되고 있으며, 유튜브를 사용하지 않으면 뒤떨어진다는 인식까지 심어줄 정도로 일상화되었다.

세계 최대의 동영상 공유 사이트인 유튜브는 2005년 콘텐츠를 공유하고 시청하는 웹 사이트로 출범해 이제 콘텐츠 창작자들에게 광고로 얻은 수익을 제공하는 플랫폼 사업자로 성장했다. 세계에서 두 번째로 방문자 수가 많은 글로벌 인터넷 웹사이트이자 검색, 소통, 콘텐츠 유통 매체로서 인터넷 서비스 분야의 주류 플랫폼으로 부상했다(설진아, 2021). 유튜브에서 연예인 못지않은 영향력을 가진 개인을 가리키는 인플루언서도 증가하고 있다. 그 결과 대형 브랜드는 물론 중소 브랜드들도 신제품을 출시하거나 프로모션을 진행할 때 유튜브와 인플루언서를 활용하고 싶어 한다. 요즘 가장 주목받는 광고 트렌드도 인플루언서 마케팅이며 모바일을 통해 유튜브라는 플랫폼을 더 편리하게 이용할 수 있게 되었다(석보라·김활빈, 2019). 유튜브는 웹 3.0 환경의 미디어다.* 즉, 이용자 개인의 상황에 맞는 정보를 제공하고, 콘텐츠를 쉽게 제작하고 공유함으로써 이윤을 추구할 수 있고, 스마트폰과 연동

---

* 웹 1.0 환경이 웹 페이지, 인터넷 커뮤니티, 이메일이 중심인 일방향성에 머물렀다면, 웹 2.0 환경에서는 블로그, 미니 홈피, UCC(User Created Contents, 사용자 제작 콘텐츠) 등을 바탕으로 이용자의 능동성이 커지고 유권자가 정보의 생산자이자 정치적 주체로 부상할 수 있었다. 웹 3.0 환경에서는 미디어가 개인 상황에 맞는 정보를 제공하고 스마트폰과 연동해 언제 어디서나 의견을 표명하고 참여할 수 있게 된다(김성태 외, 2011). 이 점에서 유튜브는 웹 3.0 시대의 미디어로서 기능과 영향을 갖고 있다고 해석된다.

해 언제 어디서나 표현하고 참여할 수 있다. 이 점에서 유튜브는 콘텐츠 공유와 함께 이윤 추구에도 최적화된 매체라고 할 수 있다.

이상호(2020)는 유튜브의 배후에는 저속한 과시의 공간이자 사악한 비즈니스의 실체가 작동한다고 지적했다.* 이런 이유로 유튜브에 대해 무조건적인 찬사나 비난을 하기 전에, 그 복잡한 알고리즘까지 이해하기는 어렵더라도 유튜브 작동 방식과 영향력을 이해함으로써 윤리적이며 책임감 있는 크리에이터와 이용자가 되는 법을 배우는 것이 중요하다. 물론 이런 과정은 자연스럽게 이루어지지 않는다. 유튜브에는 팩트 체크나 데스크 기능 등 콘텐츠의 사실 여부를 확인할 수 있는 기능이 없는 반면에 유료 광고가 개입해 콘텐츠의 방향을 좌우할 가능성은 상대적으로 더 크다. 또한 지역과 국가의 경계를 뛰어넘는 미디어 플랫폼으로 막대한 이윤을 얻고 있기에 유튜브의 크리에이터와 이용자들은 표현의 자유와 함께 자유에 따르는 책임감과 윤리성을 갖고 가짜 뉴스, 사기성 정보, 비윤리적 내용, 범죄 등 사악한 콘텐츠에 대한 규제와 품질 향상 노력에 동참해야 한다.

시간과 공간의 경계를 초월하는 디지털 기술의 등장, 상업화, 다채널의 흐름 속에서 유튜브뿐 아니라 페이스북과 여러 소셜 네트워크 서비스 채널들은 공동체의 긍정적 변화보다 자극적 이미지와 영상, 일방적 주장과 공격, 오락과 상업적 이익에 치중하는 경향을 보인다. 유튜브는 흥미를 끌기 쉬운 영상을 중심으로 콘텐츠를 무제한으로 신속하게 업로드할 수 있는 기술적 특성과 함께 본질적으로 엔터테인먼트에

• 2006년 10월 유튜브는 구글에 인수되었다. 2020년 기준 기업 가치는 인수 당시 가치에서 100배 증가한 1600억 달러에 달한다. 2018년 기준 전 세계에서 하루 10억 시간 시청했으며, 한국인들은 2019년 8월 기준 하루 2500만 시간을 시청했다(이상호, 2020: 39).

적합한 채널이라는 속성이 있다. 디지털 기술의 발전과 알고리즘의 지원 속에 '엔터테인먼트+유튜브 플랫폼+상업성'이 시너지를 발휘하는 시대로 변하면서 엔터테인먼트적 요소를 바탕으로 수익 극대화는 물론 정치적 목적도 성취하는 경우가 나타나고 있다. 애초 시사·정치 유튜브 채널을 표방한 곳조차 실제로는 '구독/좋아요'를 늘리기 위해 자극적 요소와 광고효과에 집중하며 부정적 맥락에서의 인포테인먼트 역할에 치중하는 경향이 있다. 이상호(2020)는 유튜브의 추천 알고리즘은 보고 싶은 것만 골라 인지하는 선택적 지각selective perception, 자기 신념과 맞는 것만 받아들이는 확증 편향, 유사한 정보가 반복되며 믿음이 굳어지는 에코 체임버echo chamber(반향실 효과), 맞춤형 정보만 필터링되어 제공되는 필터 버블을 촉발해 이용자를 유튜브라는 굴속에 끝없이 빠뜨리는 토끼 굴 효과rabbit hole effect로 이어진다고 분석했다. 즉, 자극적 영상이 많이 시청되어 조회 수가 올라가면 다수에게 추천되는 것이 유튜브 알고리즘인데, 이런 기계적 추천 시스템에서 영상 내용은 중요하지 않게 되며, 유해성과 진위 여부와 무관하게 많이 조회된 영상을 추천하고, 가짜 뉴스나 혐오 영상도 완전한 제거가 어렵다.

그 대안으로 유튜브를 소유한 구글이 이용자들을 특정 콘텐츠에 오래 묶어두고자 빅데이터 활용 기술로 개발한 알고리즘을 투명하게 공개해야 한다. 그래서 유튜브에서 일어나는 담론과 대화가 균형을 이루어야 하고, 동시에 유튜브 이용자들이 탈문자적 문맹을 극복하기 위해 유튜브 영상 속에 은폐된 '술어'와 영상 뒤에 숨은 '기구-작동자(유튜버)'를 인식할 수 있어야 한다(김성재, 2019: 110). 이런 유튜브 알고리즘과 작동 체계, 유튜브-엔터테인먼트의 연결 고리와 배경을 정확히 이해해야 유튜브의 긍정적 영향을 살리고 부정적 영향을 최소화하는 실효성 높은 정책이 모색될 수 있다.

3. 미디어의 발전과 소통의 시대, 유튜브의 역할

엔터테인먼트와 미디어는 불가분의 관계다. 엔터테인먼트가 콘텐츠라면 미디어는 그것을 유통하는 경로이자 플랫폼이다. 이용자들은 즐겁고 매력적인 엔터테인먼트 콘텐츠를 주로 미디어라는 소통 기기를 통해 접한다(김정섭, 2020: 6). 문화·산업·예술학자인 김정섭(2020)은 엔터테인먼트가 영화, 드라마, 가요, 공연, 예능, 취미 등을 지칭한다면, 이것을 멋지게 단장해 효과적으로 전달하는 수단이 방송, 신문, 잡지 등 매체, 즉 미디어라고 설명한다. 수십 년간 명성과 권력을 행사해 온 지상파 방송 등 전통 미디어의 자리를 이제 인터넷 포털, 유튜브, 넷플릭스Netflix 등 뉴미디어가 대체하고 있다. 이런 점에서 엔터테인먼트와 유튜브를 오락적 요소를 풍부하게 담은 콘텐츠와 시간과 공간의 제약을 허무는 수단인 뉴미디어와의 관계이자 시너지로 이해하며 개선 방안을 논의해야 한다. 나아가 유튜브에 업로드되는 콘텐츠 중 상당수가 엔터테인먼트이며 이를 통한 수익 창출이 유튜버의 목표인 경우가 많다는 점에서 유튜브 플랫폼은 엔터테인먼트 미디어의 역할을 한다고 해석할 수 있다. 갑자기 유튜브가 유력한 미디어 플랫폼이자 일반인들이 참여하는 미디어로 부상한 것은 아니다. 유튜브의 출범은 1990년대 후반부터 시작된 인터넷과 뉴미디어의 성장 속에서 상호작용과 소통, 이와 함께 경쟁과 상업성이 중시되는 흐름의 연장선상에 있다. 물론 유튜브의 성장과 그 알고리즘의 성격은 다른 플랫폼과는 다르고 복잡한 측면을 가지고 있다. 하지만 시민들의 이른바 '주류 언론'에 대한 실망, 다양한 문화와 정보에 대한 욕구, 디지털 기술의 지속적 발전, 미디어 생태계에 밀어닥친 상업화 물결이 유튜브 발전의 배경이 된 것은 분명해 보인다. 자기표현, 소통, 교류가 중시되는 시대적 조류, 디지털 기술의 발전, 상업화라는 신자유주의적 흐름 등 어찌 보면 서로 다른 성격의 움직임이 접목하며 유튜브 생태계의 토대가 형성되었다고 말할 수 있다. 유튜브 채널이 많아진다는 것은 이용자의 수적 증가만이 아니라 이용자 스스로가 콘텐츠 생산에 참여하는 문화participatory culture가 유튜브의 핵심 동력임을 함축한다. 이는 유튜브가 전문적인 콘텐츠 생산을 주도하는 엘리트뿐 아니라 일상적인 표현이나 대중적 창작물을 생산하는 대규모의 아마추어 창작자들에게도 플랫폼을 제공해 온 것과 연결된다(설진아, 2021: 50). 이런 점에서 정치적 민주화 흐름은 과거 엘리트 언론인, 예술가, 전문가들이 주도하던 콘텐츠와 문화 생산의 영역에 참여의 문이 더욱 열리게 했으며, 이 과정에서 유튜브라는 콘텐츠의 이용자와 생산자 간의 경계를 허무는 플랫폼의 부상이 역할을 했다고 해석할 수 있다.•

이상호(2020)는 탈권위와 아랫사람이 권위나 권력이 높은 사람에게 느끼는 감정적 거리를 뜻하는 권력 거리power distance의 감소 등 도도한 물결이 정보 비대칭에 기대어 전문가 행세를 하던 소수 전문직의 권위를 잠식했고, 그 결과 보편적인 정보 접근권이 향상되면서 일반인이 특정 분야의 마니아로 인정받는 과정이 대세가 되었으며, 이 과정에서 유튜브가 상호작용했다고 주장했다. 구글 계정이 있으면 누구나 유튜브에 영상을 손쉽게 업로드하고, 모든 사람과 네트워킹할 수 있으며, 저장 공간의 제약이 없다. 이런 특성은 아는 사람들이 네트워크로 연결

• 실제 세계에서는 억압되거나 비가시화되어 있던 집단들이 인터넷 안에서 주장과 담론을 전개하고, 이들은 존재감을 보여주는 동시에 스스로 주체적으로 느끼며 정치와 일상에서 참여하게 된다(Mitra, 2004; 이창호·정의철, 2008)는 연구 결과는 유튜브가 등장하기 이전에 인터넷이 만들어낸 참여 문화를 다룰 때도 꾸준히 제기되었다.

되기 시작하는 페이스북 등 일부 소셜 네트워크 서비스와도 다른 차원의 공유 구조를 만들 수 있다. 그 결과 유튜브가 정보와 문화의 비대칭성을 일정 부분 허물며 이른바 '정보와 문화의 민주화'에 기여했다고 평가할 수도 있다. 반면에 유튜브가 거대한 상업화 동기와 야욕 속에 움직이고 그 물결에 휩쓸려 왔던 것도 사실이다. 슈퍼챗(유튜브의 후원 시스템)과 광고 등을 통한 수익 확대 요구가 노골화되면서 유튜브 콘텐츠가 더 부정적 의미로 엔터테인먼트적 요소를 띠게 되었다는 우려도 계속 나오고 있다. 한편 고영삼(2014)은 소셜 네트워크 서비스 등 커뮤니케이션 기술이 발달하면서 개방과 참여의 새로운 공동체가 도래하리라는 희망과는 달리 정보와 사회적 네트워킹이 과잉되고 거짓 정보와 유언비어가 난무하는 사이버 폭포 효과cyber cascade effect, 갈등과 대립을 촉발하는 분열 소통balkanization communication 등 부정적 영향도 크다며 이용자들의 스마트 문화 역량 강화가 시급하다고 주장했다. 유튜브뿐 아니라 이른바 뉴미디어가 초래하는 부정적 측면들이 있다고 해서 이용까지 거부할 수는 없는 시대이기 때문에 그 문제점과 대안을 적극적으로 분석해야 한다.

스마트폰과 인터넷이 발전하면서 유튜브는 비즈니스와 정치를 넘어 일상의 모든 영역으로 영향력을 넓히고 있다. 스마트폰이 대중화하면서 영상 기반의 1인 미디어가 성장해 사람들이 텍스트나 이미지가 아닌 실시간 동영상으로 일상을 기록하기 시작했다. 컴퓨터 편집 기술에 능숙하다면 이미지, 음악, 비디오, 애니메이션 등 멀티미디어를 활용해 보다 감성적이고 적극적으로 자신을 표현할 수 있다. 이 결과 기술의 대중화와 이야기 과잉 시대를 맞이했다는 이해수(2021: 230)의 분석은 적절하다. 유튜브 이용자들을 대상으로 이용 동기를 조사했더니 정보 추구와 이용 편리성이 중요하다는 결과가 나왔다. 유튜브 1인 방송 채널을 운영할 때는 모바일 환경이라는 이용 편리성에 더해 이용자들이 원하는 내용, 유용한 정보, 공감할 만한 내용으로 1인 미디어 채널을 제작한다는 것이다. 유튜브 뷰티 채널을 이용한 경험이 있는 여성 400명을 조사한 결과(석보라·김활빈, 2019) 채널 이용 동기는 '진행자 선호', '정보 추구', '오락 추구', '이용 편리성' 등 네 개 요인이었으며, 특히 '진행자 선호' 경향이 강했다고 한다. 즉, 유튜브를 운영해 성공적 크리에이터가 되려면 단순히 재미와 오락 이상으로 고려해야 할 요인이 많은데, 무엇보다 '진행자'의 자격과 능력에 대한 인식이 필요하다. 그 밖에 전문성, 윤리성, 사회적 책임감 등도 중요하다.

앞서 지적했듯이 미디어 영역에서 오랫동안 작동했던 전통 미디어 대 개인 미디어, 프로페셔널리즘 대 아마추어리즘, 공적 토론 대 사적 잡담, 저널리즘 대 엔터테인먼트, 전문성 대 평범성, 인쇄 매체 대 영상 매체라는 이분법적 구분이 흔들리고 있다. 저널리즘도 엔터테인먼트적 요소를 필요로 하며 엔터테인먼트도 저널리즘적 요인을 동반하는 시대가 되었다. 구독자가 많은 여행, 맛집 채널 등의 경우 처음에는 엔터테인먼트적 동기에서 시청하지만 그 뒤에는 얼마나 정보가 풍부하고 유익한지에 주목하게 된다. 크리에이터들도 열심히 취재, 공부, 촬영, 편집할 수밖에 없다. 전문성을 갖춘 유튜버라고 해도 구독자들에게 더 쉽게 다가가 공감을 끌어내려면 평범한 시민들의 욕구를 중심으로 재미있게 제작하고 진행해야 한다. 프로페셔널리즘을 갖춘 경우에도 더 많은 '구독/좋아요'를 위해서는 아마추어리즘을 반영하는 콘텐츠, 특히 일반 시청자들의 피드백을 적극적으로 반영하는 내용으로 제작할 필요도 있다.

바야흐로 유튜브는 영역 간의 경계는 물론 평가 기준의 경계도 허물고 있다. 필자의 유튜브 시청 경험을 종합하면 급증하고 있는 시사·정치 유튜브 채널들도 현재의 구독자와 잠재적 구독자들의 마음에 들고, '좋아요', 슈퍼챗 등 기부와 광고 수익을 늘리기 위해 엔터테인먼트적 요소를 적극 활용하고 있었다. 시청자들도 정보를 얻고 비판적 분석과 해석을 접하려는 저널리즘적 목적보다 자기 신념이나 가치를 보다 확실히 믿고자 하는 확증 편향을 강화하려는 동기나 오락적인 만족을 얻으려는 동기가 강했다.* 이를 반영하듯 시사·정치 유튜브 채널들 다수가 진행 방식도 엔터테인먼트적이며 이를 굳이 숨기지도 않는 경향을 관찰할 수 있었다. 설령 '좋은 저널리즘'의 형식을 빌려오더라도 내용 측면에서 부정확한 정보, 거짓 정보, 불법, 사기성 정보가 사전에 심의되기 어려운 것이 유튜브가 지닌 태생적 한계다. '충격', '긴급 속보' 같은 제목을 즐겨 쓰는 기성 미디어의 잘못된 관행을 모방하거나 광고나 간접광고가 정보와 결합하며 시청자의 올바른 판단을 방해할 위험도 있다(이상호, 2020). 정치 평론가와 보수 정치인이 함께 운영하는 유튜브 채널을 보면 정치적 내용을 다루면서도 엔터테인먼트적 요소를 강하게 드러내기도 한다.

연구 결과 유튜브 플랫폼이 다양한 콘텐츠를 생산하지만 대중이 선호하는 인기 채널은 구독자 수나 조회 수에 상관없이 음악과 엔터테인먼트 장르였으며, 유튜브에 가장 많은 수익을 안겨주는 것은 오락 채널이었다(설진아, 2021: 77). 이는 유튜브의 엔터테인먼트적 속성을 보여주지만 엔터테인먼트 장르와 그 영향이 정치나 시사와 무관함을 뜻하지는 않는다. 유튜브는 시사·정치 콘텐츠의 엔터테인먼트화가 본격

---

* 확증 편향은 자신의 가치관, 신념, 판단 등과 부합하는 정보와 콘텐츠에만 주목하고 그 밖의 경우는 외면하는 사고방식과 행태를 가리키며, 유튜브를 통해 원하는 콘텐츠만 소비하는 경향을 포함한다. 그 결과 진영, 집단, 이념 간 갈등과 대립이 더 커질 수 있다.

화되는 공간이다. 흥미 위주의 유튜브 콘텐츠를 반복 시청함으로써 현재 전개되는 상업화, 불평등과 불공정, 기득권 중심의 진영 대립이 자연스럽게 고착화될 수 있다. 엔터테인먼트에 집중하면서 상업성, 정파성, 외모·금권·학벌 지상주의 등 현시대의 불평등하고 불공정한 부정적 흐름을 반영하거나 부추기는 유튜브 콘텐츠들이 범람할지 모른다는 우려가 크게 다가온다. 이런 점에서 시청자의 개입과 의견 제시 등 참여가 더욱 요구된다. 동시에 미디어 전문가들은 어떻게 유튜브 현상, 나아가 유튜브의 엔터테인먼트화와 엔터테인먼트의 일상화를 분석하고 대안을 제시하는지 살펴보는 것도 학술적으로는 물론 실제 우리의 삶에 미치는 영향 차원에서 의미가 크다고 하겠다.

4. 연구 결과: 전문가 인터뷰를 중심으로

이상호(2020)는 유튜브를 통한 '사악한' 비즈니스의 사례로 가짜 뉴스나 분열을 조장하는 콘텐츠를 양산해 사회불안을 야기하고 성적 표현과 폭력성 수준이 높은 자극적 영상으로 유튜브 생태계의 건전성을 해치는 경우를 지적했다. 나아가 유튜브 알고리즘이 이용자가 콘텐츠에 지속적으로 노출되게 만들어 구독자와 시청 시간이 늘수록 운영자의 수익이 증가하는 구조이기에 알고리즘의 작동에 사악성이 개입하는 구조를 이해하고, 크리에이터에게 사회적 책임에 대해 교육하는 등 자율 규제와 함께 구글과 유튜브에게는 알고리즘과 노출 체계의 개선을 강력히 요구해야 한다. 이렇게 사악한 콘텐츠에 대한 규제와 함께 유튜브가 가진 인포테인먼트와 엔터테인먼트의 긍정적 역할과 잠재력을 최대한 살리는 정책도 필요하다. 이 과정에서 유튜브 시청자들의 적극적인 피드백과 참여가 필요하며 공동체 전체의 노력도 요구된다.

인포테인먼트 또는 엔터테인먼트를 표면적인 흥미나 상업성 중심으로 가볍게만 볼 것은 아니다. 개인이나 공동체가 가진 문제와 고통을 이야기하고 공유하는 과정에서 위로, 연대감, 지지를 획득할 수 있기에 엔터테인먼트의 긍정적 영향이 크며 그 영역은 확장될 수 있다. 실제로 엔터테인먼트가 인포테인먼트를 넘어 지지, 위로, 연대를 만드는 장이 된 사례가 많다. 가령 코로나19 발생 초기에 이탈리아 시민들이 자기 집 발코니에서 플래시 몹을 펼치는 모습을 유튜브를 통해 볼 수 있었다. 저마다 발코니에서 악기를 연주하고 노래하며 춤추고 위로하면서 함께 이 위기를 극복하자는 의지와 연대감이 발현되었다(신혜경, 2020). 감염병의 위기에 처한 인류가 유튜브라는 플랫폼에서 예술과 엔터테인먼트를 활용해 서로 지지를 나누고 연대감을 형성하는 것이 가능함을 보여준 사례다. 광주광역시의 고려인마을에서는 라디오방송인 고려FM과 함께 유튜브 채널을 개설해 콘텐츠를 업데이트하고 있다. 한국어와 러시아어로 다양한 콘텐츠를 제작해 국내외에 거주하는 고려인들이 쉽게 이용하고 있다. 이 사례는 물리적 거주지가 떨어져 있다고 해도 유튜브를 통해 공통의 문화와 정체성을 공유하고 유지하며 함께 즐기고 도우며 공감할 수 있음을 보여준다. 이주민, 장애인 등 소수자나 환자들이 그들에게 필요한 정보를 공유하고 그들의 정체성과 문화를 표현하면서 공감, 위로, 연대감을 형성하는 수단으로 유튜브를 이용하는 경우도 늘고 있다. 이는 유튜브의 엔터테인먼트적 요소가 긍정적으로 발휘된 경우이며 확대된 엔터테인먼트 욕구의 실천으로 해석할 수 있다. 이해수(2021)는 투병 브이로그에 주목해 침묵의 가장자리에 있던 상처받은 스토리텔러들이 아픔을 공유하고 질병을 매개로 공동체적 경험을 축적하는 과정을 분석했다. 가상공간에 만들어진 이야

표 5-1 **전문가 인터뷰 참여자 명단**

직업	성별, 나이	이용 시간	비고
A. 대학교수	남, 50대	하루 2시간	IT 기업 및 유튜브 관련 도서 저자
B. 대학교수	남, 50대	하루 2시간	언론학자
C. 문화 콘텐츠 정책 기관 연구원	남, 30대	하루 2시간	-
D. 아동·청소년 정책 기관 연구원	남, 50대	일주일 4시간	전 신문기자
E. 방송 작가	여, 40대	일주일 5시간	
F. 대학 강사	여, 40대	하루 1시간	전 방송 아나운서
G. PR 회사 컨설턴트	여, 40대	하루 1시간	-
H. 대학교수	여, 40대	일주일 2시간	언론학자
I. 헬스 커뮤니케이션 연구자	여, 40대	하루 1시간	미디어학 박사

주: 전문가 인터뷰는 2021년 4~5월 코로나19 사태에 따라 면대면 만남이 힘든 상황임을 고려해 이
메일 등 서면으로 진행했다. 먼저 전화나 카카오톡으로 연구 주제와 취지를 충분히 설명한 뒤에
개방형 질문지를 보내 자유롭게 답변을 받아 분석했다.

기판에는 환우회나 자조 집단과 달리 환자와 보호자뿐 아니라 이들과
관련된 여러 이야기꾼들이 모인다. 아픈 이들의 용기 있는 발화와 그
들의 이야기에 공감하는 사람들이 모여 이야기판이 커지면서 질병이
불러온 고립은 또 다른 연결의 계기가 된다. 브이로그가 개인의 기록
이 아닌 공적 표현의 형태가 되면서 상처받은 스토리텔러들이 억압되
지 않고 자기 목소리를 내는 공론장이 되었다. 이런 상황에서 유튜브
는 연결, 공감, 위로, 사회적 지지의 제공이라는 장점을 발휘했음을 알
수 있다. 이는 유튜브의 또 다른 긍정적인 엔터테인먼트적 역할로 해
석할 수 있다.

사례들을 종합하면 엔터테인먼트를 가짜 뉴스, 상업성, 선정성 위주
의 콘텐츠를 통한 사악한 이익 추구만으로 볼 수 없다. 일반인들이 음
악, 미술, 역사, 음식·요리, 문화, 스포츠, 길거리 공연 등을 다루는 다
양한 엔터테인먼트 콘텐츠를 제작하고 업로드하며 공유함으로써, 이
들은 상호 지지하고 연대하며 위로하고 임파워먼트empowerment까지 할

수 있게 된다. 유튜브-엔터테인먼트 관계는 다양한 측면에서 접근할 수 있기에 장점은 살리고 단점은 개선하기 위한 체계적인 연구, 정책 개발, 공동체의 참여가 요구된다. 이런 점에서 다양한 분야의 전문가들이 내놓는 경험과 의견은 유익할 것이다. 〈표 5-1〉은 인터뷰에 참여한 전문가들의 명단이다.

1) 유튜브의 배경과 이용 동기: 유튜브는 무엇이고 왜 이용하는가?

인터뷰에 참여한 아홉 명의 미디어 전문가들은 하루 한 시간, 일주일에 네다섯 시간 유튜브를 이용하는 경우가 대부분이었고, 하루 두 시간 정도 이용하는 경우도 세 명 있었다. 대부분 하루 한 시간 이상은 이용한다는 점에서 유튜브의 장단점에 대해 연구나 간접경험만이 아닌 직접 체험을 바탕으로 하는 의견을 줄 수 있다고 보았다. 인터뷰 참여자들은 미디어 제작 현장(방송, PR 종사자), 미디어 학계, 정보·통신 업계, 미디어 정책 기관 등에서 쌓은 경력과 전문성이 있다. 여기에 각자 유튜브를 이용하는 경험을 바탕으로 연구 목적에 걸맞은 의견, 분석, 대안을 제시할 것으로 기대된다. 먼저 유튜브를 직접 운영하지는 않지만, 공공 기관의 유튜브 콘텐츠와 방송 출연자의 유튜브 콘텐츠를 만든 경험이 있는 방송 작가 E는 현재의 유튜브 제작 시스템은 더는 1인 미디어가 아니라고 강조했다. 다음은 E의 의견이다.

지상파와 대형 제작사들이 제작에 뛰어든 지 오래다. 그런 이유로 잘 짜인 오락 프로그램들이 많이 만들어지고 있다. 하지만 유튜브는 규제가 조금 덜하다는 생각으로 일부러 더 자극적인 콘텐츠를 양산해 내고 있다. 유튜브 방송 시스템은 결코 1인 미디어가 아니다. '마치 유튜브 콘텐츠처럼 찍자'는 콘셉트 아래 제작되고 있다. 유튜브는 이제 지상파와 급이 비슷한 또 하나의 확실한 플랫폼이다. (E, 방송 작가)

E의 의견은 지상파 등 주류 언론은 물론 기업과 공공 기관까지 유튜브 채널을 운영하면서 유튜브 세계로 진출했기에 1인 미디어라는 관점에서만 유튜브를 분석해서는 안 된다는 점을 지적하고 있다. 헬스 커뮤니케이션 연구자이자 미디어학 박사인 I는 유튜브 시청 동기를 다음과 같이 언급했다. 주로 엔터테인먼트적인 동기와 함께 자신의 취미나 선호에 맞는 채널을 시청하는 것으로 유튜브를 시작했다고 해석된다.

음악은 일할 때 듣거나 듣고 싶은 음악을 검색해서 듣고, 여행을 좋아해서 여행 유튜버의 채널을 즐겨 본다. 책을 좋아해서 북 리뷰 유튜브 채널도 즐겨 본다. (I, 헬스 커뮤니케이션 연구자)

『야만의 회귀, 유튜브 실체와 전망: 창의적 공유지에서 퀀텀문명까지 생존비법』의 저자인 A는 다음과 같이 유튜브의 특성을 설명했다. 언론학자인 H도 유튜브의 알고리즘과 기술적 특성에 대해 다음과 같이 분석했다.

유튜브는 이용자 데이터에 기반한 영상 주제를 끊임없이 추천하며, 바이러스처럼 번지는 '바이럴 마케팅'의 도구가 되고 있으며, 국내 기업의 통신 네트워크를 거의 무상으로 사용하고 있다. (A, 대학교수)

유튜브는 알고리즘을 통해 보고 있는 영상과 관련한 영상들을 추천해 주고, 다음 영상으로 자동으로 넘어가게 하며, 관심 있는 주제의 영상을 다양하게 볼 수 있게 하고, 굳이 검색하지 않더라도 관련 영상을 제공하기 때문에 효율성이 크다. 이런 점이 가장 큰 장점이며, 시리즈로 연결되어 있는 드라마 같은 경우에는 요약된 내용을 단시간에 살펴볼 수 있다는 점에서 그 효율성이 더욱 크고, 매우 시청자 친화적 채널이라고 생각한다. (H, 대학교수)

A는 유튜브가 기술적 강점과 함께 이용자 사이에 입소문을 유도하는 광고와 마케팅의 효과적 수단이라는 점을 언급한다. H의 주장은 유튜브 알고리즘이 엔터테인먼트적 속성을 강하게 내포하고 있다는 점과 연결된다. 이런 의견들과 같은 선상에서 신문기자 출신으로 현재 아동·청소년 정책 기관 연구원으로 있는 D는 인간의 욕구를 충족시켜 줄 수 있는 다양한 채널이 필요하며 원하는 콘텐츠를 언제든 접할 수 있다는 점에서 유튜브가 일상에서 없어서는 안 될 존재가 되었다고 강조한다. 그러면서 다음과 같은 부정적 기능도 제시했다.

유튜브에 지나치게 선정적이거나 자극적인 내용이 있다. 또한 가짜 뉴스나 거짓 정보들이 존재한다. (D, 아동·청소년 정책 기관 연구원)

D가 언급한 부정적 측면은 뒤에서 대안과 함께 자세히 다룰 예정인데 인터뷰 참여자들이 대체로 공감하고 있었다. 언론학 교수인 B는 비교적 유튜브를 시청하는 시간이 많았으며, 다음과 같이 유튜브 시청 동기를 언급했다.

처음에는 다른 사람들이 어떻게 유튜브를 활용하는지에 관심을 가지고 시청했지만, 현재는 거의 습관적으로 스마트폰을 통해 보면서 일상생활의 주요한 분야이자 도구가 되었다. 시간을 때우고 릴랙스하고자 하는 동기가 우선인 것 같고, 관심 분야(스포츠, 영화 리뷰, 반려견, 뉴스 검색 등)를 주로 찾아보기도 하고, 알고리즘이 추천해 주는 영상을 시청한다. (B, 대학교수)

유튜브를 우연한 기회에 시청하게 되었고 이제 거의 습관적으로 이용한다는 B의 설명은 필자의 경험과도 유사하다. 특히 스포츠, 영화 리뷰, 반려견, 뉴스 검색 등을 주로 하고 알고리즘이 추천하는 영상을 시청한다는 언급도 필자나 다른 인터뷰 참여자들의 경험과 맥을 같이한다. C는 문화 콘텐츠 관련 정책 기관의 연구원인데, 그 역시 "주변 사람들이 유튜브를 이용하는 것을 보고 따라서 하게 되었다"라고 이용 동기를 설명했다. 이런 이용 동기를 보면 유튜브가 일종의 문화적 트렌드이자 유행으로서 파급효과가 크다는 점을 알 수 있다. 방송 작가인 E는 유튜브 시청 동기를 다음과 같이 이야기했는데, 지상파로 만족하지 않기 때문에 정치·시사나 오락·예능 모두에서 유튜브를 찾게 된다는 동기를 강조했다.

정치·시사의 경우 지상파 뉴스에서 나오지 않는 내용을 듣고 싶어 시청하고, 예능의 경우도 지상파 예능이 재미없어 거의 보지 않고 지상파와는 다른 재미로 유튜브에서 예능을 시청한다. (E, 방송 작가)

20년 이상 방송 작가를 한 E의 의견은 유튜브에서 좀 더 흥미롭고 차별성 있는 콘텐츠를 찾을 수 있다는 차별성을 강조한 것으로 해석된다. 또한 우연히 시청하는 것이 아니라 의식적으로 흥미로운 콘텐츠를 찾게 된다는 차별적인 동기를 언급하는데, 방송 작가라는 직업 특성상 다양하고 창의적인 콘텐츠에 관심을 갖는 것과 연결된다고 해석된다. 전체적인 유튜브 이용 동기는 다른 사람이 해서 따라 하거나 우연히 알게 되어 이용한 뒤에 계속 이용하게 된 경우, 원하는 시간에 시청할 수 있다는 시청 환경의 장점을 언급하는 경우, 주류 미디어에는 없는 콘텐츠가 있기 때문에 본다는 경우 등으로 나눌 수 있다. 다음은 방송 아나운서 출신인 F가 밝힌 유튜브를 이용하는 동기와 시청 방식에 관한 설명이다.

> 듣고 싶은 음악이 있을 때 무료로 찾아 들을 수 있어 시작하게 되었고, 현재도 음악 감상이 유튜브 이용의 70%를 차지하며, 코로나로 운동하러 가기 힘들 때 요가 채널을 통해 운동한다. (F, 대학 강사)

F는 유튜브 콘텐츠를 활용해 음악 감상은 물론 요가 등 운동도 즐길 수 있으며 육아에도 도움이 된다고 이야기했다. 특히 코로나19 사태로 외출, 대면 모임, 교육 참여가 어려워진 상황에서 유튜브가 갖는 엔터테인먼트, 레저, 교육을 매개하는 역할이 중요해졌음을 보여준다. 요가 등 운동을 유튜브 채널을 보며 따라 할 수 있다는 점은 긍정적인 차원의 엔터테인먼트 기능이다. 정보 습득과 엔터테인먼트적 동기를 갖고 유튜브를 이용한다는 G는 직장에서 미디어를 많이 활용하는 PR 회사의 컨설턴트인데, 다음과 같이 유튜브가 주는 즐거움을 언급했다.

> 나만의 관심사에 해당하는 콘텐츠를 찾아볼 수 있고, 다른 사람들의 의견도 같이 볼 수 있다. 또한 관련 인기 콘텐츠들을 쉽게 찾아볼 수 있다. (G, PR 회사 컨설턴트)

G는 유튜브에서 다양한 콘텐츠 크리에이터들의 관점과 의견을 접할 수 있으며 재미가 있다는 점, 즉 엔터테인먼트 차원의 장점을 강조했다. 한편 B는 이용자가 주도권을 갖고 시청하다가도 일정 시간이 지나면 플랫폼의 알고리즘 추천 시스템으로 의도하지 않게 긴 시간을 시청하게 되는 등 중독 문제가 있어 이용자들의 심리적·정서적 불편함을 야기한다고 비판했다. 다음은 B의 의견이다.

> 이용자가 이용 시간과 주제 등 전반적으로 주도권을 지니고 있지만 일단 시청을 시작하고 일정 시간이 경과하면 플랫폼의 알고리즘이 그런 주도권을 가져가는 것 같다. (B, 대학교수)

종합하면 유튜브의 이용 동기로 내가 필요한 시간에 손쉽게 이용할 수 있다는 기술적 특성(A, B, C, E 등)과 콘텐츠가 다양하고 지상파에서 볼 수 없는 재미를 느낀다는 장점(C, D, E, G 등)이 많이 언급되었다. 무엇보다 지상파와 비교할 수 없을 정도로 다양하고 상대적으로 자유로운 분위기에서 만들어진 재미있는 콘텐츠가 유튜브에 있다는 점은 저널리즘 차원은 물론 엔터테인먼트 차원에서도 장점이 됨을 알 수 있다. 특히 지상파나 종합 편성 채널을 볼 때와 비교해 유튜브는 이용자가 시청 시간과 주제 선택에서 확장된 자율성과 주도권을 갖게 하며 유튜브의 추천 시스템 등 기술적 특성으로 다양한 콘텐츠를 접할 수 있다고 해석된다. 물론 이 점에서 대해서는 장단점이 있다는 의견과 비판도 함께 제기되었다. 한편 유튜브의 엔터테인먼트적 역할에 대해 H는 다음과 같이 설명하는데, 유튜브가 본질적으로 엔터테인먼트에 특화된 미디어 플랫폼임을 보여준다. 이런 유튜브의 역기능이나 부작용에 대해서도 적극적인 대응이 필요한 시점이다.

콘텐츠의 많은 부분에서 소위 예능이나 '카더라' 등 말초신경을 자극할 만한 내용들이 꽤 많다는 것은 우려되는 부분이다. 이는 아마도 전후 맥락을 파악해야 하는 정치·경제 영역에 비해 콘텐츠 생산이 비교적 수월하기 때문이라고 생각되지만, 유튜브가 대부분 예능 쪽에 너무 특화되어 있다는 생각도 든다. (H, 대학교수)

필자도 엔터테인먼트적 요소가 다분한 유튜브 채널들을 자주 시청하는 편이다. 최근 지상파 코미디 프로그램들이 폐지되면서 희극인들이 직접 제작하는 예능 채널들이 늘고 있으며, 이 밖에도 일반인이 아닌 프로페셔널들이 만든 유튜브 콘텐츠들이 많이 올라오고 있다. 이는 다양한 즐거움과 함께 사실상 전문적 수준의 재미를 제공한다는 점에서 긍정적 측면이 있지만 동시에 부정적 측면도 크다. 구독자와 수익 창출에 더 집중하게 되면서 선정적이거나 지나치게 사생활을 노출하는 경우, 몰래카메라 형식으로 강제로 프라이버시를 노출하는 경우, 억지웃음을 강요하는 경우, 소수자나 타인의 외모를 비하하는 경우 등 부정적 측면에서 엔터테인먼트적 요소가 남발되는 모습도 관찰할 수 있었다.

2) 문제점과 대안: 어떻게 대응할 것인가?

유튜브의 부정적 측면과 개선이 필요한 부분에 대해 전문가들은 다양한 진단과 대안을 제시했다. 먼저 부정적 측면이 무엇인지에 대해서는 팩트 체크의 부재(G), 가짜 정보와 자극적 내용이 많음(E), 원하지 않는 콘텐츠에 노출(A, F), 필요 이상으로 영상을 시청하는 중독 현상(B, H), 광고 등 상업적으로 이용되는 경향(C, G), 확증 편향과 지각적 편향(A, H), 예능에 편중된 내용(H) 등의 문제가 지적되었다. 앞서 엔터테인먼트적 동기를 바탕으로 자신의 취미 분야와 가까운 채널들을 시청한다고 응답한 I는 유튜브의 장단점을 다음처럼 설명했다.

> 여행, 음식, 쇼핑과 관련된 유튜브가 정말 재미있는데 솔직한 것도 좋지만 너무 자극적인 내용, 표현, 협찬과 같은 상업적인 부분이 보이면 거부감이 든다. (I, 헬스 커뮤니케이션 연구자)

C는 현재도 오락 기능은 충분하지만 채널 운영자의 이익을 추구하느라고 중간 광고가 무분별하게 들어가고 있다고 지적했다. A는 유튜브 알고리즘이 자극적 영상을 추천하는데, 이것이 아동과 청소년에게 위험한 측면이 있다고 주장했다. C와 A의 의견이다.

> 지금 상황도 충분히 오락 기능을 제공하고 있으나 채널을 제공하는 편집자들의 수익을 위한 무분별한 중간 광고를 많이 넣지 않았으면 한다. (C, 문화 콘텐츠 정책 기관 연구원).

> 유튜브 알고리즘이 자극적인 영상을 계속 추천하고 있고, 결국은 한 번씩 보게 되고 결국 후회하며, 특히 청소년, 미디어 취약 계층에게 위험한 면이 있다. (A, 대학교수)

A는 자신의 저서에 독일에서는 가짜 뉴스로 규정된 영상이 24시간 안에 삭제되지 않으면 600억 원 수준의 벌금을 물리는 방안이 논의되었다고 설명했다. 동시에 독일에서는 나치 찬양과 같은 명백한 반사회적 행위를 규제하지만, 국내에서는 진짜와 가짜를 적절히 섞어 추측성

스토리를 만든다면 어떤 뉴스가 가짜임을 증명하기 어렵다고 주장했다. 또한 자정 노력이나 규제 정책은 구글과 유튜브의 수익 추구에 반하며 이들이 자극적 콘텐츠를 통해 큰돈을 벌고 있기에 유튜브가 자체적인 커뮤니티 가이드라인에 따라 채널에 경고하고 콘텐츠를 삭제한다지만, 그 속내에는 사악한 콘텐츠가 더 많아지기를 기대하고 더 가열차게 사업화하는 것이 아닐까 하는 의구심이 있다고 주장했다. 그만큼 유튜브를 규제하는 것이 쉽지 않다는 취지다. 이 인터뷰에 참여한 전문가들은 유튜브 현상과 특성을 정확하게 파악해 적절하고 효과적인 규제 방안을 적극적으로 모색해야 한다고 공통적으로 주장했다.

방송 작가라는 직업 특성상 적극적으로 유튜브를 이용하는 E도 유튜브 알고리즘으로 원치 않는 수준 낮은 콘텐츠를 보거나 가짜 정보에 노출될 수 있다고 우려를 표했다. 특히 유튜브는 지상파보다 규제가 약하다는 생각에 일부러 더 자극적 콘텐츠를 양산한다고 지적하며 유튜버 성희롱 사건, 유튜버 자살 사건, 뒷광고 논란 등을 예로 들었다. 필자의 기억에도 유튜브 채널이 시청자를 속이거나 선정적이고 폭력적인 내용으로 수사받는 등의 모습은 재미와 수익성만 치중하는 엔터테인먼트의 부정적 측면이 표출된 것이기에 상응하는 대책이 필요하다고 본다. 다음은 E의 의견이다.

> 알고리즘에 따라 연관성 있는 콘텐츠를 볼 수 있다는 장점도 있지만, 별로 원치 않거나 수준 낮은 콘텐츠를 시청할 가능성이 높다는 단점도 있고, 알맹이 없는 가짜 정보, 수준 낮은 콘텐츠 등도 많다. (E, 방송 작가)

언론학자 H는 유튜브 중독이 일상생활에 지장을 초래할 수 있음을 지적하며 그 대안으로 디지털 리터러시 교육을 제시한다. 대학에서 강의하던 중에 학생들이 유튜브 시청에 많은 시간을 소비하고 있음을 알 수 있었다며 유튜브가 일상생활에 미치는 피해를 우려했다.

알고리즘에 의한 자동 추천으로 계속 관련 영상을 제공하기 때문에 시간 가는 줄 모르고 유튜브를 시청하는 경우가 많다. 이런 것이 좀 더 심해지면 유튜브 중독에 이를 수 있다고 본다. 어쩌면 이미 심각한지도 모르겠다. 교양 수업 시간에 학생들에게 관련 질문을 하는데 의외로 SNS나 유튜브에 많은 시간을 할애하는 학생들이 많았다. 정보를 선별할 수 있는 디지털 리터러시 역량이 있다면 장점이 될 수 있지만, 무차별적으로 제공되는 정보에 수동적으로 노출되는 경우도 적지 않다. 이는 단순한 헤비 유저를 넘어 일상생활에 피해를 주는 데까지도 영향을 미칠 수 있다는 점에서 중독이 우려된다. (H, 대학교수)

H의 의견은 앞서 제시한 B의 우려와 상통한다. 유튜브 중독으로 학교와 직장에서 일상생활에 지장받을 정도이고, 특히 청소년과 청년층에 피해가 집중된다는 점에서 대책이 필요하다. F도 유튜브에는 다양한 콘텐츠를 고를 수 있다는 장점이 있지만, 한번 어떤 콘텐츠에 접근하고 나면 그 뒤에 추천해 주는 영상들이 비슷하면서도 더 자극적인 내용이 많다고 지적하며 추천 시스템의 개선이 필요하다고 주장했다. 한편 A는 연구 목적으로 스스로 유튜브를 운영하기도 했고 수업 시간에 학생들에게 유튜브를 개설해 운영하는 것을 과제로 낸 적도 있다고 밝혔다. 정보·통신 기업에서 오래 근무해 유튜브 알고리즘 등 미디어 생태계 전반에 정통한 A는 누구나 손쉽게 콘텐츠를 올리고 전 세계적으로 즉각 시청이 가능한 유튜브 생태계에 대한 강제 규제는 어렵다고 보았다. 하지만 그렇다고 그대로 두면 사악한 콘텐츠가 난무할 수 있기

에 시청자 평가와 피드백을 통한 자체 규제와 품질 향상 노력을 강조했다. D는 A와 유사하게 유튜브의 부정적 영향을 줄이기 위한 대책을 다음과 같이 제시했다. I도 장점을 살려야겠지만 지극적인 내용에 대한 규제가 필요하다는 의견을 제시했다.

유튜버 진행자들이 조회 수를 올리는 데 급급할 게 아니라 이용자와의 교감과 소통에 보다 많은 신경을 써야 할 것이다. (D, 아동·청소년 정책 기관 연구원)

솔직한 내용을 가감 없이 보여주는 것은 좋지만, 연령 규제나 내용 규제가 필요한 부분이 있다. 댓글에 대한 규제도 필요하다. (I, 헬스 커뮤니케이션 연구자)

A와 D는 자율 규제와 시청자 피드백을 통한 규제를 강조하는데, 이는 유튜브의 특성상 강제적 규제가 사실상 불가능하다는 점과 연결된다. I가 제시한 연령 규제나 댓글에 대한 규제 등도 지상파 방송이나 다른 인터넷 플랫폼에서 검토되거나 시행된 적이 있다. 그렇기에 유튜브의 특성에 맞게 규제 방법을 개발하고 적용하는 것을 고민해야 할 시점이다. 이런 과정을 통해 유튜브 생태계에서 수용될 만한 실효성 높은 정책이 개발될 수 있을 것이다.

B는 유튜브의 부정적 영향에 대한 대안으로 유튜브 플랫폼의 특성에 맞춘 교육 방안을 좀 더 체계적으로 마련해 이용자들이 보다 주도권을 가질 수 있도록 하자고 제안했다. 또한 일상생활에서 (스마트폰 사용을 포함해) 유튜브 영상 미디어의 과다한 이용이 신체적·정신적 건강을 침해하는지에 대한 연구를 미디어, 보건학, 정신의학 등 융합적 차

원에서 진행할 것을 제안했다. 이렇게 교육과 (융합) 연구를 제안한 점은 유튜브의 복잡한 알고리즘, 막강한 사회적 영향력, 신체적·정신적·정서적 건강에 미칠 수 있는 파급력을 고려하면 시의적절한 대안으로 판단된다. PR 회사 컨설턴트 G와 언론학자 H가 제시한 대안도 구체적이면서 실효성이 클 것으로 기대된다.

> 법적 제제가 아닌 자율 정화 작용을 할 수 있도록 촉진하고, 유튜버들의 창의성을 최대한 살리면서 사회적 책임에 대한 의무교육을 정기적으로 실시하며, 각 분야별로 유익한 콘텐츠를 선정해 보상·시상 혜택을 풍부하게 제공하고, 시민 자율 콘텐츠 감시단 서포터스 활동을 통해 정화 작용을 해야 한다. (G, PR 회사 컨설턴트)

> 채널이 생겨난 이상, 그리고 그것이 상업적으로 이용되고 있는 만큼 유저들의 판단력이 중요하며, 무엇보다도 유저들의 리터러시 역량 강화와 절제 능력이 필요하다. (H, 대학교수)

G가 제시한 대안 중 유익한 콘텐츠에 대한 보상·시상의 제공은 이른바 긍정적 내용 규제positive content regulation와 관련된다(Croteau and Hoynes, 2006). 긍정적 내용 규제는 무엇을 금지하는 것이 아니라 좋은 콘텐츠를 더욱 생산하고 장려하겠다는 차원의 지원책이다. 시민 자율 콘텐츠 감시단이나 서포터스 제안도 유튜브를 시민 참여의 영역으로 간주하면서 개선해 나가자는 취지로 해석된다. H의 의견은 이른바 유튜브 리터러시 교육과 연결되는데, 미디어 교육의 연장선에서 유튜브에 대한 이해·활용 교육이 구체화되고 강화되어야 함을 뜻한다. 미디어 교육은 카메라 사용과 제작 등 기능적인 교육을 넘어 미디어 메시

지를 둘러싼 사회적 의미와 문화적 맥락에 대한 이해력에 초점을 맞추어야 한다. 유튜브 이용자의 문화적 욕구를 충족할 만한 프로그램의 제작을 지원하는 긍정적 규제와 적합하지 않은 내용을 규제하는 소극적 규제(조연하·배진아, 2008)를 병행하는 전략도 필요하다. 결국 초국적이고 탈경계적이며 이윤 창출에 최적화된 유튜브 생태계를 고려하면 실효성 있는 국가의 강제적 규제와 함께 긍정적이고 적극적인 규제, 시민 참여형 규제 방안이 모색되어야 한다. 유튜브 등 새로운 미디어를 통해 엔터테인먼트 콘텐츠가 시간과 공간의 제약을 허물고 확산한다는 점에서 새로운 미디어에 대한 교육도 필수적으로 요구된다.

미디어 기술의 발전은 새로운 문화양식과 행동을 출현시키고 기존의 사고 틀을 넘어서는 미디어 역량을 요구한다. 미디어로 소통할 수 있는 능력인 미디어 리터러시가 부족하면 개인은 사적·공적 삶에서 더 큰 불평등을 겪을 수 있다(김효숙, 2015). 미디어 교육은 미디어 읽기, 고정관념적 재현에 대한 비판적 해석, 미디어 제작으로 구성되는 시민교육이며, 다양성 존중과 상호 문화 이해력을 높일 수 있다(김은규, 2015). 디지털 네이티브라고 불리는 청소년의 관점에서 보편화·일상화된 소셜 미디어와 그 영향에 대해 연구한 배상률과 이창호(2016)는 유튜브 등 소셜 미디어가 팬덤 문화에 기여한 것은 참여 문화의 강화이며 팬과 대중 스타, 팬과 팬 간의 친밀감, 팬덤의 국제화, 팬덤 문화의 이미지 제고 등 팬들의 주체적 활동으로 팬덤 문화가 형성된 것은 긍정적이지만 부작용도 크다고 지적했다.• 특히 미디어에 대한 집착, 과다

• 미디어 리터러시는 미디어의 기술적 활용을 넘어 메시지에 대한 비판적 이해와 미디어를 통한 정치사회적 참여를 포괄한다. 청소년들이 미디어를 매개로 사회 참여 활동을 강화하고 미디어에서 확산되는 메시지를 비판적으로 이해할 수 있는 능력을 키워주는 것이 중요하다(배상률·이창호, 2016: 213).

사용, 사회관계의 동질화, 여가 문화의 획일화 등을 그대로 둘 것이 아니라 미디어 메시지에 대한 비판적 이해, 미디어를 통한 정치사회적 참여 등을 포괄하는 미디어 리터러시 교육의 강화를 통해 개선할 것을 주장했다. 다양한 문화가 공존하고 소통하며 교류해야 하는 상황에서 유튜브처럼 일상화된 미디어의 성격과 영향을 비판적으로 이해하고 관련 제작 경험을 통해 미디어 활동에 대한 중요성과 책임감을 체험하게 하는 미디어 교육과 캠페인의 역할이 크다.

5. 결론과 제언

앞서 언급했듯이 인간은 본질적으로 호모 루덴스, 즉 유희적 동물이다. 인간의 광범위한 소통과 상호작용에 오락적 요소가 중요한 역할을 한다는 점에서 엔터테인먼트적 요소를 무조건 규제하거나 반대로 자유방임식 태도로 접근해서는 안 된다. 다채널 시대라는 표현이 상징하듯 여러 미디어들은 정보 전달과 공유는 물론 문화, 오락, 레저, 휴식 등을 제공하는 엔터테인먼트 차원의 기능을 본질적으로 갖고 있다. 특히 유튜브에는 알고리즘과 미디어 상업화의 맥락과 함께 엔터테인먼트적 요소가 강하게 개입되어 있다. 그렇기에 유튜브에 대해 규제를 논의할 때도 엔터테인먼트, 시사, 교양 등으로 나누는 대신 통합적으로 접근하는 것이 필요하다.

표현의 자유 대 프라이버시 보호, 정보의 자유로운 흐름 대 음란물·폭력물·증오물에 대한 공익적 통제 등 미디어의 내용을 둘러싼 논쟁이 오랫동안 지속되어 왔다. 이는 유튜브가 발전하면서 더욱 심화되고 있는데, 국가 주도의 일방적 검열과 규제가 부적절하듯 시장과 개인의 선택에 전적으로 맡기는 것도 보편적 가치가 될 수 없다(Goldsmith and Wu, 2006). 미디어의 상업화를 비판한 부르디외(Bourdieu, 1998)는 텔레비전 등 미디어 제작자의 마인드와 작업환경은 더 높은 매출을 위해 최대 규모의 시청자에게 도달하려는 시청률 지상주의rating mindset의 지배를 받는데, 그 결과 미디어 품질의 하향 평준화, 상업성, 금권 지상주의, 갈등과 대립, 소수자 혐오를 증폭시킬 수 있는 콘텐츠의 범람으로 이어진다고 비판하면서 시청자의 적극적인 관심, 비평, 개입이 그 대안이라고 강조했다. 이런 점에서 유튜브는 태동 배경과 생태계는 물론 채널 운영자들의 상업적 동기도 강하기에 '구독/좋아요 지상주의'에 쉽게 빠진다고 볼 수 있다. 유튜브의 장점을 살리고 단점을 줄이려는 규제가 쉽지는 않겠지만 필요하다. 스마트폰과 연동된 소셜 미디어 환경에서는 성인은 물론 아동과 청소년도 유해한 콘텐츠에 언제든 노출될 수 있기에 다양한 방식의 규제가 논의되어야 한다. 미디어 규제는 이용자나 방송 사업자를 억압하고 정보 접근의 자유를 제한하려는 목적이 아니다. 오히려 이용자의 다양한 정보와 문화 이용 권한을 강화하려는 차원에서 추진해야 하며(강진숙, 2010)* 공공의 선을 확대하는 차원에서 규제가 필요하다. 이 연구에서는 중독과 과다 사용에 따른 일상과 건강상의 문제들을 우려하는 전문가 의견도 있었다. 이에 대해서는 먼저 현상을 정확히 파악하려는 연구와 함께 상담, 소통, 지원 대책이 마련되어야 한다.**

---

* 방송 규제의 경우 보호주의적 접근을 통한 유해 매체물의 차단보다 청소년이 자발적으로 체험하며 방송 콘텐츠에 대해 비판적 해석 능력을 기를 수 있는 정책이 필요하다. 규제는 청소년 이용자나 방송 사업자를 억압하고 정보 접근의 자유를 제한하려는 것이 아니라 청소년 이용자의 다양한 정보와 문화 이용 권한을 강화하려는 차원에서 추진되어야 한다(강진숙, 2010).

유튜브가 매개하는 엔터테인먼트는 전통적인 오락이나 흥미 지향의 콘텐츠를 포괄하지만 그 이상의 영향력을 갖고 있다. 유튜브는 정보와 엔터테인먼트를 결합한 인포테인먼트를 넘어 정치, 시사, 예술, 문화, 일상이라는 다양한 영역을 엔터테인먼트화하는 능력이 있으며 기술적 특성과 맞물려 이런 상황은 계속될 것이다. 이런 점에서 유튜브의 부정적 측면을 정확히 이해하고 이를 해소하기 위한 구체적 대안을 찾으면서 동시에 긍정적 영향을 확대하려는 노력이 필요하다. 전문가 인터뷰에서도 드러났지만 유튜브의 성장 배경과 알고리즘을 고려하면 유튜브 생태계가 자연스럽게 바람직한 방향으로 흘러가지는 않을 것이기에 다양한 방식의 의식적·정책적 개입, 공동체의 노력 등이 요구된다. 먼저 유튜브 알고리즘과 작동 체계를 정확하게 이해하고 유튜브 콘텐츠가 미치는 영향력과 그에 맞는 윤리성과 책임감에 대해 분석하는 체계적인 조사와 연구가 필요하다. 동시에 유튜브를 포함한 미디어의 영향과 책임에 대한 미디어 교육, 합리적인 규제·정책의 도출과 현장에 맞는 적용, 시민들에게 이런 상황을 알리고 공감과 동참을 촉구하는 캠페인이 동반되어야 한다.

유튜브는 이미 시작된 지 오래되었고 광범위하게 퍼져 있다. 유튜브가 만들어내는 세상을 현실로 직시하며 개선 방안을 모색해야 한다는 점에서 미디어가 활용되는 현장, 미디어 정책을 개발하는 영역, 미디어를 연구하는 학계 전문가들이 제시하는 유튜브 생태계의 본질과 영

●● 유튜브 시대가 본격화하기 전에 인터넷과 관련된 중독을 다룬 연구들을 보면, 인터넷 중독은 인간-기계의 상호작용(human-machine interaction)과 관련된 몰입 현상이다(Widyanto and Griffiths, 2006). 이용자 스스로 통제하거나 조절할 수 없고, 만족을 위해서는 사용 시간을 늘려야 하는 내성과 이용하지 않을 때의 불안, 불면, 환상, 강박적 사고가 발생하는 금단현상이 나타나기도 하며, 특히 청소년에게 미치는 영향이 크다(정의철, 2007: 306에서 재인용).

향에 대한 분석, 유튜브가 인류의 삶의 질을 높이는 방향으로 가기 위해 필요한 대안들을 취합하는 작업의 의미는 크다. 연구 결과를 종합하면 유튜브 이용 동기는 엔터테인먼트적 요소와 함께 필요한 정보를 손쉽게 찾을 수 있고, 지상파에 없는 재미있는 콘텐츠를 볼 수 있으며, 주거, 법률, 레저, 여행, 육아, 교육 등 실생활에 유익한 내용이 많다는 점이 언급되었다. 이 과정에서 '구독/좋아요'를 늘리기 위해 어려운 내용을 쉽고 재미있게 설명하는 엔터테인먼트 형식이 역할을 하는 것으로 해석할 수 있다. 폭력, 사기, 혐오 등을 부추기는 불법적·반사회적 콘텐츠에 대해서는 현행 법률을 적용해 엄중히 대처하고, 자극적·선정적인 정보나 허위 정보에 대한 규제 노력이 필요하다. 인터뷰에 참여한 전문가들은 자극적인 내용, 가짜 뉴스, 인신공격 등 부정적 측면에 대응하는 규제의 필요성에 의견이 일치했다. 구체적으로는 채널 운영자의 자율 규제, 유튜브 알고리즘의 변화를 통한 규제, 좋은 콘텐츠를 시상하는 등의 긍정적 내용 규제, 유튜브의 사회적 책임에 대한 교육과 캠페인의 강화 등이 제시되었다. 이 중에서 이윤 극대화를 목적으로 작동하는 유튜브 알고리즘의 변화가 근본적 대안이라고 할 수 있으며, 이를 위한 국제적 연대와 캠페인도 필요할 것이다. 유튜브를 포함해 여러 미디어에서 목격되는 유해한 콘텐츠로부터 아동과 청소년을 보호하기 위한 체계적인 연구와 조사, 시청자 주권 운동을 전개해야 한다. 이를 통해 선정적·폭력적·증오적 표현까지 옹호하거나 묵인하는 무조건적인 표현의 자유 논리에 맞서는 담론이 확산된다면 실효적인 정책을 개발할 수 있는 토대가 될 것이다.

인터뷰 참여자들은 끊임없이 변화·발전하는 유튜브 생태계를 그냥 시장에 맡기거나 방임하면 알아서 잘되리라는 낙관론에 공통적으로 반대했다. 쉽지는 않지만 적절하고 합리적이며 실효성 있는 규제 방안을 체계적으로 모색해야 한다고 강조했다. 후속 연구에서는 인터뷰에 참여한 전문가들을 중심으로 초점 집단 인터뷰를 실시해 유튜브가 새롭게 만들어내는 현상, 특히 정보와 소통, 문화와 오락의 허브로서의 사회·문화적 영향과 엔터테인먼트와 시사·교양·문화·일상의 경계 약화와 융합, 그로 인한 긍정적·부정적 결과를 심층적으로 진단하고자 한다. 현시점에도 역동적으로 공동체와 시민의 일상에 영향을 미치는 유튜브 생태계에 적극적으로 대응해 긍정적 영향을 살리고 부정적 결과를 최소화하는 구체적 대안들이 도출되고 적용될 수 있도록 능동적 시도들이 요구된다.

참고문헌

강진숙. 2010. 「청소년미디어보호 자율규제제도에 대한 인식 연구: 청소년 및 미디어교육 전문가와의 심층인터뷰를 중심으로」. ≪한국언론학보≫, 제54권 5호, 372~397쪽.

고영삼. 2014. 「정부의 소셜미디어 활용에 대한 성찰적 조명」. 『소셜미디어의 이해: 일상 생활과 소셜커머스에서 기업혁신과 정치혁명까지 소셜미디어를 둘러싼 핵심 쟁점 들을 총정리한 입문서』, 139~176쪽. 미래인.

김성재. 2019. 「탈문자적 문맹의 가속화와 상징적 자본의 변질: 유튜브의 지배력 강화에 대하여」. ≪영상문화콘텐츠연구≫, 제16집, 91~117쪽.

김성태·김여진·최홍규·김형지. 2011. 「뉴미디어를 통한 소통 채널의 확장과 정치참여 변화 연구: 인터넷과 소셜미디어를 주목하며」. ≪평화연구≫, 제19권 1호, 5~38쪽.

김은규. 2015. 「다문화미디어교육의 운영 현황 점검과 방향성 모색: 다문화가족지원센터 와 시민미디어센터의 다문화미디어교육 사례를 중심으로」. ≪언론과학연구≫, 제15권 1호, 115~161쪽.

김정기. 2019. 『소통하는 인간, 호모 커뮤니쿠스』. 인북스.

김정섭. 2020. 「엔터테인먼트와 미디어의 공생」. ≪한국엔터테인먼트산업학회지≫, 제 12권 1호, 6~10쪽.

김효숙. 2015. 「남북한 청년세대의 포용의 가능성 탐색: 미디어문화워크숍 사례를 중심으 로」. ≪장신논단≫, 제47권 2호, 291~316쪽.

배상률·이창호. 2016. 「소셜미디어가 청소년 여가문화 및 팬덤문화에 미치는 영향에 관 한 질적 연구: 페이스북을 활용한 청소년 집단지성 토론단 운영결과를 중심으로」. ≪한국청소년연구≫, 제27권 3호, 189~218쪽.

석보라·김활빈. 2019. 「유튜브(YouTube) 1인 미디어 뷰티 채널의 이용 동기가 채널 평 가, 제품 태도 및 구매 의도에 미치는 영향에 관한 연구」. ≪한국광고홍보학보≫, 제21권 4호, 168~198쪽.

설진아. 2021. 「인기 유튜브 채널의 장르 유형과 채널 인기 요인에 관한 탐색 연구」. ≪미 디어 경제와 문화≫, 제19권 1호, 49~86쪽.

신혜경. 2020. 「코로나 위기로 싹트는 새로운 삶의 철학」. 한국연구재단. 『코로나19 현상 에 대한 인문학적 성찰(II)』, 36~48쪽.

이상호. 2020. 『야만의 회귀, 유튜브 실체와 전망: 창의적 공유지에서 퀀텀문명까지 생존 비법』. 예린원.

이창호·정의철. 2008. 「촛불문화제에 나타난 청소년의 사회참여 특성에 대한 연구」. ≪언론과학연구≫, 제8권 3호, 457~491쪽.

이해수. 2021. 「디지털 스토리텔링의 재조명: 암 환자들의 유튜브 투병 브이로그를 중심으로」. ≪미디어, 젠더 & 문화≫, 제36권 1호, 229~273쪽.

정의철. 2007. 「청소년 인터넷 중독 PR 캠페인 메시지 담론분석: 헬스커뮤니케이션 관점을 통해 본 탐색적 연구」. ≪언론과학연구≫, 제7권 3호, 301~338쪽.

조연하·배진아. 2008. 「청소년시청보호시간대의 법리적 근거에 관한 연구」. ≪한국언론학보≫, 제52권 6호, 57~77쪽.

Bourdieu, P. 1998. *On Television*. Translated by Priscilla Parkhurst Ferguson. New York, NY: The New Press.

Croteau, D. and W. Hoynes. 2006. *The Business of Media*. Thousand Oaks, CA: Pine Forge Press.

Goldsmith, J. and T. Wu. 2006. *Who Controls the Internet?: Illusion of a Borderless World*. New York, NY: Oxford University Press. (송연석 옮김. 2006. 『인터넷 권력전쟁: 사이버 세계를 조종하는』. 뉴런).

Widyanto, L. and M. Griffiths. 2006. "'Internet addiction': A critical review." *International Journal of Mental Health and Addiction*, Vo.4, No.1, pp. 31~51.

제6장

유튜브와 케이 팝

노광우 ¦ 고려대학교 미디어학부 강사

이 장에서는 케이 팝의 전 세계적 확산을 유튜브가 가진 매체적 특성의 공간적 확장성과 이용자가 적극적으로 활용할 수 있는 특성과 연결해 논의한다. 유튜브가 등장하기 전에 한류는 동북아시아 지역에 먼저 유통되고 나서 동남아시아 지역으로 확산되었다. 한국 대중음악은 연예 기획사가 오디션과 연습생 시스템을 통해 배출한 아이돌이 연행(演行)하는 '보는 음악'으로 바뀌었으며, 유튜브가 등장한 뒤에 한류와 케이 팝은 동아시아 지역을 넘어 전 세계적으로 급속히 확산되었다. 이 과정에서 싸이의「강남스타일」이 예상치 못한 성공을 거두었고, 최근에는 방탄소년단과 블랙핑크가 전 세계적인 인기를 얻었다. 유튜브와 소셜 미디어를 통해 케이 팝 아티스트들의 온라인 팬덤도 형성되었다. 유튜브는 생산자와 소비자의 구분이 없어진 '생비자'라는 형태의 이용자가 적극적으로 자기가 만든 콘텐츠를 올리는 플랫폼이다. 유튜브 이용자들은 자기가 좋아하는 케이 팝 아티스트들의 노래를 커버 송, 커버 댄스, 커버 플레이, 리액션 비디오, 리믹스 콘텐츠와 같은 파생 콘텐츠로 만들어 다시 유통한다. 이런 참여 문화를 통해 케이 팝의 유통 범위는 증폭되었다.

1. 서론

유튜브는 2005년 첫 서비스를 시작했다. 이용자가 직접 찍은 동영상을 인터넷에 업로드해 다른 이들도 볼 수 있고 댓글도 달 수 있는 이 서비스는 2006년 구글에 인수되었고, 2007년 프랑스 버전을 출시하고 나서 점차 각기 다른 언어로 서비스되며 전 세계적으로 확산했다. 현재는 일부를 제외하면 거의 모든 나라에서 유튜브에 접속할 수 있다. 2020년 기준 약 80개의 언어로 그 이상의 나라에서 유튜브에 접속할 수 있다(Jin, 2020). 우리나라에는 2008년 1월 23일부터 한국어 서비스를 시작했다. 유튜브의 확산과 맞물려 하드웨어로서 스마트폰의 보급이 늘어났다. 기존의 인터넷과 소셜 네트워크 서비스는 이용자가 데스크톱이나 랩톱 컴퓨터를 통해 시청했는데 이용자가 일정한 장소에 머물며 인터넷에 접근해야 했다. 그렇지만 스마트폰을 이용하면 일정한 장소가 아닌 언제 어디서든 인터넷과 유튜브에 접속할 수 있게 되었다. 이로 인해 일반인이 유튜브를 포함해 인터넷을 사용하는 시간이 폭발적으로 증가했다.

한국 대중음악이 국내에서만 생산, 유통, 향유되던 시기에는 오랫동안 가요라는 이름으로 불렸으나 국제적으로 생산, 유통, 향유되는 오늘날에는 케이 팝K-Pop: Korean Popular Music이라는 용어도 자주 사용된다. 케이 팝은 특히 1990년대 이후에 등장한 연예 기획사 시스템에서 오디션과 연습생 시스템을 통해 발굴되고 훈련받은 개인이나 아이돌idol로 불리는 보이 그룹이나 걸 그룹, 드물게 혼성 그룹들이 선보이는 댄스음악을 가리킨다. 이들이 선보이는 댄스음악은 단순히 듣는 음악이 아니라 그들이 추는 춤을 보며 즐기거나 따라 추면서 즐기는 음악이다. 유튜브는 이들의 댄스음악 공연이나 뮤직비디오를 무료로 제공함으로써 접속한 이들이 쉽게 즐길 수 있게 만들었다.

케이 팝이 전 세계적으로 확산하고 성공한 데에는 여러 요인이 복합적으로 작용한 것으로 보인다. 이 장에서는 케이 팝의 세계적 확산과 인기를 유튜브와 유튜브 이용자의 특성과 연결해 논의한다. 먼저 케이 팝의 성공과 유튜브의 관련성을 검토하기에 앞서 시기별로 유튜브가 등장하기 전에 한류의 등장 과정을 간략히 다루고 대중문화의 국제적인 유통 현상을 다루는 이론적 개념들을 검토할 것이다. 다음에 유튜브의 매체 특성과 한류 확산을 팬덤 현상과 참여 문화의 형태로 검토할 것이다.

2. 유튜브 등장 이전의 상황: 미미한 수출과 한류 1.0의 형성

1) 동아시아 문화 권역의 형성

케이 팝은 한류의 일환이다. 한류의 사전적 정의는 "해외에서 선풍적인 인기를 끄는 한국의 대중문화 또는 그런 현상"이다(다음 국어사전). 한류의 등장과 발전에는 국내 대중문화 수준의 향상, 국제적으로는 동아시아를 비롯한 세계 질서의 변화, 인터넷과 소셜 미디어 등 기술의 변화가 복합적으로 작용했다.

한류처럼 특정 국가의 대중문화 산물이 국제적으로 유통되고 그에 따라 문화의 우열 관계나 역학 관계가 형성되는 것은 국제 커뮤니케이션이라는 학문 분야의 주요한 연구 대상이다. 1990년대까지는 이른바 문화 제국주의cultural imperialism 이론의 관점으로 접근했다. 문화 제국주의 이론은 주로 제2차 세계대전 이후에 미국을 중심으로 하는 서구의 문화 산물이 비서구 사회에 일방적으로 전파되는 현상을 비판적으로 고찰했다. 그러다가 미국과 유럽의 문화 산물이 영향력이 큰 것은 사실이지만 일방적으로 전 세계의 대중문화 시장을 지배하는 것은 아니라는 시각이 1990년대부터 나타났다.

존 싱클레어John Sinclair, 엘리자베스 자카Elizabeth Jacka, 스튜어트 커닝험Stuart Cunningham이 제기한 이 주변부적 관점peripheral vision은 비슷한 언어와 문화를 지닌 각 권역별regional로 대중문화가 유통되는 영역이 있으며 그 권역 내부에서 문화 생산의 강자들이 존재한다는 것이다(Sinclair, Jacka and Cunningham, 1996).* 스페인어와 포르투갈어권인 라틴아메리카는 멕시코와 브라질에서 제작된 텔레비전 드라마 시리즈인 텔레노벨라telenovela, 인도양 주변국들은 인도의 볼리우드Bollywood 영화들이 주로 유통된다. 북아프리카와 중동의 이슬람 문화권에서는 이집트와 터키에서 생산된 대중문화가 주로 유통된다.

한국 대중문화는 일차적으로 내수 시장을 목표로 생산되며 현재 해외시장으로는 일차적으로 중화권과 일본 등이 가장 유의미한 시장이다. 한국, 중화권, 일본은 동북아시아 문화권으로 부를 수 있는데 사상으로는 유교, 불교, 도교, 언어로는 한자를 공유한다. 19세기 말 이후로는 제국주의와 식민주의의 경험을 공유하며 다른 권역과 구분되는 비슷한 정서를 지니고 있다(이규탁, 2016b; 이종임, 2018).

• 문화가 생산, 유통되는 지리적 범위의 단위는 영어로 'local', 'regional', 'global'로 크게 구분할 수 있으며 이를 우리말로는 '지역', '권역', '전 지구적(또는 세계적)'으로 옮길 수 있다. 언어가 비슷한 경우는 지리 언어권(geolinguistic), 문화나 역사적 경험이 비슷한 경우는 지리 문화권(geoculture)으로 부를 수 있다(Sinclair, Jacka and Cunningham, 1996). 여기서 'regional'을 '권역'으로 옮기는 것은 한자 문화권, 기독교 문화권처럼 '권(圈)'이 어느 지역을 지칭하는 용례가 있고 'local'을 국내를 의미하는 '지역'으로 옮기면서 의미를 구분할 수 있다.

현대 한국 대중문화의 해외 수출은 크게 세 단계로 구분할 수 있다. 1990년대 이전의 한류 이전 단계, 1990년대 중반 이후 2000년대 중반까지의 한류 1.0 단계, 2000년대 후반부터 지금까지의 한류 2.0 단계다. 그리고 앞으로 새로 등장할 한류는 한류 3.0이라고 부를 수도 있다. 아울러 영화, 텔레비전 드라마, 케이 팝과 같은 대중문화가 아닌 그 밖의 예술 장르나 문화도 해외에 소개되고 공유될 수 있다.

1990년대 이전의 냉전 시기에는 중국을 포함한 옛 사회주의권과는 교류가 없었기에 한국 대중문화가 수출될 수 있는 지역은 일본, 대만, 홍콩 정도에 국한되었다. 국제적으로 수출하고 교류할 수 있는 대중문화는 아시아 태평양 영화제APFF: Asia-Pacific Film Festival를 통해 교류하는 영화 정도였다(Lee, 2014; 이영재, 2019). 한류 현상이 나타나기 전에도 한국의 대중문화는 해외로 수출되었다. 1950년대부터 한국 영화는 각종 해외 영화제를 통해 외국에 소개되었고, 1960년대에는 대만과 홍콩에 꾸준히 수출되었으며, 합작영화를 제작하며 한국 영화인들이 홍콩에서 활약하기도 했다(이영재, 2019). 또한 1980년대에는 텔레비전 애니메이션이 해외로 수출되기도 했다(박장순, 2011). 그러나 이런 영화와 애니메이션의 수출과 합작에 따른 문화적 영향은 그리 크지 않았다. 이 시기에는 일본 대중문화와 홍콩 영화가 동아시아와 동남아시아 지역에서 영향력이 컸다(이와부치, 2004). 우리나라에 수입되는 서구 대중음악도 일본에 있는 에이전트를 통해 수입했고, 홍콩과 대만 노래가 한국에서 인기를 끄는 등 동북아시아의 문화적 정서가 구축되던 시기였다(이규탁, 2016b).

1990년대 이후 사회주의가 몰락하면서 세계 자본주의 체제로 다시 편입되었다. 한국이 중국과 수교하면서 한국의 대중문화가 유통될 수 있는 지리적 범위가 중화권과 동남아시아로 확대되었다. 한류 현상은

1990년대 중반 이후부터 나타났다. 1992년 한중 수교 이후 1995년에 MBC의 드라마 〈사랑이 뭐길래〉, 〈엄마의 바다〉, 〈질투〉, 〈여자는 무엇으로 사는가〉를 중국에 수출했고 좋은 반응을 얻었다. 또한 2000년대 초에 대만, 일본, 동남아시아 지역에 〈겨울연가〉, 〈대장금〉, 〈천국의 계단〉, 〈주몽〉 같은 텔레비전 드라마가 선풍적인 인기를 끌며 한류 현상이 본격화되었다. 한국 영화도 1990년대 후반부터 임권택, 박찬욱, 김기덕, 이창동, 홍상수, 임상수 감독의 영화가 칸·베를린·베니스 영화제 등 세계 일류 영화제의 경쟁 부문에 진출하기 시작했다. 아시아 지역에서는 한국에서 제작한 블록버스터와 대중 영화가 주로 중국, 일본, 동남아시아에 수출되었고, 유명 영화제에 진출한 작품들은 유럽과 미국의 예술영화 시장에서 좋은 평가를 받았다. 이렇게 1990년대 말부터 2000년대 말까지의 기간을 한류 1.0 시기라고 부른다. 앞서 일본과 홍콩의 대중문화가 유통되며 비슷한 문화적 정서가 만들어졌고, 중국이 세계자본주의 체제로 편입되고, 홍콩과 마카오가 중국으로 반환되면서 대만까지 포함하는 중화권이 형성되었다. 이로 인해 동북아시아와 동남아시아가 비슷한 문화 권역으로 구축되었고, 이 권역에 한국 대중문화가 본격적으로 진출하며 주요 대중문화 행위자로 부상하던 시기다.

2010년대 이후는 한류 2.0 시기라고 부를 수 있다. 한류 1.0과 구분되는 중요한 계기는 유튜브와 소셜 미디어의 등장이다. 이미 인터넷이 등장하고 난 뒤라 과거보다 쉽고 빠르게 다른 지역의 정보가 유통되고 있었다. 그런데 유튜브와 소셜 미디어가 출현하면서 수용자의 미디어 사용 방식이 변화했고, 지역적으로는 동아시아 지역을 넘어 다른 권역으로도 한국 대중문화의 유통 범위가 확대되었다. 앞으로 한류는 영화, 드라마, 케이 팝 외에도 다른 문화·예술 분야로 확대될 것으로 기대된

표 6-1 **한류의 전개 양상**

	한류 이전 시기	한류 1.0	한류 2.0
시기	1990년대 이전	1990년대 후반부터 2000년대까지	2010년대 이후
주요 장르	영화, 애니메이션	영화, 드라마	영화, 드라마, 케이 팝
기술과 미디어 플랫폼	• 아날로그 지상파 방송 • 필름 • VHS	• 디지털 미디어, 인터넷의 등장 • 케이블 텔레비전, 위성방송, DVD, 컴퓨터의 상용화	• 소셜 미디어, 유튜브, 스마트폰의 상용화
주요 지역	동북아시아 일부(홍콩, 대만)	동북아시아(일본, 중국), 동남아시아	동아시아 및 전 지구적 확산
주요 작품과 예술가	• 〈씨받이〉(영화, 1986) • 〈날아라 슈퍼보드〉(애니메이션, 1991)	• 〈사랑이 뭐길래〉(드라마, 1991) • 〈대장금〉(드라마, 2003) • 〈올드보이〉(영화, 2003)	• 싸이 • 방탄소년단, 블랙핑크 등 아이돌 그룹
국제 정세	냉전	탈냉전, 세계화	다극화

다. 〈표 6-1〉은 한류의 변화를 시기, 장르, 기술과 미디어 플랫폼, 지역, 작품과 예술가, 국제 정세를 위주로 정리한 것이다.

2) 1990년대 대중음악계의 변화: 듣는 음악에서 보는 음악으로, 기획사와 아이돌 그룹의 등장

이제 논의를 한국 대중가요와 케이 팝으로 좁혀보자. 여기서는 주로 1990년대부터 유튜브가 등장하기 전인 2000년대 중반까지의 흐름을 매체 기술, 대중음악계의 변화, 문화 산업 내의 변화라는 측면에서 살펴본다. 이런 변화에 따라 한국도 1990년대부터 음악의 향유 방식이 '듣는 음악'에서 '보는 음악'으로 바뀌었다. 아울러 이 시기에는 이전과는 다른 본격적인 해외 진출 방식이 등장하기 시작했다.

1990년대 한국 대중음악과 관련된 주요한 매체 기술의 변화로는 음악 전문 텔레비전 채널의 등장, 노래방의 확산, (컴퓨터, 인터넷, MP3를 포함한) 디지털 기술의 등장을 들 수 있다. 1995년에 종합유선방송 서비스가 시작되면서 음악 전문 채널인 KMTV와 엠넷Mnet이 개국했다. 음악 전문 채널이 등장하기 전에 가수들은 라디오와 지상파 방송의 주말 버라이어티쇼나 가요 순위 프로그램에 주로 출연했다. 음악 전문 채널이 등장하자 가수들의 활동 범위가 넓어졌고 음악 전문 채널의 주요 콘텐츠로 뮤직비디오 제작이 활성화되었다. 음악 전문 채널과 뮤직비디오 제작 관행은 1981년 미국 MTV의 뮤직비디오 송출에서 비롯되었다.[*] 1990년대 초에 홍콩을 기반으로 한 위성방송 스타 TV가 방송을 시작했고, 국내에서도 위성방송 수신안테나를 설치하고 스타 TV를 시청하는 가구가 생겨났다. 스타 TV의 음악 전문 채널인 채널 V를 통해 뮤직비디오를 볼 수 있었다.

1980년대 일본에서 개발한 가라오케가 전 세계로 확산되면서 우리나라에도 전해졌다. 가라오케는 우리나라에서 노래 연습장이나 노래방이라는 이름으로 바뀌었다.[**] 한국에서 노래방은 급속도로 보편화되었고 주요한 여가 문화의 하나로 자리 잡았다. 이제 일반인들도 노래방에서 쉽게 노래와 춤을 즐기며 관련 재능을 발전시킬 수 있었다.

- [*] 1981년 방송을 시작한 미국 MTV는 뮤직비디오라는 새로운 영상 장르를 탄생시켰다. 이전의 영상물은 주로 이야기 전개와 이미지 전개가 일치했다. 하지만 뮤직비디오는 아티스트의 퍼포먼스를 주로 보여주기에 이미지 전개에 꼭 이야기가 필요하지 않았다. 뮤직비디오가 등장하며 마이클 잭슨(Michael Jackson)이나 마돈나(Madonna)처럼 댄스음악을 주로 하는 아티스트들이 스타로 급부상했고 듀란 듀란(Duran Duran)이나 컬처 클럽(Culture Club)처럼 시각성이 두드러지는 밴드들이 주목을 받았다.
- [**] 최초로 정식 승인된 노래방은 1991년 부산시 해운대에서 개점한 '하와이비치 노래연습장'이었다(문지현, 2016).

1990년대에 또 다른 주요한 기술적 변화는 음반을 제작하는 기술이 아날로그에서 디지털로 변화한 것이다. 디지털 기술로 재녹음 과정이 훨씬 용이해지고 녹음한 뒤에 음질 보정 작업을 거치면 노래에 서툴러도 잘하는 것처럼 바로잡을 수 있게 되었다. 또한 샘플링 등의 기법으로 기존 음악의 일부를 차용하고 믹싱해 새로운 음악을 만들 수 있게 되었다(이규탁, 2016a). 그리고 CD, 인터넷, MP3가 등장하면서 음악의 유통 범위가 확장되고 유통 속도도 빨라졌다. 다만 불법 다운로드와 같은 현상이 생기면서 음악 산업의 구조가 급격하게 변하게 되었다(이규탁, 2016a).

음악적으로는 1992년에 서태지와 아이들이 등장하며 랩과 댄스음악이 주요한 장르로 부상했다. 서태지와 아이들은 음악 스타일뿐만 아니라 이후에 등장할 아이돌 그룹이 보일 인적 구성의 원조가 되었다. 이 그룹은 노래를 맡은 보컬, 랩을 맡은 래퍼, 댄스를 맡은 댄서로 구성되었는데, 이런 구성과 역할 분담은 그 뒤에 많은 아이돌 그룹의 기본 구성 방식이 되었다. 서태지와 아이들 이후에 듀스, 현진영과 와와, 룰라 등이 등장했고, 1990년대 말에는 H.O.T., 신화, 젝스키스, S.E.S., 핑클 등 1세대 아이돌이 데뷔했다. 아이돌 그룹 외에는 김건모, 박미경, 박진영 등이 흑인음악에 바탕을 둔 댄스음악을 선보였다. 이들과 비슷한 시기에 솔리드, 업타운처럼 해외 교포들이 주축이 된 그룹도 등장하는 등 과거와 달리 해외에서 성장한 세대가 한국 문화 산업계로 진출하면서 한국 대중음악계는 이전보다 훨씬 다국적성과 혼종성이 늘어났다.

1990년대에 산업적으로는 연예 매니지먼트 기획사 시스템이 새로이 등장했다. 1989년에 SM 엔터테인먼트가 설립되고 나서 DSP 미디어, JYP 엔터테인먼트, YG 엔터테인먼트 등이 1990년대에 잇달아 설립되었다. 이 연예 기획사들은 아이돌로 불리는 유명 댄스음악 그룹들을 배출했고, 아이돌을 육성하기 위해 오디션이나 연습생 시스템을 도입했다. 이들 연예 기획사와 아이돌 그룹이 등장하면서 한국 대중음악계는 아이돌을 중심으로 하는 케이 팝으로 바뀌었다(이규탁, 2016b; 이종임, 2018).

이 연예 기획사들은 한국 대중음악계의 구조와 질서를 바꾼 동시에 1990년대 말부터 본격적으로 해외 진출을 시도했다. 이들 전에도 간헐적으로 일부 한국 대중 가수들이 해외 진출을 시도했다. 1980년대에는 트로트 가수인 계은숙과 김연자가 일본에 진출했고, 1990년대 초반에는 댄스 가수 김완선, 1990년대 말에는 클론이 대만에 진출한 적이 있다(김정호·박시은, 2013; 이규탁, 2016b).

1992년 한중 수교로 중국에 한국의 대중문화가 소개되며 한국 대중문화의 유통 범위가 동북아시아와 동남아시아 일부 국가로 확대되었다. 이 시기에 연예 기획사들은 중국과 일본으로 진출했는데, 1세대 아이돌 중 H.O.T와 NRG 등이 중국에서 인기를 얻었고 S.E.S와 보아가 일본에 진출해 좋은 성적을 거두었다. 이 당시 연예 기획사의 해외 진출 전략은 특정 지역의 문화적 특성에 맞추어 활동하는 '현지화'와 해외 출신 멤버를 영입하는 것이었다. 이 시기의 아이돌 스타들은 일본이나 중국 현지에 진출해 현지 방송에 출연하고 공연도 했다. 현지에서 활동하는 동안 국내에서는 활동 공백을 보이게 되었다. 2000년대에 SM 엔터테인먼트의 보아는 자신의 한국어 노래를 일본어로 번안해 불렀고, 동방신기도 일본에서는 '토호신키'라는 현지 이름을 사용했다(이규탁, 2016b; 김정호·박시은, 2013). 2000년대에 걸 그룹 베이비복스가 중국에서 활동하고 우리나라 최초로 태국에 진출했다. 솔로 가수로는 비(정지훈)가 동북아시아와 동남아시아에서 인기를 얻는 등 한국 가수의

표 6-2 **한국 대중가요와 케이 팝의 권역, 음악 유형, 매체 기술 및 산업구조의 변화**

시기	1990년대 이전	2010년 이전	2010년 이후
권역	국내 시장, 일부 일본 진출	국내 시장	국내 시장
	-	동북아시아, 동남아시아	동북아시아, 동남아시아
	-	-	유럽, 아메리카, 중앙아시아, 남아시아, 오세아니아
음악 유형	• 트로트, 발라드, 록, 포크 • 듣는 음악	• 댄스, R&B, 1세대 아이돌 • 보는 음악	• 댄스, 2세대 아이돌 • 보는 음악
매체 기술 산업구조	라디오, 음반, 워크맨, 카세트테이프, CD, 지상파 방송	유선방송, 위성방송, 기획사의 등장, 노래방, 뮤직비디오, PC 기반의 컴퓨터, 인터넷, MP3	스마트폰, 소셜 네트워크 서비스(유튜브, 트위터, 페이스북, 인스타그램)

활동 범위가 동남아시아까지 확대되었다. 유튜브가 등장한 뒤에도 일부 연예 기획사는 현지화 전략을 시도했다. 2009년에 원더걸스가 미국 진출을 시도했고 2011년에 카라, 시크릿, 애프터스쿨 등이 일본 시장에 대거 진출을 시도했던 것이 그 예다. 현지화 전략과 함께 연예 기획사들은 아이돌 그룹에 해외 교포들이나 아시아 출신 외국인들을 영입해 해당 지역에 진출하고자 했다. 주로 중화권, 일본, 태국 출신 연습생들이 거대 기획사의 아이돌 그룹에 포함되었다.

〈표 6-2〉에서는 케이 팝의 권역, 음악 유형, 매체 기술 및 산업구조의 변화를 정리했다. 1990년대 이전에 케이 팝은 주로 국내에서만 유통되었으나 1990년대 후반부터 2000년대 중반까지는 매체 기술과 산업구조의 변화에 힘입어 동북아시아와 동남아시아까지 범위가 확대되었다. 2010년대 이후에는 유튜브와 인터넷의 전 지구적 보급으로 케이 팝의 영향력이 아시아에만 국한되지 않고 유럽, 오세아니아, 아메리카로 확대되었다.

3. 유튜브의 매체적 특성과 케이 팝의 확산

대중문화 콘텐츠의 국제 유통과 인적 교류를 위한 장으로 관련된 국제 문화 행사가 개최된다. 가령 영화와 텔레비전 콘텐츠는 국제시장에서 영화의 상영권, 방영권, 리메이크권이 거래된다. 텔레비전 콘텐츠는 국제 견본을 할 때 MIPTVMarché International des Programmes de Télévision라는 시장에서 방영권과 포맷을 거래하며, 영화는 국제 영화제 행사의 일환인 필름 마켓이나 아메리칸 필름 마켓AFM: American Film Market에서 국가별 상영권과 리메이크권을 거래한다. 이때 해외 수입사들은 자국 시장에서의 성공 가능성과 한국에서의 흥행 성적이나 시청률을 중시한다(박장순, 2011).

대중음악의 경우 1967년부터 MIDEMMarché International du Disque et de l'Edition Musicale이라는 세계적인 음악 박람회가 프랑스 칸에서 개최되었다. 유튜브가 등장하기 전에 한국은 주로 일본에 있는 영미권 음반 회사의 에이전트를 통해 라이선스를 수입했다(이규탁, 2016b). 이때 어떤 콘텐츠가 현지에서 반응이 좋으면 해당 콘텐츠가 본국에서 반응이 좋지 않더라도 콘텐츠 제작자에게 만들게 해서 수입하기도 한다. 미국보다 한국과 일본에서 인기가 좋았던 발라드 계열의 팝송이 그 사례다.

과거에는 대중음악 분야에서 미국 시장이 가장 컸고 영미권 팝 음악의 영향력이 가장 컸다. 영어가 아닌 언어로 만든 대중음악은 미국 시장에서 자리 잡기가 어려웠다. 미국 서남부의 라틴 문화권을 중심으로 스페인어 음악이 유의미하게 유통되었지만 기본적으로는 영어 가사로 된 대중음악이 중심이었다. 일반 라디오 방송에서 영어가 아닌 언어로 된 음악을 방송하는 경우는 드물었고(이지행, 2019), 그런 상황에서 대중문화와 관련된 주요 기구인 빌보드 차트Billboard chart에 한국 대중음

표 6-3 문화 상품의 국제적 유통 경로

문화 상품	유통 경로	평가 지표
영화, 드라마, 애니메이션	생산자 → 국제시장 → 현지 매체 → 해외 수용자	순위 (시청률, 흥행 성적)
케이 팝	생산자 → 유튜브 → 해외 수용자	조회 수, 구독자 수

악이 순위에 오르거나 MTV에서 한국 뮤직비디오를 방영하지는 않았다. 그 결과 유튜브가 다른 문화권의 음악이나 콘텐츠를 접할 수 있는 일종의 대안적 매체가 되었다.

〈표 6-3〉은 유튜브가 등장하기 전에 문화 상품의 국제적 유통 경로와 유튜브를 통한 유통 경로를 비교한 것이다. 유튜브 등장 이전에 문화 상품은 생산자에서 수용자까지 국제시장에서 거래되어 수입사에 의해 유통되는 2단계를 거쳤지만, 유튜브는 생산자로부터 직접 수용자에게 도달할 수 있게끔 만들었다.* 수용자는 문화 콘텐츠를 수동적으로 관람하거나 청취하는 것은 물론 적극적으로 관련된 파생 콘텐츠를 만들기도 한다. 이른바 팬진fan magazine(팬이 만든 잡지)이나 팬픽fan fiction(팬이 만든 2차 창작 소설)이 이런 종류의 파생 콘텐츠다. 유튜브가 등장한 뒤에 커버 댄스, 커버 송, 리액션 비디오와 같은 파생 콘텐츠를 만들어 유튜브에 업로드하면서 유튜브 이용자는 콘텐츠를 소비하는 동시에 생산하는 '생비자'가 되었다. 이런 파생 콘텐츠는 원래 콘텐츠의 유통 범위를 증폭한다. 여기서는 유튜브의 매체 특성을 확장성과 수용자의 참여 문화로 구분하고, 이 특성이 케이 팝의 확산과 증폭에 어떤 관련이 있는지 논의한다.

---

* 유튜브가 대중음악의 국제적 유통 단계를 단축했듯이, 넷플릭스를 위시로 하는 전 지구적 OTT 서비스가 영화, 텔레비전 드라마, 애니메이션, 다큐멘터리 등 콘텐츠의 국제적 유통 단계를 단축했다.

1) 유튜브의 공간 확장성

해럴드 이니스Harold Innis는 매체를 시간 편향적 매체와 공간 편향적 매체로 나누었다. 시간 편향적 매체는 대체로 내구성이 좋아 역사적 기록을 남기기 수월한 대신에 무게가 무거워 운반이 어렵다는 단점이 있다. 비석이나 벽화가 대표적인 시간 편향적 매체다. 시간 편향적 매체를 통해 인류는 특정 지역의 문화를 후대로 전승할 수 있었고 해당 지역의 문화적 특수성을 간직할 수 있었다(Innis, 1951).

공간 편향적 매체는 내구성이 약해 오래 지속되지 못하는 단점이 있지만 가벼워 수송에 용이하고 멀리 보낼 수 있다는 특성이 있다. 공간 편향적 매체를 통해 한 지역의 정치적·문화적 영향력을 다른 지역으로 확대한다. 19세기 이후에 유럽의 기술혁신, 즉 전신, 전보, 전화, 라디오, 텔레비전의 발전은 대체로 이런 공간 편향적 매체의 발전과 관련이 있다. 그래서 시간 편향적 매체는 문화와 사회적 영향력의 분권화와 밀접히 관련 있고, 공간 편향적 매체는 특정 지역의 문화가 다른 지역으로 전파되어 다른 지역이 복속되는 중앙집권화의 경향을 띤다.

유튜브의 기반이 되는 인터넷도 이런 공간 편향성을 띤다. 20세기 말에 세계화의 기술적 하부구조는 이런 공간 편향적 매체의 발달과 밀접하게 관련 있고, 이는 21세기 인터넷과 유튜브의 보급과 확산으로 이어진다. 〈표 6-4〉는 2005년부터 2019년까지 전 세계적으로 인터넷 이용자가 약 11억 명에서 약 40억 명으로 늘어났음을 보여준다.

〈표 6-5〉는 유튜브, 페이스북, 트위터, 구글플러스Google+, 인스타그램 등 영어권에서 개발된 소셜 미디어의 서비스 개시 연도부터 2019년까지 증가 추세를 요약했다. 유튜브는 2005년에 서비스를 시작할 때는 약 195만 명이 사용했으나 2019년에는 전 세계적으로 약 19억 명으로

표 6-4 **전 세계 인터넷 이용자 수와 비율** (단위: 년, 명, %)

연도	인터넷 이용자 수	인터넷 이용자 비율
2005	11억	17
2006	12억	18
2007	14억	21
2008	16억	23
2009	18억	26
2010	20억	29
2011	22억	32
2012	25억	35
2013	27억	37
2014	28억	39
2015	30억	41
2016	33억	44
2017	35억	46
2018	37억	49
2019	40억	51

자료: 국제전기통신연합(International Telecommunication Union).

표 6-5 **전 세계 주요 소셜 미디어의 이용자 수와 증가율** (단위: 년, 명, %)

소셜 미디어 (개시 연도)	개시 연도 이용자 수	2019년 이용자 수	증가	증가율
유튜브(2005)	195만	19억	19억	9만 7520
페이스북(2008)	1억	23억 8000만	22억 7000만	2275
트위터(2010)	4325만	3억 3000만	2억 8675만	663
구글플러스(2012)	1억 732만	4억 3000만	3억 2268만	301
인스타그램(2013)	1억 1750만	10억	8억 8200만	751

자료: Our World In Data.

이용자가 폭증했고 증가율은 9만 7520%였다. 페이스북은 2008년 시작할 당시 약 1억 명이 사용했으나 2019년에는 약 23억 8000만 명으로 늘었다.

공간 편향성과 관련해 진달용은 애플Apple, 마이크로소프트Microsoft, 구글, 아마존Amazon, 페이스북 등 인터넷과 소셜 미디어 기업들이 주로 서구 선진국에서 출발했고 전 세계적으로 확산한 현상을 비판적으로 검토하며 '플랫폼 제국주의platform imperialism'라고 명명했다(Jin, 2020). 20세기 후반부에 서구가 세계 미디어와 대중문화계를 지배하는 모습을 검토하는 담론은 문화 제국주의와 미디어 제국주의로 이론화되었고, 21세기 초에는 플랫폼 제국주의가 뒤를 이었다. 미디어 제국주의와 문화 제국주의론에서는 서구 선진국의 미디어 서비스가 비서구 지역에 도입되면서 서구 선진국의 문화도 비서구 지역에 지대한 영향을 끼치게 된다고 설명한다. 그런데 플랫폼 제국주의 단계에서 나타난 케이 팝의 전 세계적인 부상은 이전의 서구 선진국에서 비서구 개발도상국으로 문화가 일방적으로 전파되는 흐름과는 다른 문화 유통과 순환 현상이 발견된다. 이전에 문화가 전파되는 방식이 서구에서 비서구로 일방적이었다면 이제는 인터넷과 유튜브라는 네트워크를 통해 문화가 여러 개의 중심에서 여러 방향으로 확산하는 다극화된 체제가 되었다. 기존의 공간 편향적 매체가 일방적으로 정보를 전달하는 특성이 있었다면 인터넷, 유튜브, 소셜 미디어는 정보를 교환하고 공유하는 기능을 하고 있기 때문이다.

2005년 유튜브가 등장하자 국내 연예 기획사들은 비교적 빠르게 유튜브 채널을 개설해 자기 회사 소속 아티스트들의 뮤직비디오나 공연 영상을 올렸다. 〈표 6-6〉은 국내 주요 연예 기획사와 방송국의 유튜브 개설 시기와 현재까지의 구독자 수, 조회 수를 정리한 것이다. 2010년 이전에 DSP 미디어, SM 엔터테인먼트, YG 엔터테인먼트, JYP 엔터테인먼트 등이 유튜브 채널을 만들었고 그 밖의 연예 기획사들도 2010년대 초반에 개설했다. 각 연예 기획사에 속한 연예인과 스타의 규모에

표 6-6 **국내 주요 연예 기획사와 음악 방송의 유튜브 채널 정보**   (단위: 만 명, 회)

기획사 유튜브 채널	개설 연도	구독자 수	조회 수
〈DSPmedia〉	2005.12.12	31.6	1억 9510만
〈SMTOWN〉	2006.03.19	2730	207억 3890만
〈YG ENTERTAINMENT〉	2008.01.18	622	160억 580만
〈JYP Entertainment〉	2008.01.25	2070	128억 1530만
〈HYBE LABELS〉	2008.06.04	5460	161억 9170만
〈1theK (원더케이)〉	2011.01.31	2280	198억 2970만
〈TSENT2008〉	2011.03.17	85.2	3억 7760만
〈Brave Entertainment〉	2011.06.21	32	9160만
〈MBK Entertainment〉	2012.02.24	68.2	3억 7700만
〈United CUBE〉	2012.08.01	233	7억 600만
〈FNCEnt〉	2013.04.23	140	2억 8510만
음악 방송 유튜브 채널	개설 연도	구독자 수	조회 수
〈SBS KPOP〉	2011.02.17	564	35억 5400만
〈MBCkpop〉	2011.12.14	930	71억 70만
〈KBS Kpop〉	2011.12.18	604	43억 4150만
〈Mnet K-POP〉	2013.12.23	821	87억 5700만

주: 2021년 5월 21일 기준.
자료: 각 기획사와 방송사별 유튜브 채널.

따라 구독자 수와 조회 수가 차이가 남을 알 수 있다. 가령 가장 먼저 유튜브 채널을 개설한 곳은 DSP 미디어지만, 현재 국내 대형 기획사인 SM 엔터테인먼트, YG 엔터테인먼트, JYP 엔터테인먼트, HYBE, 카카오 엔터테인먼트의 구독자 수와 조회 수가 높다.

이들이 유튜브 채널을 개설한 2000년대 말에는 2세대 아이돌인 원더걸스, 소녀시대, 카라, 레인보우, 2NE1, 티아라, 시크릿, f(x), 미쓰에이, 2PM, 슈퍼주니어, 비스트, 엠블랙이 활동을 시작했다. 2010년대 초·중반에는 3세대 아이돌인 방탄소년단, 엑소, 인피니트, AOA, 씨스타, 걸스데이, 마마무, 레드벨벳, 트와이스, 블랙핑크 등이 등장했다. 그래서 2세대 아이돌들은 신곡의 음원과 CD를 발표하거나 라디오에서 방

표 6-7 **주요 국내 아티스트들의 유튜브 채널 정보** (단위: 만 명, 회)

아티스트	유튜브 채널	채널 개설 연도	구독자 수	조회 수
빅뱅	〈BIGBANG〉	2005.10.10	1360	65억 4110만
2NE1	〈2NE1〉	2006.12.01	524	1900만
소녀시대	〈GIRLS' GENERATION〉	2007.09.29	238	1억 183만
싸이	〈officialpsy〉	2010.10.04	1490	84억 5400만
방탄소년단	〈BANGTANTV〉	2012.12.17	4970	99억 9960만
마마무	〈MAMAMOO〉	2014.05.30	573	14억 6340만
레드벨벳	〈Red Velvet〉	2014.07.23	400	4억 9850만
블랙핑크	〈BLACKPINK〉	2016.06.29	6120	176억 50만
아이유	〈이지금 [IU Official]〉	2017.02.13	608	7억 6000만

주: 2021년 5월 21일 기준.
자료: 각 아티스트별 유튜브 채널.

송하는 등의 활동과 함께 자체 유튜브 채널을 개설해 신곡과 뮤직비디오를 발표했다. 〈표 6-7〉은 2세대와 3세대 주요 아이돌 그룹과 아티스트들의 유튜브 채널이다. 과거에는 신곡을 발표하고 국내에서 인기를 끈 뒤에 외국에 소개하는 단계를 밟았다면 지금은 유튜브를 통해 국내외를 대상으로 동시에 신곡을 발표하는 전략을 쓰고 있다.

유튜브의 조회 수가 아티스트와 곡의 인기를 평가하는 주요 지표가 되면서 유튜브의 조회 수를 측정하는 웹 사이트인 케이팝 레이더K-Pop Radar가 2019년에 생겼다. 케이팝 레이더는 아티스트와 뮤직비디오별로 유튜브 조회 수, 트위터 팔로워 수, 인스타그램 팔로워 수, 팬 카페 가입자 수를 실시간, 일간, 주간, 월간으로 집계해 발표한다. 〈표 6-8〉은 케이팝 레이더가 집계한 주요 아티스트들의 히트 곡의 조회 수 순위를 선별한 것이다. 표를 보면 싸이의 「강남스타일」이 2012년에 발표된 이래 조회 수 40억 회 이상으로 1위를 유지하고 있고, 그 아래로 2010년대 후반에 발표된 곡들이 비교적 높은 순위에 있음을 알 수 있다. 발표한 지 10년이 넘었지만 여전히 조회 수가 높은 2세대 아이돌

표 6-8 **주요 국내 아티스트들의 히트 곡의 유튜브 조회 수 순위**   (단위: 회)

순위	아티스트	곡	발표일	조회 수
1	싸이	「강남스타일」	2012.07.15	40억 6400만
2	블랙핑크	「뚜두뚜두」	2018.06.15	15억 8400만
5	방탄소년단	「DNA」	2017.09.18	12억 7000만
22	트와이스	「TT」	2016.10.24	5억 8200만
36	엑소	「LOVE SHOT」	2018.12.13	4억 1100만
52	2NE1	「내가 제일 잘 나가」	2011.06.28	2억 9100만
57	소녀시대	「Gee」	2009.06.08	2억 7300만
62	ITZY	「달라달라」	2019.02.11	2억 6000만
72	스트레이 키즈	「神메뉴」	2020.06.17	2억 2900만
135	슈퍼주니어	「Sorry, Sorry」	2009.06.08	1억 3300만
315	빅뱅	「거짓말」	2008.10.03	6500만

주: 2021년 5월 21일 기준.
자료: 케이팝 레이더(K-Pop Radar).

들의 노래로는 2NE1의 「내가 제일 잘 나가」, 소녀시대의 「Gee」, 슈퍼주니어의 「쏘리 쏘리」 등이 있다.

　유튜브의 공간적 확장성과 관련해 2010년대에 나타난 케이 팝의 흥미로운 사례는 원더걸스의 미국 진출, 싸이의 「강남스타일」, 방탄소년단과 블랙핑크의 전 세계적인 인기다. 우선 원더걸스의 사례를 보자. 원더걸스는 2007년 「Tell Me」가 성공하며 본격적인 2세대 아이돌의 시대를 열었다. 2007년부터 2009년까지 소녀시대와 라이벌 구도를 형성하며 정상의 인기를 누렸고, 2009년 발표한 「Nobody」는 우리나라 대중음악 그룹으로는 처음으로 미국 빌보드 핫 100Billboard Hot 100 차트에서 76위를 기록했다(안진용, 2020.10.20). JYP 엔터테인먼트는 기존에 아이돌 그룹들이 주로 아시아 지역으로 진출하던 현지화 전략을 미국으로 확장해 미국에 지사를 세우고 원더걸스의 주요 활동 무대를 미국으로 옮겼다. 미국에서 원더걸스는 조나스 브러더스Jonas Brothers(미국의 유명 보이 그룹)의 순회공연에서 오프닝 공연을 주로 담당하며 활동했다. 원더걸스가 미국에서 활동하는 동안 한국에서는 공백기를 가지게 되었다. 원더걸스의 공백은 카라와 티아라 등 다른 걸 그룹이 메꾸게 된다. 이 시기에 소녀시대는 국내를 기반으로 활동하면서 새로 발표한 곡을 SM 엔터테인먼트의 유튜브 계정에 올리며 꾸준히 아시아 지역과 그 밖에 지역으로 팬덤을 확대해 나갔다. 앞의 케이팝 레이더 통계에서도 두 아이돌 그룹의 위상을 조회 수 순위로 확인할 수 있다. 소녀시대의 노래는 2021년 5월 21일 기준으로 100위권 안에 세 곡(「Gee」, 「The Boys」, 「I GOT A BOY」)이 있는 반면 원더걸스의 대표 곡들은 400위권 밖에 있다.

2012년에는 싸이의 「강남스타일」이 전 세계를 강타했다. 발표한 지 52일 만에 유튜브 조회 수 전 세계 1억 회를 돌파했고, 미국 아이튠스 iTunes에서 다운로드 순위 1위를 차지했다. 이어 미국 빌보드 핫 100 차트에서도 7주 연속 2위를 차지했다. 싸이와 소속사 YG 엔터테인먼트는 특별히 해외 진출을 염두에 두지 않았고 기발한 전략을 구사하지도 않았지만, 유튜브상에서 뮤직비디오 조회 수는 폭등했고 팬들이 만든 각종 패러디 영상이 유튜브에 올라와 전 세계적으로 확산되었다. 다만 「강남스타일」은 높은 유튜브 조회 수와 아이튠스 다운로드 순위 1위에도 불구하고 빌보드 핫 100 차트 1위는 차지하지 못했다. 이는 「강남스타일」이 미국에서 라디오 방송이 되지 않았기 때문이다. 결국 「강남스타일」의 사례가 있은 뒤에 2013년부터 빌보드 핫 100 차트는 유튜브 조회 수도 집계해 합산하는 방식으로 바뀌었다.•

• 빌보드 차트도 디지털 기술의 발전과 비영어권 대중음악의 영향력 확대에 따라 순위 집계 방식을 계속 바꾸었다. 2010년에는 미국 내에서 판매된 외국 대중음악을 집계하는 월드 디지털 송 판매 부문이 신설되었고, 2011년 8월 25일에는 케이

빌보드 차트가 미국 내 순위 차트에서 출발해 나라별 순위, 새로운 장르와 범주별 순위를 신설한 것과 비슷하게 유튜브도 2017년부터 자체적으로 국가별로 아티스트들의 뮤직비디오를 조회하는 데이터를 집계해 유튜브 뮤직 차트YouTube music charts를 만들었다. 유튜브 뮤직 차트는 유튜브상의 뮤직비디오 조회 수를 기준으로 글로벌 100 차트와 국가별 100 차트를 제공한다.

이 차트의 조회 수와 순위를 보면 케이 팝의 전 세계적 인기를 알 수 있다. 해당 차트상에서 특정 권역에 국한되지 않고 아시아, 아메리카, 유럽에서 고루 발견되는 한국 아이돌 그룹은 보이 그룹 방탄소년단과 걸 그룹 블랙핑크다. 〈표 6-9〉를 보면 방탄소년단이 유튜브에서 4주간 (2021년 5월 21일 기준) 조회 수 상위 10위를 차지한 전 세계 주요 도시와 국가를 알 수 있다. 〈표 6-10〉은 한국을 제외한 국가별 순위, 차트에 머무른 기간, 주간 조회 수를 볼 수 있다.

〈표 6-11〉은 블랙핑크가 유튜브에서 4주간(2021년 5월 21일 기준) 조회 수 상위 10위를 차지한 도시와 국가를 보여준다. 〈표 6-12〉는 한국을 제외한 주요 국가별 순위, 차트에 머무른 기간, 주간 조회 수를 정리했다. 블랙핑크 역시 아시아에 국한되지 않고 다른 권역에서도 인지도와 인기가 있음을 알 수 있다.

팝을 집계하는 빌보드 케이 팝 핫 100(Billboard K-Pop Hot 100) 차트를 신설했다.

표 6-9 방탄소년단의 유튜브 4주간 조회 수 상위 10개 도시와 국가 (단위: 회)

순위	도시	4주간 조회 수	국가	4주간 조회 수
1	서울	1810만	일본	1억 400만
2	방콕	1480만	인도	8790만
3	자카르타	1330만	인도네시아	6830만
4	리마	1150만	멕시코	6230만
5	멕시코시티	795만	미국	5970만
6	케손시티	779만	필리핀	5150만
7	쿠알라룸푸르	717만	한국	4490만
8	수라바야	684만	브라질	3780만
9	반둥	512만	태국	3380만
10	호찌민	495만	베트남	2250만

주: 2021년 5월 25일 기준.
자료: 유튜브 뮤직 차트(YouTube music charts).

표 6-10 방탄소년단의 주요 국가별 유튜브 순위와 주간 조회 수 (단위: 회)

국가	자국 내 순위	차트 지속 기간	주간 조회 수
일본	1	243주	2230만
멕시코	21	220주	1380만
인도	90	40주	1350만
미국	46	240주	1120만
브라질	78	240주	853만
터키	31	210주	355만
프랑스	47	233주	236만
독일	24	240주	173만
러시아	32	243주	161만
영국	38	239주	146만
이탈리아	64	98주	135만
캐나다	14	243주	128만
호주	23	243주	69.7만

주: 2021년 5월 22일 기준.
자료: 유튜브 뮤직 차트.

표 6-11 **블랙핑크의 유튜브 4주간 조회 수 상위 10개 도시와 국가** (단위: 회)

순위	도시	4주간 조회 수	국가	4주간 조회 수
1	방콕	1770만	인도	4600만
2	서울	863만	인도네시아	4500만
3	자카르타	840만	태국	3890만
4	이스탄불	732만	필리핀	3650만
5	쿠알라룸푸르	703만	멕시코	3540만
6	리마	689만	브라질	3150만
7	호찌민	630만	터키	2870만
8	케손시티	529만	미국	2760만
9	멕시코시티	468만	베트남	2630만
10	수라바야	431만	한국	2020만

주: 2021년 5월 21일 기준.
자료: 유튜브 뮤직 차트.

표 6-12 **블랙핑크의 주요 국가별 유튜브 순위와 주간 조회 수** (단위: 회)

국가	자국 내 순위	차트 지속 기간	주간 조회 수
멕시코	61	57주	753만
브라질	97	99주	663만
일본	23	240주	341만
칠레	86	142주	116만
러시아	63	161주	101만
영국	81	65주	93.8만
뉴질랜드	60	164주	91.3만
덴마크	56	86주	88.6만
캐나다	45	127주	76.7만
호주	59	168주	44.8만

주: 2021년 5월 22일 기준.
자료: 유튜브 뮤직 차트.

표 6-13 **지역별 음악 산업의 수출 현황(2008~2018년)** (단위: 달러, %)

	2008년	2012년	2016년	2018년	2018년 비중
일본	1121.5만	1억 8951.2만	2억 7729.2만	3억 6733.5만	65.1
중화권	184.4만	880.6만	9836.2만	1억 1196.2만	19.8
동남아시아	256.9만	3114.6만	5587.6만	6938.6만	12.3
북아메리카	34.6만	85.7만	210.5만	715.1만	1.3
유럽	29.6만	423.1만	624.7만	703.8만	1.2
기타	19.8만	54.5만	268.4만	136.4만	0.2
합계	1646.8만	2억 3509.7만	4억 4256.6만	5억 6423.6만	100.0

자료: 한국콘텐츠진흥원(2011, 2014, 2019) 종합.

유튜브의 글로벌 100 차트를 보면 인구가 많은 인도 출신 아티스트들이 높은 순위를 차지하고 있다. 국가별 100 차트 역시 대부분 자국 출신의 유명 아티스트들이나 영미권의 유명 아티스트들이 포진해 있다. 그런 점을 고려하면 방탄소년단과 블랙핑크가 비교적 많은 국가에서 인기 순위를 확보하고 있음을 알 수 있다.

유튜브를 통해 케이 팝의 인지도가 높아지면서 케이 팝의 수출량도 늘었고 해외의 케이 팝 동호회도 늘어났다. 〈표 6-13〉은 한국 대중음악의 권역별 수출 현황을 2008년부터 4년 단위로 정리한 자료에 2018년의 현황을 추가한 것이다. 연간 수출 총액은 2008년에 1646만 8000달러에서 10년 뒤인 2018년에 5억 6423만 6000달러로 증가했다. 권역별로 보면 중화권, 일본, 동남아시아가 대부분(2018년 기준 97.2%)을 차지하고 있지만 북아메리카와 유럽에서 수출 증가세가 큼을 알 수 있다. 북아메리카는 34만 6000달러(2008년)에서 715만 1000달러(2018년)로 2000% 이상, 유럽은 29만 6000달러(2008년)에서 703만 8000달러(2018년)로 2500% 이상의 증가세를 보였다.

2) 유튜브와 참여 문화

여기서는 유튜브 이용자들이 유튜브를 어떻게 활용하는지의 측면을 살펴본다. 일방적으로 정보를 전달하는 텔레비전이나 라디오와 달리 인터넷과 유튜브는 쌍방향 통신이 가능하다. 유튜브 이용자는 자신이 직접 만든 콘텐츠를 올릴 수 있고 유튜브 동영상에 댓글을 달 수 있다. 이용자들이 서로 의견을 주고받고 때로는 논쟁을 벌이기도 하는 등 일종의 정서적 공동체가 형성된다. 이런 이용자의 적극적인 정서적 개입과 그에 따른 활동은 팬덤과 참여 문화라는 개념으로 접근할 수 있다.

팬덤은 종교적 광신을 의미하는 'fanatical'에서 나온 '팬fan'과 상태와 영역을 가리키는 접미사 '덤-dom'의 합성어다. 어떤 대상이나 인물을 열정적으로 좋아하는 개인은 팬이고, 비슷한 취향과 관심을 가진 사람들이 모인 하위문화나 공동체가 팬덤이다. 따라서 팬덤은 강한 소속감과 정서적 연대감을 보여준다. 베네딕트 앤더슨Benedict Anderson이 말한 상상적 공동체imagined community는 국가와 민족에만 적용되는 것이 아니라 국내든 초국적이든 팬덤에도 적용된다. 존 피스크John Fiske가 팬덤의 일반적 특성을 본격적으로 이론화했고 헨리 젱킨스Henry Jenkins는 피스크의 팬덤 이론을 발전시켜 온라인상에서 참여 문화의 특성을 설명했다.

피스크는 성별, 인종, 나이, 계급의 범주로 볼 때 열세에 있는 계층이 지배적인 가치 체계에서 멸시받는 대중문화를 자신들의 문화로 수용하는 현상을 팬덤이라고 설명한다(Fiske, 1988; 심두보·노광우, 2012). 피스크는 팬덤의 주요한 특성으로 '차별과 구별', '생산성과 참여', '자본축적'을 든다. '차별과 구별'은 자기와 같은 팬인지 아닌지를 확실하게 구분하는 행위를 의미한다. 특정 대상에 대한 팬이라는 정체성을 가

짐으로써 자신감과 자부심을 품게 된다. 아울러 선호하는 관련 텍스트에서 그 텍스트다움을 잘 보여주는 정전canon인지 아닌지를 구분하는 행위도 포함된다.

피스크는 '생산성과 참여'와 관련해서는 팬들의 활동을 기호적 생산성semiotic productivity, 언술 행위적 생산성enunciative productivity, 텍스트적 생산성textual productivity으로 구분한다. 기호적 생산성은 자기가 좋아하는 문화 상품의 기호적 자원을 이용해 자기의 사회적 정체성을 생성하는 것을 뜻한다. 기호적 생산성으로 생성된 팬의 정체성은 자기 내면에 형성되는데, 주위 사람들과 대화와 교류를 통해 자기 정체성과 취향을 외부로 표현하고 대화 공동체를 만드는 것이 언술 행위적 생산성이다. 그다음에 팬들끼리 유통하는 텍스트를 만들어내는 것이 텍스트적 생산성이다. 이런 텍스트적 생산성의 예가 팬진, 팬픽과 같은 파생 콘텐츠를 만들거나 좋아하는 작품을 함께 감상하는 감상회를 개최하는 일 등이다.

'자본축적'은 스타와 텍스트에 대한 지식과 경험을 축적하는 것이다. 스타와 텍스트에 대한 지식과 경험이 많은 팬이 팬 집단 안에서 더 많은 위세와 권력을 가지게 된다. 아울러 문화 자본의 축적은 물질적으로는 관련된 물품을 수집하는 행위로 나타난다. 문화 산업에서는 이들 팬이 관련된 파생 상품을 소화하는 부가적인 동시에 주요한 시장이며, 시장 동향과 소비자의 선호도에 대한 피드백을 확인할 수 있다. 피스크가 거론한 팬덤의 일반적 특성은 방탄소년단이 가진 전 세계적 팬덤에서도 쉽게 발견할 수 있다.

젱킨스는 미국의 유명 SF 드라마 '스타 트렉Star Trek' 시리즈의 팬들의 특성을 검토했다. 이 팬들이 원래 텔레비전 텍스트와 다른 의미를 지닌 파생 텍스트를 생산, 유통, 소비하는 행위를 미셸 드 세르토Michel de Certeau의 '밀렵poaching'이라는 용어를 빌려 자신들에게 재미있고 필요한 것들만 사냥해 가는 모습을 '텍스트 밀렵textual poaching'이라고 불렀다. 드 세르토가 볼 때 미디어 소비는 텍스트 콘텐츠를 재활용해 자기 것으로 만드는 일이라고 젱킨스는 설명한다(Jenkins, 2008; Noh, 2014). 젱킨스는 권력이 없는 하위 집단들이 "팬덤을 통해 자기들의 문화적 관심사를 대표하는 유력한 공간을 마련할 수 있다. 개인적 공명을 사회적 상호작용으로, 관람 문화를 참여 문화로 전환하는 저력이 팬덤의 주요한 특징 중 하나"라고 설명한다(Jenkins, 2008: 61~63). 젱킨스는 "팬들은 팬덤에 입문함으로써 사회적·문화적 고립에서 벗어난다. 소속감을 느낄 수 있는 커뮤니티에 능동적으로 참여하는 것이 팬덤의 기본이며 팬 네트워크에 참여함으로써 자존감과 자긍심을 일부 되찾기도 한다"(63)라고 했다.

팬들의 온라인 참여 문화와 쌍방향성에 관해 젱킨스는 피에르 레비Pierre Levy의 '집단 지성collective intelligence' 개념을 인용한다. 젱킨스에 따르면 레비는 (유튜브의 기반인) 인터넷과 웹이 다대다 커뮤니케이션을 가능하게 만들면서 지식의 '탈영역화'를 이루어내고 수용자들의 참여를 더욱 확대하고 새로운 형태의 시민권과 공동체가 등장하는 현상을 검토했다. 젱킨스는 지리적 구분이 무의미해지고 기존의 조직·사회·집단과 국가권력에 대한 개인의 충성심이 줄어드는 대신에 공통의 관심사와 정서적 투사를 하는 개인들이 필요에 따라 여러 공동체를 옮겨 다니거나 아니면 여러 공동체에 동시에 소속될 수도 있지만 지식을 함께 생산하고 상호 교환함으로써 오히려 이 공동체 안의 결속력은 커질 수 있다고 보았다(Jenkins, 2008). 팬덤과 팬 공동체는 지리적 공간이 아니라 연대감을 기준으로 구성원을 정의하는데 인터넷에 등장한 온라인 팬 공동체는 이런 팬들끼리의 커뮤니케이션을 더 빠르게 만들었고 팬덤의 확장을 촉진했다.

젱킨스는 디지털 미디어가 등장하면서 세계 시민주의와 전 지구적 차원의 지식 교류가 가능해졌다고 본다. 그는 팬 커뮤니케이션의 범위가 확장된 예로 1990년대와 2000년대에 일본 애니메이션이나 홍콩 영화로 형성된 미국의 팬덤이 관련 지식을 얻고자 인터넷의 국제 통신망을 더 적극적으로 탐험했던 사례나 일본 팬들이 자국의 애니메이션을 미국에 더 많이 유통하기 위해 관련 정보나 일본의 문화적 배경에 대한 설명을 제공한 결과 서구 팬들이 일본어와 일본 문화에 대해 더 잘 이해하게 된 사례를 든다.

또한 젱킨스는 대중문화의 세계 시민주의가 기업형 미디어 컨버전스media convergence와 풀뿌리 미디어 컨버전스의 상호작용으로 가능하다고 파악한다. 그에 따르면 기업형 미디어 컨버전스는 미디어 소유권은 물론 초국적인 미디어 콘텐츠의 유통, 배급과 관련된 기득권까지 소수의 거대 기업에 집중되는 현상이다. 한편 풀뿌리 미디어 컨버전스는 디지털 기술을 사용할 줄 아는 미디어 수용자들이 미디어 기업이 생산한 미디어 콘텐츠를 소극적으로 소비하는 데 머물지 않고 미디어 콘텐츠의 생산, 배급, 수용 형태의 결정에 주요한 역할을 담당함을 가리킨다. 젱킨스는 기업형 미디어 컨버전스와 풀뿌리 미디어 컨버전스가 상호작용해 문화 상품의 전 세계적인 다각적 흐름인 글로벌 컨버전스를 창출한다고 주장한다. 그는 1990년대부터 미국의 미디어 기업이 아시아 문화를 수용해 왔다고 설명하며, 할리우드 영화와 뮤직비디오에 인도풍 의상과 장식법이 도입되게끔 노력한 데시Desi족이나 미국 내 일본 만화와 애니메이션의 유통에 일조한 오타쿠ぉﾀﾞﾙ족의 노력을 풀뿌리 미디어 컨버전스 전술의 사례로 든다.

팬덤의 일반적인 특성에 대한 피스크의 논의와 온라인상의 참여 문화에 대한 젱킨스의 논의를 염두에 두고 유튜브나 케이 팝과 관련된 팬덤의 활약상을 살펴볼 수 있다. 유튜브를 기준으로 팬의 활동은 일반적인 팬의 활동과 유튜브 참여 활동으로 나눌 수 있다. 일반적인 팬의 활동으로 대표적인 예가 방탄소년단의 팬덤 아미A.R.M.Y가 자국에서 방탄소년단을 알리기 위해 일상생활에서 적극적으로 홍보하는 것이다(이지행, 2019; 홍석경, 2020). 미국의 빌보드 핫 100 차트에 방탄소년단의 노래가 진입하고 미국의 지방 라디오방송이 방탄소년단의 노래를 방송하도록 해 빌보드 음악상을 받게끔 도왔다. 또한 한국어를 할 줄 아는 외국인 아미들은 방탄소년단의 한국어 가사를 영어로 번역하거나 뮤직비디오에 담긴 한국 문화에 관해 설명하는데, 이런 것이 바로 풀뿌리 미디어 컨버전스의 사례이기도 하다.

유튜브 참여 활동은 생비자로서 이용자가 직접 만든 콘텐츠UGC: User Generated Contents(이하 UGC)를 채널에 업로드하는 유튜브의 참여 문화다. 직접 만든 동영상을 업로드하고 남들이 업로드한 동영상에는 댓글을 단다. 이런 UGC에는 커버 송, 커버 댄스, 리액션 비디오가 대표적이다. 일부 팬들은 좋아하는 아티스트의 노래와 춤을 따라 하거나 아티스트의 노래를 직접 악기로 연주하는 커버 동영상을 제작해 자기 유튜브 채널에 올린다. 또는 한국의 대중문화를 비평하고 소개하는 영상을 만들기도 한다.

초기에 커버 송은 자기 집에 마이크를 설치하고 한국 노래를 부르는 모습을 찍은 것이었고, 커버 댄스는 실내외에 카메라를 고정하고 한국 가수의 춤을 따라 하는 모습을 찍은 단순한 형식이었다. 하지만 시간이 흐르면서 케이 팝을 커버하는 댄스 동호회와 팀이 늘어났다. 이들은 케이 팝 뮤직비디오나 공연 영상을 본 뒤에 공원에서 해당 안무를 따라 하는 영상을 찍어 자기 채널에 올리고 있다. 〈표 6-14〉는 유튜브

표 6-14 **케이 팝 댄스 커버 팀들의 유튜브 채널** (단위: 명, 회)

채널 이름	국가	가입일	구독자 수	조회 수
〈Harmonyc Movement〉	미국	2010.01.23	6만 6000	154만
〈Party Hard Cover Dance Team〉	러시아	2010.10.26	6만 1800	1048만
〈DANDELION〉	브라질	2010.11.15	2만 5000	237만
〈Eye Candy〉	멕시코	2012.06.17	3만 5000	543만
〈ToXICS Official〉	스웨덴	2012.08.19	4500	114만
〈AO Crew〉	호주	2013.11.05	15만 3000	2억 300만
〈Risin'〉	프랑스	2015.01.21	48만 1000	5829만
〈The One〉	대만	2016.02.11	5만 7000	948만
〈Pony Squad Official〉	스페인	2016.03.28	9만 9300	1386만
〈ALPHA PH〉	필리핀	2016.05.12	6만 6000	653만
〈Sunset 썬셋 Crew〉	이탈리아	2016.09.02	2만 6200	485만
〈The D.I.P〉	베트남	2016.09.07	10만 6000	1287만
〈Whisper Crew〉	폴란드	2017.11.17	7800	73만
〈BLVCKOUT DANCE CREW〉	노르웨이	2019.03.10	3300	74만
〈smeraldo garden〉	우크라이나	2019.03.31	5500	61만

주: 2021년 5월 기준.
자료: 유튜브에서 'K-Pop in Public'으로 검색한 결과를 재정리함.

에서 'K-Pop in Public'으로 검색하면 뜨는 나라별 댄스 커버 팀들의 유튜브 채널이다. 이들 외에도 수많은 케이 팝 댄스 커버 팀들이 유튜브에 커버 댄스 공연 영상을 올리는 중이다.

자기가 좋아하는 아이돌의 공연 영상을 현장에서 직접 찍어 유튜브에 올리기도 하고, 영상 제작에 익숙하다면 국내 지상파나 유선방송의 음악 프로그램에 나온 영상을 교차편집한 리믹스remix 영상을 제작해 올리기도 한다. 이렇게 올린 공연 영상이나 리믹스 영상이 때때로 이용자들에게 좋은 반응을 얻기도 하는데, 이로 인해 원래 발표했을 때는 별다른 호응을 못 받았던 노래가 시간이 지난 뒤에 인기를 얻는 이른바 '역주행' 현상이 생기기도 한다. 〈pharkil〉이라는 개인 유튜브 채널은 EXID가 「위아래」를 공연할 때 멤버 중 하나만 찍은 영상을 올렸는데, 이 영상이 소문이 나 EXID가 역주행하며 인기 아이돌 그룹이 되었다. 또한 〈비디터VIDITOR〉라는 이름의 개인 채널은 브레이브걸스가 「롤린」을 부르는 군 위문 공연 영상을 올렸다. 2017년 발표된 「롤린」은 해당 영상으로 엄청난 반응을 얻어 노래가 발표된 지 4년 만에 인기 순위 1위를 차지하고 해체 직전까지 갔던 그룹도 인기 정상급 아이돌이 되었다.

1980년대에 MTV가 뮤직비디오라는 새로운 장르를 만들어냈던 것처럼 2010년대의 유튜버들은 리액션 비디오라는 새로운 장르를 만들어냈다(김예란, 2012; 홍석경, 2020). 리액션 비디오는 수용자가 어떤 비디오를 보면서 그에 관한 자기감정과 느낌을 표현하거나 감정적으로 반응하는 자기 모습을 찍은 비디오다. 전체 화면은 자기 얼굴을 클로즈업이나 미디엄숏으로 잡고 화면 하단에 감상하는 텍스트 화면을 보여준다. 리액션 비디오는 감상자의 반응reaction을 있는 그대로 보여주는 자연스러움과 비디오를 시청하는 상황에서 보는 사람의 감정이 즉시 드러나는 것이 특징이다(김예란, 2012). 유튜브에 리액션 비디오를 올리는 리액터는 영상을 만드는 작가, 텍스트 안의 연기자, 자기가 보는 작품에 대한 비평자, 원래 비디오와 자신의 파생 콘텐츠인 리액션 비디오를 유통하는 유통자가 된다. 리액터들은 자신들의 리액션과 비평에 동의하는 이들로부터 스타로 대접받으며 파생적인 팬덤이 생겨나기도 한다.

홍석경(2020)은 방탄소년단 팬덤을 분석하며 문화 자본과 인종의 복합적인 관계를 흑인 남성의 리액션 비디오를 통해 고찰한다. 홍석경에 따르면 흑인 남성들은 현장 팬으로서는 눈에 띄지 않는다. 하지만 방탄소년단 등 케이 팝 아이돌들의 뮤직비디오를 대상으로 흑인음악가와 댄서의 관점에서 리액션 비디오를 통해 비평함으로써 자기 유튜브 채널을 흑인 남성의 특권과 권력을 지닌 공간으로 만들기도 한다.

홍석경의 설명에서 알 수 있듯이 리액션 비디오와 그 밖의 커버 동영상들은 제작과 유통 과정에서 유튜버들이 지닌 문화 자본의 차이가 드러나기도 한다. 하지만 기본적으로 이 콘텐츠들은 각 채널들의 수집물인 동시에 시간이 지나면 일종의 영상 아카이브로 기능한다. 각 콘텐츠의 댓글 창은 이용자들의 의견 교환과 논쟁의 장을 제공한다. 이런 파생 콘텐츠의 제작과 유통은 케이 팝의 유통 속도를 높이고 유통의 폭을 확대한다.

4. 결론

싸이의 「강남스타일」이 몰고 온 전 세계적인 인기를 두고 한때 "(싸이가) 강제로 해외 진출을 당했다"라는 표현이 회자되었다. 사실 이 표현은 유튜브의 공간 확장성을 잘 보여주는 것이다. 이는 홍석경이 한류와 케이 팝의 국제적 성공을 한국의 대중문화가 해외로 진출했다기보다는 해외에서 한국의 대중문화를 수용하는 과정이었다고 설명한 것과 상통한다.

케이 팝의 전 세계적 성공 요인을 유튜브의 등장으로만 설명하기는 어렵다. 이 장에서는 유튜브의 외부에서 벌어지는 보다 복잡하고 다양한 케이 팝 팬들의 수용 양상에 대해서는 다루지 않았다.* 유튜브의

---

* 케이 팝 팬덤의 구체적인 작동 방식과 팬들의 동일시 및 팬덤이라는 상상적 공동체에서 소속감을 느끼는 반응 등은 방탄소년단 팬덤을 연구한 이지영(2018), 이지행(2019), 홍석경(2020)을 참고하라.

공간 확장성은 케이 팝의 국제적인 유통 단계를 단축하는 동시에 유통 범위를 확대했다. 유튜브의 참여 문화는 팬들의 적극적인 참여와 개입을 가능하게 했다. 유튜브에서 케이 팝을 위시한 대중음악은 팬들의 다양한 놀이 소재가 되었고, 유튜브는 팬들의 놀이터가 되었다.

기존의 일방적인 매체가 일차원적인 길이었다면, 유튜브는 여러 방향으로 오갈 수 있고 역주행 사례에서 알 수 있듯이 잠겨 있는 것을 다시 끌어올릴 수 있는 삼차원적인 바다와 같다. 유튜브 이후에 등장할 유력한 매체 기술은 지금으로서는 메타버스metaverse다. 메타버스의 등장이 향후 한국 대중문화의 해외 확산과 어떻게 연결될지는 앞으로 주목해야 할 주제다.

참고문헌

국내서

김수철·강정수. 2013. 「케이팝에서의 트랜스미디어 전략에 대한 고찰: 〈강남스타일〉 사
　　례를 중심으로」. ≪언론정보연구≫, 제50권 1호, 84~120쪽.

김예란. 2012. 「리액션 비디오의 주목 경제: K-Pop의 지구적 생산과 소비를 중심으로」.
　　≪방송문화연구≫, 제24권 2호, 161~192쪽.

김정호·박시온. 2013. 『K-POP, 세계를 춤추게 하다: 아시아의 별 보아부터 월드스타 싸
　　이까지, K-POP 스타의 성공 비밀』. FKI미디어.

문지현. 2016. 「한국 노래방의 성장을 둘러싼 사회문화사: 테크놀로지의 발전을 중심으로」.
　　≪문화와 사회≫, 제21권, 121~170쪽.

박장순. 2011. 『한류의 흥행 유전자 밈』. 북북서.

손승혜. 2012. 「한류 수용의 로컬 콘텍스트와 글로벌 팬덤의 특성: 코리안 커넥션 사례
　　분석」. ≪미디어 경제와 문화≫, 제10권 1호, 45~85쪽.

송정은·장원호. 2013. 「유튜브(YouTube) 이용자들의 참여에 따른 한류의 확산: 홍콩의
　　10~20대 유투브(YouTube) 이용자조사를 중심으로」. ≪한국콘텐츠학회논문지≫,
　　제13권 4호, 155~169쪽.

심두보·노광우. 2012. 「유튜브와 소녀시대 팬덤」. ≪한국콘텐츠학회논문지≫, 제12권
　　1호, 125~137쪽.

안진용. 2020. 10. 20. "'K-팝 놀이터' 된 빌보드차트". ≪문화일보≫. http://www.mun
　　hwa.com/news/view.html?no=2020102001031612069001.

이규탁. 2016a. 『대중음악의 세계화와 디지털화』. 커뮤니케이션북스.

_____. 2016b. 『케이팝의 시대: 카세트테이프부터 스트리밍까지』. 한울엠플러스.

이동연 엮음. 2011. 『아이돌: H.O.T에서 소녀시대까지, 아이돌 보고서』. 이매진.

이영재. 2019. 『아시아적 신체: 냉전 한국·홍콩·일본의 트랜스/내셔널 액션영화』. 소명
　　출판.

이와부치 고이치. 2004. 『아시아를 잇는 대중문화: 일본, 그 초국가적 욕망』. 히라타 유키
　　에·전오경 옮김. 또하나의문화.

이종임. 2013. 『신한류와 문화이동의 지형학』. 논형.

_____. 2018. 『문화산업의 노동구조와 아이돌』. 북코리아.

이지영. 2018. 『BTS 예술혁명: 방탄소년단과 들뢰즈가 만나다』. 파레시아.

이지행. 2019. 『BTS와 아미컬처』. 커뮤니케이션북스.

정보라·김성철. 2013. 「뮤직비디오 패러디 제작 및 공유에 대한 유튜브 이용자들의 지속적인 행동의도와 그 영향요인」. ≪사이버커뮤니케이션학보≫, 제30권 4호, 131~167쪽.

조인희·윤여광. 2013. 「한류문화에 영향을 미친 Youtube 파급효과에 관한 연구: 가수 싸이(PSY) 신드롬을 중심으로」. ≪한국 엔터테인먼트산업학회논문지≫, 제7권 2호, 9~18쪽.

한국국제교류재단. 2021. 『2020 지구촌 한류현황』. 외교부.

한국콘텐츠진흥원. 2012. 『2011 음악산업백서』. 문화체육관광부.

_____. 2015. 『2014 음악산업백서』. 문화체육관광부.

_____. 2018. 『2017 음악산업백서』. 문화체육관광부.

_____. 2020. 『2019 음악산업백서』. 문화체육관광부.

_____. 2021. 『2020 음악산업백서』. 문화체육관광부.

홍석경. 2020. 『BTS 길 위에서』. 어크로스.

서양서

Burgess, Jean and Joshua Green. 2018. *Youtube: Online Video and Participatory Culture*. Cambridge: Polity Press.

Innis, Harold A. 1950. *Empire and Communications*. Oxford: Clarendon Press. (김문정 옮김. 2008. 『제국과 커뮤니케이션』. 커뮤니케이션북스).

_____. 1951. *The Bias of Communication*. Toronto: University of Toronto Press. (윤주옥 옮김. 2016. 『커뮤니케이션의 편향』. 한국문화사).

Jenkins, Henry. 2006. *Fans, bloggers, and gamers: exploring participatory culture*. New York: NYU Press. (정현진 옮김. 2008. 『팬, 블로거, 게이머: 참여문화에 대한 탐색』. 비즈앤비즈).

Jin, Dal Yong. 2020. *Globalization and Media in The Digital Platform Age*. London: Routledge.

Jin, Dal Yong and K. Yoon. 2016. "The Social Mediascape of Transnational Korean Pop Culture: *Hallyu 2.0* as Spreadable Media Practice." *New Media and Society*, Vol.18, No.7, pp.1277~1292.

Lee, SangJoon. 2014. "The Emergence of the Asian Film Festival: Cold War and Japan's Reentrance to the Regional Film Industry in the 1950s." in Daisuke Miyao(ed.). *The Oxford Handbook of Japanese Cinema*. Oxford: Oxford University Press.

Noh, Kwang Woo. 2015. "Youtube and K Pop fan's Tribute Activity." ≪한국콘텐츠학회논문지≫, 제15권 6호, 24~32쪽.

Sinclair, John, Elizabeth Jacka and Stuart Cunningham. 1996. *New Patterns in Global Television: Peripheral Vision*. Oxford; New York: Oxford University Press.

웹 사이트

경제협력개발기구(OECD) iLibrary. https://www.oecd-ilibrary.org.

국제전기통신연합(International Telecommunication Union). https://www.itu.int/en/Pages/default.aspx.

다음 국어사전. https://dic.daum.net/index.do?dic=kor.

빌보드(Billboard). https://www.billboard.com.

세계은행(The World Bank). https://www.worldbank.org/en/home.

숨피(soompi). https://www.soompi.com.

올케이팝(allkpop). https://www.allkpop.com.

유튜브 뮤직 차트(YouTube music charts). https://charts.youtube.com/global?hl=ko.

케이팝 레이더(K-Pop Radar). https://www.kpop-radar.com.

Our World in Data. https://ourworldindata.org/internet#the-rise-of-social-media.

유튜브 공식 채널

〈BANGTANTV〉. https://www.youtube.com/user/BANGTANTV.

〈BLACKPINK〉. https://www.youtube.com/c/BLACKPINKOFFICIAL

〈Brave Entertainment〉. https://www.youtube.com/c/BraveEntertainment/about.

〈DSPmedia〉. https://www.youtube.com/user/DSP/about.

〈FNCEnt〉. https://www.youtube.com/user/thefncofficial/about.

〈HYBE LABELS〉. https://www.youtube.com/c/HYBELABELS/about.

〈JYP Entertainment〉. https://www.youtube.com/c/JYPEntertainment/about.

〈KBS Kpop〉. https://www.youtube.com/user/KBSKpop/about.

〈MBCkpop〉. https://www.youtube.com/user/MBCkpop/about.

〈MBK Entertainment〉. https://www.youtube.com/user/coremidas/about.

〈Mnet Official〉. https://www.youtube.com/user/PlayMnet/about.

〈SBS KPOP〉. https://www.youtube.com/c/SBSKPOPPLAY/about.

〈SMTOWN〉. https://www.youtube.com/c/SMTOWN/about.

〈TSENT2008〉. https://www.youtube.com/c/TSENT2008/about.

〈TWICE〉. https://www.youtube.com/channel/UCzgxx_DM2Dcb9Y1spb9mUJA.

〈United CUBE〉. https://www.youtube.com/user/theunitedcube.

〈YG ENTERTAINMENT〉. https://www.youtube.com/user/YGEntertainment/
about.

〈1theK (원더케이)〉. https://www.youtube.com/c/1theK/featured.

유튜브 팬 채널

〈비디터VIDITOR〉. https://www.youtube.com/channel/UCxlWck-ta5rTNAmX
VJLO6Ng.

〈서린〉. https://www.youtube.com/user/SeorinNorae.

〈CherryLexie 체리렉시〉. https://www.youtube.com/user/CherryLexie.

〈Eatyourkimchi Studio〉. https://www.youtube.com/user/simonandmartina.

〈jplover363〉. https://www.youtube.com/c/jplover363/featured.

〈pharkil〉. https://www.youtube.com/user/pharkil.

제7장

유튜브와 리터러시

봉미선 | EBS 정책연구위원

유튜브가 대세다. 달리 설명할 이유가 필요 없을 정도다. 남녀노소 언제 어디서나 유튜브 애플리케이션을 통해 영상 콘텐츠를 소비한다. 유튜브 이용은 소비에 그치지 않는다. 많은 사람들이 크리에이터로서 영상을 만들어 유튜브에 올린다. 이 또한 남녀노소 언제 어디서나 가능한 일이다.

이렇게 사람들이 많이 이용하는 플랫폼에는 분명히 그럴 만한 이유가 있다. 무엇보다 내가 찾는 다종·다양한 영상 콘텐츠가 그곳에 있고, 내가 원하는 것을 알아서 추천해 주고, 내가 보기 편하도록 서비스를 제공하기 때문이다. 이른바 '전통' 미디어에서는 기대하기 힘든 '것'들이다.

텔레비전, 라디오, 인터넷 또한 요즘의 '유튜브'처럼 과거에 새로운 미디어로서 우리 앞에 등장했고 삶의 양상을 바꾸어놓았다. 과거에는 글자를 읽고 해석할 줄 알아야 했다면 이제는 뉴미디어가 쏟아내는 메시지와 콘텐츠를 읽고 해석할 줄 알아야 한다. 그래서 등장한 개념이 '미디어 리터러시'와 '미디어 교육'이다.

전통 미디어는 '방송'이었다. 누군가가 어딘가에서 콘텐츠를 뿌렸고 시청자는 이를 받아 보았다. 단방향이었다. 시청자는 소비자로서 만족해야 했다. 인터넷은 태생부터가 양방향이다. 전화가 그렇듯 듣고만 있을 이유가 없다. 영상을 보고 내가 하고 싶은 얘기를 댓글로 남기거나 '좋아요', '싫어요'를 표시할 수 있다. 이것만으로 부족할 때는 그 영상에 맞대응하는 나의 주장이 담긴 영상으로 반박할 수도 있다. 나의 주장과 같은 맥락의 다른 영상을 공유하고 추천할 수 있다. 나의 생각을 표현할 수 있는 방법이 다양해졌다. 미디어 소비와 참여 형태가 이렇게 달라졌다면 '미디어 리터러시'의 개념도 달라질 수밖에 없다. 단지 문자 해독 능력으로 번역되고 교육되어 왔던 리터러시의 개념이 확장되었다. 이에 미디어 교육도 정보 창조자로서의 역량, 즉 창의적 생산, 소통, 참여 등의 개념으로 크게 넓어졌다.

유튜브는 남녀노소 누구나 이용하는 대표 플랫폼이다. 그만큼 그림자도 짙다. 허위·조작 정보에 노출되고 이른바 '불량' 콘텐츠로 분류되어 삭제당하는 일도 비일비재하다. 개인 맞춤형 서비스로 포장된 유튜브 알고리즘과 함께 필터 버블, 에코 체임버 현상은 이용자를 보이지 않는 울타리에 가두고 있다. 콘텐츠가 워낙 많다 보니 어떤 콘텐츠가 '좋은' 콘텐츠인지 판별하기도 쉽지 않다. 허위·조작 정보를 구별하고, 유튜브 알고리즘을 비판적으로 바라보면서, 출렁이는 영상의 바다에서 좋은 콘텐츠를 선별하는 방법을 소개한다.

1. 유튜브 시대, 리터러시의 필요성

미디어는 일상 속 유용한 의사소통 수단으로 자리 잡았다. 미디어를 인간 신체의 확장으로 본 마셜 매클루언Marshall McLuhan의 말처럼 미디어 없는 인간의 삶은 상상하기 힘들 정도다. 매클루언은 1964년 『미디어의 이해Understanding Media』에서 "인간의 확장the extension of man"을 언급했다. 당시는 텔레비전이 귀하던 시절이었고, 우리나라의 경우 금성사에서 대한민국 최초의 텔레비전을 생산한 것이 1966년이니 이보다 2년 앞선 시점이다. 그럼에도 매클루언의 통찰은 인터넷, 모바일, 스마트폰이 펼치는 지금을 내다보고 그렇게 말하지 않았을까 싶은 생각이 들 정도다. 미디어가 무언가를 보는 데 그치는 것이 아니라 내 몸이고 내 생각을 표현하는 가장 가깝고 손쉬운 도구로 자리 잡았다. 유튜브는 사람의 심장 정도로 볼 수 있지 않을까?

기술이 발달하면서 미디어도 다양해지고 복잡해졌다. 신문, 라디오, 텔레비전은 전통 미디어가 된 지 오래다. 스마트폰을 필두로 모바일 기기를 통한 인터넷, 소셜 미디어, OTT 등 새로운 미디어와 서비스가 등장하고 있다. 동영상 콘텐츠가 주종을 이루고 있으며 동영상 플랫폼을 찾는 경향이 뚜렷해지고 있다. 아직 전통 미디어도 전부 이해하지 못한 상황에서 새로운 미디어를 접해야 한다.

갓튜브['갓(God)'과 '유튜브'의 합성어]라고도 불리는 유튜브는 최근 우리의 미디어 이용 행태를 대표한다. 2020년 대한민국 사람 10명 중에 7명이 없어서는 안 되는 필수 매체로 스마트폰을 꼽았고, OTT 서비스 중 유튜브 이용률은 62.3%로 전년(47.8%) 대비 크게 증가했다(방송통신위원회, 2021). 콘텐츠 이용에서도 스마트폰을 통한 유튜브 등 동영상 이용이 20대부터 70대 이상에 이르기까지 전 연령대에 걸쳐 고르게 증가하고 있다. 유튜브는 어린이부터 노인까지 전 세대가 이용하는 플랫폼이 되었다. 유튜브 전성시대에 리터러시는 왜 중요할까? 이 두 현안을 잘 보여주는 칼럼 두 편이 있어 소개한다.

먼저 소개하는 칼럼은 한 대학에서 실습을 나오기로 한 미디어학과 학생의 자기 소개서 한 단락으로 시작한다. "유튜브에서 〈놀면 뭐하니?〉 클립을 보았는데 너무 재밌어서 찾아보았더니 MBC에서 만들었더라고요. 그때 MBC를 처음 알았어요." 칼럼의 필자는 온 가족이 거실에 모여 텔레비전을 보던 시절 MBC 하면 11번을 누르던 시절을 떠올리며 격세지감을 느꼈다고 고백한다(장슬기, 2021.4.20). 다른 칼럼은 텔레비전이 유튜브에게 주도권을 완전히 넘겼다는 이야기는 방송사와 텔레비전 산업 종사자에게나 위협적인 것이라며 콘텐츠 소비자는 재미있는 콘텐츠만 지속적으로 제공해 준다면 텔레비전이든 유튜브든 상관하지 않는다고 언급한다. 하지만 방송사가 수많은 유튜브 채널 중 하나인 '원 오브 템one of them'으로 전락하면서 어쩌면 우리는 한 시대를 정의하는 공통의 콘텐츠 경험도 잃어버리게 된 것은 아닌지 화두를 던진다. 칼럼의 필자는 이에 더해 텔레비전의 뒤를 이어 유튜브가 공론의 장 역할을 물려받았다면 간단한 결말이었겠지만 현실은 그렇지 않은 것이 큰 문제라고 지적한다(이승한, 2021.4.23). 즉, 유튜브 시대가 되면서 단순히 이용자의 취향대로 콘텐츠를 소비하는 것을 넘어 이용자의 소비 패턴이 유튜브 알고리즘에 의해 보다 극단적인 확증 편향을 양산한다는 것이다. 모두가 함께 보는 뉴스, 예능, 드라마가 사라진 시대에 한 시대를 정의하며 공론의 장 역할을 해주던 공통의 콘텐츠 경험이 사라지면서 서로를 이해하고 설득할 공간도 사라졌다는 것이다.

구글의 「투명성 보고서」에 따르면 2009년 7월부터 2020년 12월까지 유튜브의 콘텐츠 삭제 요청(49.3%)이 가장 많은 것으로 나타났다. 국

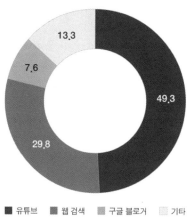

그림 7-1 **구글의 콘텐츠 삭제 현황** (단위: %)

■ 유튜브 ■ 웹 검색 ■ 구글 블로거 □ 기타

주: 2009년 7월부터 2020년 12월까지 조사함.
자료: 구글의 「투명성 보고서」(2021).

그림 7-2 **유튜버가 지녀야 할 자질에 대한 인식** (단위: %)

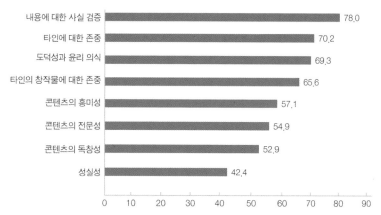

자료: 양정애(2021.2.23: 5).

내 유튜브 이용자들은 유튜버가 야기하는 가장 심각한 사회문제로 '가짜 뉴스 전파'(87.0%)를 꼽았고, 유튜버가 지녀야 할 자질로는 '내용에 대한 사실 검증'(78.0%), 즉 허위 정보나 가짜 뉴스를 유포하지 않는 것을 가장 중요한 덕목으로 인식했다(양정애, 2021.2.23). 기술 발전에 따라 계속해서 새로운 미디어가 등장한다. 콘텐츠의 형태도 다양해지고 포맷도 각양각색이다. 어떤 미디어가 몰려오더라도 이용자가 원리를 파악하고 대응할 수 있는 역량을 갖추었다면 당황할 일은 아니다. 수학의 개념과 원리를 이해한다면 해당 개념에 근거한 문제는 어떤 것이든 응용해 답을 찾을 수 있는 것과 같다. 유튜브를 온전히 이해하기 위한 핵심 원리와 역량에 대해 살펴보자.

2. 유튜브 리터러시 역량

1) 유튜브 리터러시 개념

리터러시의 전통적 개념은 살아가면서 갖추어야 할 기본적인 능력인 읽기, 쓰기, 셈하기다. 흔히 3R, 즉 읽기Reading, 쓰기wRiting, 셈하기aRithmetic를 문해文解 또는 문자 해득文字 解得이라고 말해왔다. 읽고 쓰고 셈하는 능력이 있다면 문해력을 갖춘 수준으로 본다. 리터러시는 단지 읽고 쓰며 셈하고 해석할 줄 아는 수준을 넘어 발화자와 수용자 간의 수많은 맥락과 주체적인 이해, 참여, 소통 등의 역량을 포함한다(봉미선, 2019). 미디어 환경이 변화하고 리터러시의 범위가 글과 책을 넘어 시청각으로 확장되는 등 이용자의 역할이 소비 중심에서 생산과 참여로 확대되는 환경에 맞추어 다양한 학자와 단체들이 미디어 리터러

표 7-1 미디어 리터러시 교육의 핵심 개념과 질문

핵심 개념		분석을 위한 질문 (소비자 측면)	제작을 위한 질문 (생산자 측면)
저자(author)	모든 미디어 메시지는 구성된 것이다.	누가 이 메시지를 만들었는가?	나는 무엇을 만들고 있는가?
포맷(format)	미디어 메시지는 나름의 규칙을 가진 창의적인 언어를 사용해 구성된다.	이 메시지는 나의 주목을 끌기 위해 어떤 창의적 기법을 사용했는가?	나의 메시지는 포맷, 창의성, 테크놀로지에 대한 나의 이해를 반영하고 있는가?
수용자(audience)	같은 메시지라도 사람들은 그것을 다르게 경험한다.	사람들이 메시지를 어떻게 달리 이해하는가?	나의 메시지는 수용자들에게 설득력이 있는가?
콘텐츠 (message/content)	미디어는 잠재된 가치와 관점을 갖는다.	이 메시지에는 어떤 가치, 삶의 방식, 관점이 반영되어 있는가 또는 배제되어 있는가?	내가 만든 미디어 콘텐츠는 나 자신의 가치, 삶의 방식, 관점을 명확하고 일관되게 담고 있는가?
동기 (motive/purpose)	대부분의 미디어 메시지는 이익이나 권력을 얻기 위해 만들어진다.	이 메시지는 왜 보내졌는가?	나는 내가 말하려는 것을 효율적으로 커뮤니케이션하고 있는가?

자료: Thoman and Jolls(2008).

시를 새롭게 정의했다.

미국의 미디어 리터러시 센터Center for Media Literacy 창설자 엘리자베스 토먼Elizabeth Thoman은 미디어 리터러시 교육을 위해 '저자', '포맷(제작 기술)', '수용자', '콘텐츠(메시지)', '동기(목적)' 등 다섯 가지 핵심 개념을 중심으로 미디어를 소비자로서 분석하는 방법과 생산자로서 제작하는 방법을 제시하는 가이드북을 만들었다. 가이드북은 각각의 핵심 개념별로 세부 질문을 제시하며 이해를 돕고 있다(Thoman and Jolls, 2008: 22~27). 모든 미디어 메시지는 구성된 것임을 이해하고 동일한 메시지라도 사람마다 다르게 이해할 수 있는 시각을 지녀야 한다는 설명이다.

책과 같은 인쇄 미디어에 이어 영화, 텔레비전 등 동영상 미디어가 등장했다. 어린이와 청소년들이 텔레비전을 바로 보도록 가르치는 미디어 교육이 필요했다. 미디어를 소비하는 데 그치지 않고 생산하는 능력까지 포함하면서 미디어 리터러시 교육이 미디어 교육을 포괄했다 (원용진, 2018: 23). 스마트폰이 신체의 일부처럼 진화하고 누구나 유튜브 창작자가 될 수 있는 오늘날 리터러시의 개념은 무엇일까? 스마트폰이 가져온 가장 큰 변화는 기존 미디어의 기획, 제작, 유통, 소비의 수직적 관계가 누구나 공급자가 될 수 있는 수평적 가치 사슬로 바뀐 데서 찾아볼 수 있다. 스마트폰을 사용하게 되면서 정보의 선택권이 소비자에게 넘어간 것은 물론 소비자는 정보 생산에서도 창작자의 역할을 수행하게 되었다. 즉, 공급자와 수요자가 분명히 구분되며 시청자이고 독자이면 되었던 과거에는 주로 미디어의 메시지를 이해하고 미디어에서 의미를 찾는 데 집중되었다. 그러나 미디어의 발전은 이용자가 수용자 단계에 머물게끔 내버려 두지 않았다. 페이스북에 '좋아요' 버튼을 누르는 행위, 유튜브 등 다양한 소셜 네트워크 서비스에 의견이나 댓글을 남기고 뉴스와 정보를 공유하는 행위 등 내가 표현한 한마디, 한마디가 미디어가 되고 있다. 이를 반영해 스마트 미디어 시대에 리터러시는 기존에 미디어 정보를 주체적으로 선별하고 해독해 책임 있게 활용하는 능력에 더해 창의적인 생산, 소통, 참여를 비롯해 관련되는 과정의 윤리적 준수와 사회적 규범을 숙지하고 준수하는 능력으로 확장되었다.

2) 유튜브 리터러시 핵심 역량

유튜브를 사용하는 연령층이 점차 낮아지고 있다. 특히 청소년들이 음란성 콘텐츠에서 자살 중계에 이르기까지 혐오, 몰카, 아동 폭력 등 허위 영상과 문제 영상에 무방비로 노출되면서 리터러시가 더욱 중요해졌다. 국내 연구진은 유튜브 리터러시를 유튜브 영상을 올바르게 읽고 쓰며 활용하는 능력으로 보고 아동과 청소년을 위한 유튜브 리터러시 교육 프로그램을 제안했다. 아동과 청소년은 유튜브 시청과 또래 간의 공유 상황이 매우 역동적이기에 유튜브 '시작하기', '공감하기', '개발하기', '테스트', '수정하기', '공유·성찰하기', '건강하게 사용하기'의 8단계 커리큘럼을 구성했다. 아울러 학습자의 관련 역량을 평가하기 위해 유튜브 리터러시 평가 지표를 개발했다. 이 지표는 첫째, 미디어 접근(플랫폼 이해, 자기 조절 능력), 둘째, 미디어 이해(미디어 재현 이해, 상업적 이해, 정보 판별), 셋째, 미디어 참여(콘텐츠 생산, 콘텐츠 공유, 사회적 참여), 넷째, 윤리적 활용(관용과 배려, 책임 있는 이용, 보호) 등 네 가지 역량을 강조한다(김형진, 2021.4.30; ≪뉴스와이어≫, 2020.12.22).

미디어 리터러시에서 오랜 역사를 지닌 미국, 캐나다, 영국 등의 전문 단체들은 미디어 리터러시를 구현하기 위한 세부적인 핵심 역량을 규정해 왔다. 미국의 미디어 리터러시 센터는 미디어의 '분석'과 '제작' 역량을 강조한다. 미디어 분석 역량은 미디어 메시지가 만들어진 방법, 이유, 목적을 이해할 줄 아는 능력이다. 그리고 개인이 메시지를 서로 다르게 해석하는 방식, 가치나 관점이 메시지에 포함되거나 제외되는 방식, 미디어가 신념과 행동에 미치는 방식을 살펴볼 수 있어야 한다. 더불어 미디어의 접근과 활용을 둘러싼 윤리적·법적 문제에 대해 근본적으로 이해할 줄 알아야 한다. 미디어 제작 역량은 가장 적절한 미디어 제작 도구, 특성, 관습을 이해하고 활용할 수 있어야 하며, 다양한 문화와 환경에서 가장 적절한 표현과 해석을 이해하고 효과적으로 활용할 수 있어야 한다(Thoman and Jolls, 2008). 캐나다의 미디어 스마츠 Media Smarts는 미디어 리터러시의 핵심 역량을 사용use, 이해understand,

그림 7-3 **캐나다의 디지털 리터러시 프레임워크**

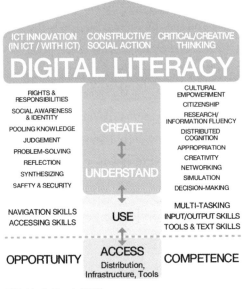

자료: Media Smarts(2019).

그림 7-4 **영국의 디지털 리터러시 하위 요소**

자료: Future lab(2010: 19).

창조create 역량으로 구분했다. 미디어 메시지를 비판적 시각에서 이해하는 데서 벗어나 기존 미디어 리터러시의 개념을 사회적 책임, 온라인 보안, 문화적 소양, 시민성 등을 포함하는 디지털 미디어 리터러시 개념으로 확장했다(Media Smarts, 2019). 영국의 퓨처 랩Future Lab은 놀이, 컴퓨터게임, 디지털 리터러시 등의 영역에 대한 창의적이고 혁신적인 교수 학습법 개발과 관련 연구를 수행하기 위해서 2001년에 설립된 연구소다. 퓨처 랩은 정보·통신 기술ICT: Information and Communications Technologies 활용 이상의 기능적 역량functional skills, 창의성creativity, 협업collaboration, 효율적 의사소통 능력effective communication, 사고 판단 능력the ability to find and select information, 비판적 사고와 평가critical thinking and evaluation, 문화적·사회적 이해 역량cultural and social understanding, 온라인 안전e-safety 의식의 핵심 역량을 강조한다(Futurelab, 2010: 20~45).

3. 유튜브 리터러시 함양

1) 유튜브의 접근과 활용: 적확한 정보 선택과 가짜 정보의 분별 역량

국내 유튜브 이용자들은 유튜버가 일으키는 가장 심각한 사회문제로 '가짜 뉴스 전파'를 꼽았다. 명백한 허위 사실임을 알고도 해당 내용을 포함시켜 콘텐츠를 제작하거나 유포하는 행동을 가장 심각한 사회문제로 본 것이다(양정애, 2021.2.23). 2020년 예상치 못한 코로나19 사태로 전 세계는 전염병으로 인한 혼돈과 불안정이 일상이 되는 뉴 노멀 시대를 맞고 있다. 이런 시기에 우리에게 무엇보다 필요한 것은 정확한 정보다. 그러나 팬데믹이 시작된 지 1년 넘게 지난 시점에서도 코로나19 백신과 관련된 가짜 뉴스가 범람했다. 예컨대 코로나19 백신의 국내 접종이 시작되었던 2021년 2월 26일을 앞두고 백신과 관련된 각종 뉴스가 쏟아졌으며, 가짜 뉴스를 담은 영상의 유튜브 조회 수가 약 1만 2000회를 기록했다(김태성·권기범·전남혁, 2021.2.24). 유튜브에서 쉽게 찾아볼 수 있는 백신 관련 가짜 뉴스는 일부 종교 집단의 빌 게이츠Bill Gates 음모론과 백신 베리칩VeriChip 등이다. 이들은 게이츠가 투자한 백신이 사람의 DNA를 조작해 노예로 만들 우려가 있다거나 백신을 맞게 되면 신원을 확인해 주는 베리칩의 기능을 한다는 등의 음모론을 설파한다. 심지어 면역학을 전공한 저명한 대학교수나 의사, 구독자가 70만 명이 넘는 유튜브 채널 〈가로세로연구소〉 등에서는 잘못된 주장을 펼치거나 정치적인 목적으로 백신 불신을 키워갔다(박정훈, 2021.3.25).

변상욱 전 CBS 대기자는 가짜 뉴스 판별을 위한 강연을 자주 하고 있다. 2019년 강연에서 그는 만연된 가짜 뉴스를 판별하기 위한 다섯 가지 방법을 제시한다. 구체적인 방법을 제시하기에 앞서 그는 수년간 뉴스 아이템을 선정, 취재, 작성하는 과정에서 가짜 뉴스는 딱 보면 '아, 이건 가짜구나'라고 알 수 있게 되었다고 한다.

첫째, 뉴스 아이템을 접하면 일단 의심하라고 조언한다. 지금 보는 것이 진짜인지 가짜인지 생각해야 한다는 것이다. 둘째, 뉴스 제목으로 검색해 중앙지에 실린 기사인지 살펴보라고 말한다. ≪조선일보≫, ≪중앙일보≫, ≪동아일보≫, ≪한겨레≫, ≪경향신문≫ 등 가능한 모든 중앙 일간지에 뉴스 제목으로 검색해 해당 기사를 다루고 있으면 '아, 일단 가짜는 아니구나'라고 생각할 수 있다는 것이다. 물론 중앙지가 가짜 뉴스를 실을 때도 있기에 아주 명확한 방법은 아니라는 맹점도 있다고 언급한다. 셋째, 기사 제목에 물음표나 느낌표, 다양한 색색이 덧

칠되어 있으면 가짜일 확률이 높다고 한다. 넷째, 기사 글의 어미로도 절반 이상은 가려낼 수 있다고 설명한다. '… 라고 밝혔다' 등 '카더라' 식의 어미를 남발한다면 가짜 뉴스일 가능성이 높다. 진짜 뉴스는 '… 입니다', '… 했습니다'라고 표현한다. 마지막으로 이 뉴스를 사람들이 그대로 믿으면 누가 이익을 볼지 생각하는 것도 좋은 방안이라고 강조한다(변상욱, 2019).

그는 코로나19와 관련해 가짜 뉴스를 퍼트리지 않는 방법에 대해서도 언급했다. 앞의 다섯 가지에 더해 "확실하지 않으면 공유하지 말 것", "감정적인 게시물을 조심할 것", "동의한다고 공유하지 말 것"을 추가로 언급한다(변상욱, 2020.3.31).

이 내용은 유튜브에서 가짜 뉴스를 판별하는 데도 적용할 수 있다. 유튜브는 세계 최대 규모의 동영상 플랫폼이며 누구나 쉽게 콘텐츠를 만들어 공유하는 영상 시스템에 광고 수익 구조를 결합해 이용자의 정보 유통과 습득 방식을 근본적으로 바꾸어놓았다. 구독자 수가 광고 수익으로 이어지다 보니 구독자들이 열광하는 주장에 더 몰두하게 되어 허위·조작 정보가 생산, 유통되는 환경이 자연스럽게 만들어진다(장철준, 2020). 유튜브에서는 종합 편성 채널 등에서 활약하던 보수 논객 등 노년층이 신뢰할 만한 인물들이 나와 신념에 호소하고 정치적으로 듣고 싶은 이야기를 해 유리한 정보만 선택적으로 수용하는 확증 편향에 기반한 가짜 뉴스가 빈번하게 목격된다. 반면에 청년층을 대상으로는 '주목 경쟁'에서 이기기 위해 보다 자극적이고 극단적인 음모론, 즉 의미보다 '카더라'식의 재미를 추구한다(김완·변지민, 2018.9.28). 이런 가짜 뉴스의 양산과 확증 편향의 이면에는 유튜브 알고리즘이 자리 잡고 있다.

2) 유튜브의 비판적 이해: 추천 알고리즘, 필터 버블, 에코 체임버

유튜브는 전 세계 어디서나 누구나 볼 수 있고 누구나 자신의 채널을 운영할 수 있다. 유튜브는 짧은 동영상을 무료로 시청할 수 있게 마케팅하며 이용자를 끌어들인다. 동영상이 어느 정도 인기를 얻으면 영상에 광고를 넣어 수익을 만든다. 이 밖에도 월간 구독료를 받는 '프리미엄premium 구독자'라는 유료 회원제를 별도로 운영한다. 유튜브는 유튜브 파트너 프로그램을 통해 유튜버가 콘텐츠로 수익을 창출할 수 있는 기회를 제공한다고 소개한다. 유튜버가 올린 동영상에 삽입되는 광고와 유튜버의 콘텐츠를 시청하는 유료 구독자로부터 수익을 창출할 수 있다는 것이다. 유튜브 채널의 구독자가 1000명을 넘고 채널의 연간 동영상 재생 시간이 4000시간을 넘을 경우 광고 계약 파트너로 인정되어 광고 수익이 발생한다. 이렇다 보니 이용자의 주목을 끌기 위해 자극적 영상이나 음모 이론 등 허위 정보를 담은 영상이 유튜브에 쏟아지고 있다. 이용자들이 동영상을 많이 시청할수록 기업으로서 유튜브의 수익도 늘어난다. 이를 위해 유튜브는 이용자들에게 어떤 영상을 보라고 추천하는데, 이런 추천은 사람이 직접 조치하기보다 유튜브가 개발한 알고리즘을 이용한다(한국언론진흥재단, 2019).

알고리즘algorithm은 문제 해결을 위한 공식, 단계적 절차, 컴퓨터 프로그램을 가리키는 말이다. 네이버나 카카오Kakao 등 검색엔진이 제공하는 '연관 검색어 기능'은 이용자가 입력한 검색어를 바탕으로 확률이 높은 다른 검색어를 추천하는 알고리즘 서비스의 하나다. 구글의 검색결과, 페이스북의 게시 글과 친구 추천 기능, 트위터의 트렌드 서비스 등은 각각의 고유한 알고리즘의 결과물이다(강준만, 2019). 유튜브가 어떤 알고리즘 체계를 지녔는지는 정확히 알려진 바 없다. 주로 협업 필터링collaborative filtering과 콘텐츠 기반 필터링content-based filtering을 활용하는 것으로 알려져 있을 뿐이다. 협업 필터링은 이용자들로부터 얻은 데이터를 기반으로 선호를 예측하는 기법이다. 협업 필터링은 이용자의 취향을 고려해 그가 관심 있을 만한 동영상을 추천한다. 콘텐츠 기반 필터링은 이용자가 시청한 콘텐츠를 분석해 해당 콘텐츠와 유사한

그림 7-5 **협업 필터링(왼쪽)과 콘텐츠 기반 필터링(오른쪽)**

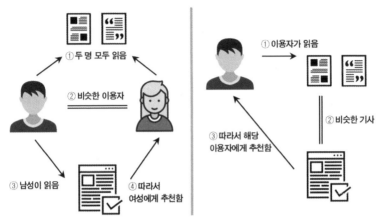

자료: Software carpentry(2019.4.10).

특성을 가진 콘텐츠를 추천하는 기법이다. 콘텐츠 기반 필터링을 사용하면 계산이 오래 걸리고 새로운 영상에 대한 추천이 어려운 협업 필터링의 단점을 해결할 수 있다. 현재는 알고리즘이 발달해 이 둘을 섞은 하이브리드 추천 시스템이나 융합형 머신 러닝 추천 시스템 등이 활용된다(김인식·김자미, 2021). 유튜브는 이용자의 성향에 맞추어 콘텐츠를 거르고 이용자는 알고리즘에 따라 추천받은 영상을 시청한다.

필터 버블은 이용자가 개인화 알고리즘으로 생기는 정보 편식 현상을 의미한다. 개인 성향에 맞춘 정보만 계속 제공해 이용자가 비슷비슷한 편향된 정보에 갇히는 현상이다. 여기서 필터filter는 추천 알고리즘을 뜻한다. 플랫폼이 개인화된 콘텐츠를 제공하기 위해 사용하는 추천 알고리즘의 추천 정보만 접한 이용자가 관심이 없거나 본인의 의견과 다른 콘텐츠를 보지 못한 채 버블bubble 속에 갇힐 수 있음을 나타낸다(한국언론진흥재단, 2019). 가령 유튜브가 노출해 주는 콘텐츠만 접하다 보니 다양한 정보를 습득하기 힘들고 주체적인 콘텐츠 소비가 어려워지는 것이다. 에코 체임버는 비슷한 성향을 지닌 사람끼리 소통한 결과 다른 사람의 정보와 견해를 불신하고 자신의 이야기만 진실로 느끼는 현상이다.

3) 유튜브의 창의적 생산: 사회적으로 이로운 콘텐츠의 생산 역량

유튜브와 같은 1인 미디어 콘텐츠는 방송 프로그램과 달리 공공성, 공정성, 공적 책임에 대한 규제 적용 대상이 아니며 영상물 등급 분류제의 대상도 아니다. 다만 사후적인 심의를 받는 수준이다. 반면 한 달 중 하루 종일에 해당하는 시간을 유튜브 시청에 할애하는 우리에게 유튜브 콘텐츠가 주는 영향력은 어떠한가? 유튜브는 다른 미디어와는 구별되는 특성과 제작 문법을 기반으로 하고 있으며, 모든 유튜버는 의미 있는 메시지를 창출하고 사회적으로 이로운 콘텐츠를 생산해야 할 책임이 있다.

유튜브에는 흥미롭고 웃기고 놀랍고 무섭고 아름답고 신기하고 배울 만한 다양한 장르가 존재한다. 1인 미디어 콘텐츠의 장르와 형식도 점점 세분화되어 일상, 먹방, 쿡방, 뷰티, 개그 등 일상의 친근한 소재에서 게임, 뮤직, 외국어, 교양, 시사 등 전문 분야까지 다양하게 분포한다. 1인 미디어 콘텐츠에 대한 인기가 커지면서 크리에이터들의 수도 급증하고 장르 확장을 통한 차별화가 이루어지고 있다(문화체육관광부, 2018). 구글-유튜브에서 유통되는 불법 정보는 '정보통신망법'에 근거해 방송통신심의위원회의 심의 대상이다. 위원회는 심의 뒤에 '정보통신서비스 제공자 또는 게시판 관리·운영자'에게 해당 정보의 처리를 거부·정지 또는 제한하도록 명하거나 명할 수 있다. 다음, 네이버 등 국내 플랫폼 사업자들과 달리 초국적 기업인 구글-유튜브에 행하는 처분에는 대상의 자발적 협조가 꼭 필요하다. 그 때문에 불법 정보에 대한 해석이 서로 다를 수 있는 민감한 정치적 내용을 담은 콘텐츠 등의 경우에는 그 처리를 두고 언제든 갈등이 불거질 수 있다(장철준, 2020).

유튜브는 2019년에 증오심 표현 등과 관련한 커뮤니티 정책을 추가했다. 노골적으로 폭력을 부추기지 않더라도 차별, 분리, 배제를 정당화하기 위해 인종, 종교, 성적 지향 또는 기타 집단이 우월하다고 주장하는 콘텐츠를 삭제하겠다는 내용이다. 좀 더 구체적으로 연령, 카스트, 장애, 민족, 성 정체성, 국적, 인종, 이민 신분, 종교, 성별, 성적 취향, 큰 폭력 사건의 피해자와 친인척, 군필 여부 등의 특성을 문제 삼아 개인이나 집단에 대한 폭력 또는 혐오감을 조장하는 콘텐츠가 제재 대상이다. 교육, 기록, 과학, 예술을 목적으로 하는 경우 증오심 표현을 포함한 콘텐츠가 허용되나 관련 단체나 주장을 지지하는 내용은 여기에 해당하지 않는다. 영상 삭제 외에 채널 자체에 대한 불이익도 있다. 처음으로 증오 표현 영상을 게재한 이용자에게는 정책 위반에 대한 메일이 발송되며(고지), 채널에는 '주의'가 주어진다. 두 번째로 정책을 위반할 때는 '경고'가 적용되며, 경고를 3회 받으면 채널이 '해지'된다(이소은·최순욱, 2020). 플랫폼의 노력도 중요하지만 무엇보다 유튜브 공간의 주체인 우리가 각자의 정체성을 확립할 필요가 있다. 유튜버는 자신이 만든 콘텐츠가 사회적으로 미치는 영향을 고려해 모두에게 이롭고 선한 콘텐츠를 제작하고자 노력해야 한다. 이용자도 유튜브 미디어를 바로 볼 수 있는 역량을 함양하고 편향된 시각에 갇히지 않도록 노력해야 한다.

4) 유튜브의 윤리적·주체적 소비: 책임 있는 윤리 준수와 좋은 콘텐츠의 선별

미디어 윤리와 규범은 미디어를 활용할 때 서로 지켜야 할 기본 질서다. 우리는 책임 있는 개인으로서 미디어를 활용할 때 배려, 예절, 윤리를 지켜야 한다. 콘텐츠를 기획하고 제작할 때 표절 방지, 개인 정보 보호, 데이터 보안을 지키며 '저작권법'을 비롯한 관련 법을 준수하는 역량은 미디어 리터러시에서 중요한 요소다.

윤리와 규범은 사회적 논란이 되고 있는 허위·조작 정보의 폐해 등을 없애기 위해 필요한 요소다. 미디어 콘텐츠 생산자로서 자기 목소리를 내기 위해서는 생산한 콘텐츠의 내용이 사실에 어긋나지 않아야 하며 다른 사람의 권리를 함부로 침해하지 않아야 한다. 표현의 자유를 앞세운 나머지 자신도 모르게 사회질서 혼란의 진원지가 될 수 있음을 자각해야 한다(봉미선·신삼수, 2020).

유튜브에 콘텐츠가 몇 개나 올라와 있을까? 헤아리는 것조차 의미가 없을 지경이다. 사람들이 유튜브를 애용하는 첫째 이유가 '다양성'이다. 언제 어디서나 이용할 수 있는 것도 장점이지만 무엇보다 내가 보고자 하는 콘텐츠가 그곳에 '있기' 때문에 즐겨 찾는다. 해당 콘텐츠의 깊이, 완성도, 제작비는 그다음 고려 요소다. 무수한 서적 가운데 양서良書를 골라 읽을 필요가 있듯이 유튜브에서도 이왕이면 좋은 콘텐츠, 완성도 높은 양질의 콘텐츠를 선택해 보는 것이 좋다. 시간을 아끼는 측면에서도 필요하고 올바른 정보와 유용한 지식을 얻기 위해서도 꼭 필요한 일이다.

그러면 어떤 콘텐츠가 좋은 콘텐츠일까? 소비자 입장에서 좋은 콘텐츠라면 그동안 텔레비전 방송 프로그램을 고를 때 적용했던 잣대가 어떨까? 먼저 어떤 채널을 고를지 결정해야 한다. 물론 유튜브는 채널 중심으로 접근하지 않는다. 추천이나 검색에 의한 콘텐츠 위주의 접근이 일반적이다. 그럼에도 누가, 어떤 장르를, 어떤 의도로 만들어가는 채널인지 파악하고 고를 필요가 있다. 운영자가 해당 분야에서 전문성을 충분히 인정받은 전문가이거나 믿을 만한 기관에서 개설한 채널이면 크게 의심하지 않아도 된다. 하지만 이용자의 시선을 끌려고 과도한 내용으로 화면을 채우거나 내용 구성이 지나친 채널이라면 피하는 것이 상책이다. 양질의 콘텐츠를 찾아 나설 때 해당 채널이 확보한 구독자 수도 참고할 만하다. 유튜브에서 구독은 해당 채널을 정기적으로 방문하겠다는 의사 표시다. 수많은 구독자를 보유한 채널은 나름대로 공신력을 확보했다고 해석할 수 있다. 구독자 10만 명 이상을 보유한 국내 유튜브 채널은 4500개(2020년 6월 기준) 정도다. 뚜렷한 기준은 없지만 구독자가 5만 명 이상이면 콘텐츠가 꾸준히 올라오고 믿을 만한 크리에이터로 볼 수 있다.

그렇다면 어떤 콘텐츠를 좋은 콘텐츠로 볼 수 있는가? 믿을 만한 채널(정보원)에서 올린 콘텐츠라면 덜 의심해도 좋다. 믿을 만한 채널이 추천하는 콘텐츠라면 의심의 여지가 크게 줄어든다. 다만 구독자와 조회 수를 늘리기 위해 시류에 편승한 콘텐츠는 아닌지 한 번 더 판단할 필요는 있다. 유튜브에서 주류를 형성하는 콘텐츠는 엔터테인먼트, 음악, 브이로그 등이다. 여기에 시사, 교양, 교육 관련 콘텐츠가 이용자들의 시선을 끌고자 손짓한다. 구글의 「투명성 보고서」에 따르면 음란물, 폭력을 조장하는 콘텐츠, 괴롭힘, 따돌림, 증오를 표현하는 콘텐츠 등이 꾸준히 삭제되고 있다. 댓글이나 영상을 삭제하는 것에서 나아가 채널 자체를 차단하기도 한다. 플랫폼이 미처 확인하지 못한 나쁜 채널이나 콘텐츠에 내가 먼저 노출될 이유는 없다.

좋은 콘텐츠는 무엇보다 내가 찾는 영상이다. 수동적인 뷰어가 아니라 능동적인 이용자로서 유튜브에 다가가는 것이 중요하다. 유튜브 알고리즘이 추천하는 영상보다 내가 키워드로 찾아보는 콘텐츠를 늘려가는 것이 좋다. 나쁜 콘텐츠일수록 인터넷 포털에서 쉽게 찾아볼 수 있는 '구독자 늘리는 법', '조회 수 늘리는 법'을 충실히 좇아 이용자를 유혹한다. 내가 찾는 좋은 콘텐츠는 눈에 쉽게 띄지 않을 가능성이 높다. 내가 찾아 나설 때 비로소 유튜브 알고리즘에 포위되지 않는다.

최근에 올라온 영상과 올라온 지 한참 지난 영상은 어떻게 다를까? 신문이 다르고 잡지가 다르고 단행본이 다르고 고전이 다르듯 유튜브 영상도 하나하나 성격이 다르다. 무조건 따끈따끈한 영상, 보기 쉬운 짧은 영상에서 벗어날 필요가 있다. 유튜브에서는 오래된 좋은 영상을 쉽게 검색해 볼 수 있다. 유튜브의 다양한 콘텐츠를 유용하게 이용할 때 좋은 콘텐츠를 내 손안에 들일 수 있다.

4. 결론

유튜브는 많은 것을 바꾸어놓았다. 시청자가 프로그램에 참여하는 행태를 되짚어 보면 가히 혁명이라고 할 수 있다. 라디오가 대세이던 시절에 대부분의 시청자는 전파를 통해 흘러나오는 사연을 일방적으로 듣기만 했다. 극히 일부의 청취자가 우편엽서에 자기 의견과 사연을 전하고 전화를 걸어 생방송에 참여하는 정도였다. 텔레비전 시대에도 플랫폼의 특성상 시청자 참여는 소극적인 수준에 머물 수밖에 없었다. 그러던 것이 미디어 환경이 변화하면서 시청자의 역할뿐만 아니라 제작 기획사의 마케팅 방식도 바뀌었다. 과거에는 신곡이 나오면 라디오와 텔레비전을 찾았다. 요즘은 어떤가? 인터넷 포털의 라이브 방송에서 발표하거나 뮤직비디오를 유튜브에 올리는 것으로 대신한다. 방송사 문을 두드릴 생각은 아예 하지 않는다.

유튜브에서는 원하는 전문 분야의 정보를 얼마든지 찾아볼 수 있다. 음악을 들을 수 있고 운동 강습 영상도 볼 수 있으며 전문 강의도 쉽게 찾아볼 수 있다. 유튜브는 전 세계적으로 분당 수백 시간 분량의 콘텐츠가 업로드되는 플랫폼이다. 그렇다 보니 그림자도 짙다. 이른바 가짜 뉴스로 불리는 허위·조작 정보가 버젓이 노출된다. 유튜브가 플랫폼 차원에서 허위·조작 정보에 딱지를 붙이고 이용자를 현혹하거나 선정성 가득한 영상을 매달 수백만 건씩 삭제하고 있지만 분명히 한계는 존재한다. 이를 법·제도적으로 규제하는 방법도 마찬가지다. 규제의 한계는 좋은 콘텐츠와 나쁜 콘텐츠를 가르는 기준만큼 복잡하고 어렵다. 어설픈 규제는 창작과 표현의 자유를 짓누를 수 있기에 신중해야 한다는 의견이 지배적이다.

결국 이용자가 현명해지는 방법밖에 없다. 더 이상 유튜브 알고리즘에 끌려다니지 말고 각자의 의지에 따라 이용할 수 있어야 한다. 리터러시 개념과 역량에 기반해 분별력을 갖고 콘텐츠에 접근할 때 단순한 수용자에서 벗어날 수 있다. 적확한 정보를 선택하고 허위·조작 정보를 구별할 줄 아는 역량, 유튜브의 추천 알고리즘과 필터 버블과 에코 체임버에 대한 비판적 이해, 사회적으로 이롭고 민주주의 발전에 기여할 만한 창의적 활동이 가능하다면 리터러시 역량을 갖추었다고 볼 수 있다. 리터러시 교육의 궁극적 목적은 시민성 향상에 있다. 미디어를 주체적으로 이용하고 비판적으로 바라보는 시민들이 민주주의를 지켜낼 수 있다. 좋은 콘텐츠를 시청하고 구독하며 추천하고 공유하는 과정 하나하나에 리터러시 역량과 핵심 개념이 작동한다. 유튜브는 더 이상 흥미만을 쫓는 '황색 지대'가 아니라 세 살 아이부터 백 살 어르신까지 서로 어울려 노니는 '마을'이다. 그 나름의 질서 속에서 '녹색'이 넘실대는 초원이어야 한다. 리터러시를 통해 소외되는 사람이 없고 끌려다니는 사람이 없는 '황색이 아닌 녹색' 공간을 만드는 일이야말로 우리 모두의 책임이다.

참고문헌

강준만. 2019. 「SNS·모바일·유튜브 시대의 언론: '기술결정론의 독재'를 넘어서」. ≪인물과사상≫. 제251호(3월호). 47~84쪽.

구글(Google). 2021. 「투명성 보고서」 중 '정부의 콘텐츠 삭제 요청'. https://transparencyreport.google.com/government-removals/overview?removal_reasons=period:;reason:&lu=removal_reasons&removal_items=group_by:totals;period:&removal_requests=group_by:totals;period:.

김완·변지민. 2018.9.28. "가짜뉴스 기지, 일베에서 유튜브로⋯ 20대가 가장 많이 본다". ≪한겨레≫. https://www.hani.co.kr/arti/society/society_general/863635.html.

김인식·김자미. 2021. 「유튜브 알고리즘과 확증편향」. ≪2021 한국컴퓨터교육학회 동계 학술대회 학술발표 논문집≫, 제25권 1호, 71~74쪽.

김태성·권기범·전남혁. 2021.2.24. "백신이 치매 유발? 접종 앞두고 가짜뉴스 판친다". ≪동아일보≫. https://www.donga.com/news/article/all/20210224/105581058/1.

김형진. 2021.4.30. 「10대를 위한 슬기로운 유튜브 생활」. 한국언론진흥재단 웹진 ≪미디어리터러시≫. https://dadoc.tistory.com/2945.

≪뉴스와이어≫. 2020.12.22. "고려대 빅데이터융합연구단, 디자인 씽킹 방법론 활용 '유튜브 리터러시' 역량 강화 교육 프로그램 및 평가지표 개발". https://www.newswire.co.kr/newsRead.php?no=916331.

문화체육관광부. 2018. 「개인미디어콘텐츠 육성방안 연구」.

박정훈. 2021.3.25. "유튜브는 어떻게 '백신 거부자'를 만드나". ≪오마이뉴스≫. http://www.ohmynews.com/NWS_Web/View/at_pg.aspx?CNTN_CD=A0002729842&CMPT_CD=P0010&utm_source=naver&utm_medium=newsearch&utm_campaign=naver_news.

방송통신위원회. 2021. 「2020년 방송매체 이용행태 조사」.

변상욱. 2019. "한국 언론의 미래 지형과 미디어 리터러시". 제10차 지혜한국포럼 발제 영상(2019.4.1). https://www.youtube.com/watch?v=GAHf1i0-XJ0.

_____. 2020.3.31. "가짜뉴스에 속지 않는 7가지 방법". YTN News. https://www.ytn.co.kr/_ln/0103_202003311959543593.

봉미선. 2019. 「스마트 미디어 시대 미디어 교육과 방송」. 『스마트미디어시대, 미디어 교육과 방송의 역할』, 한국방송학회 세미나 자료집(2019.10.18).

봉미선·신삼수. 2020. 「디지털 시대 미디어 리터러시 역량 증진을 위한 공영방송의 역할 고찰」. ≪방송과 커뮤니케이션≫, 제21권 3호, 41~75쪽.

양정애. 2021.2.23. 「유튜브 이용자들의 '유튜버'에 대한 인식」. ≪미디어이슈≫, 제7권 1호. 한국언론진흥재단.

원용진. 2018. 「미디어 생태학적 관점에서 본 미디어 리터러시 교육」. 원용진 외. 『4차 산업혁명 시대의 미디어 리터러시 교육』, 14~46쪽. 지금.

이소은·최순욱. 2020. 「유튜브의 콘텐츠 극단화: 알고리즘이 만드는 '현실'일까? '신화'일까?」. ≪2020 해외 미디어 동향≫, 봄호. 한국언론진흥재단.

이승한. 2021.4.23. "유튜브 전성시대, 사라진 건 텔레비전만이 아니다". ≪한겨레≫. https://www.hani.co.kr/arti/society/society_general/992405.html.

장슬기. 2021.4.20. "누가 언론사 목에 디지털을 달 것인가". ≪한국기자협회보≫. http://www.journalist.or.kr/m/m_article.html?no=49230.

장철준. 2020. 「구글, 이성과 선동의 광장 사이에서: 구글·유튜브의 불법정보 유통과 삭제 문제」. ≪언론중재≫, 제156호(가을호), 36~45쪽.

한국언론진흥재단. 2019. 『유튜브 추천 알고리즘과 저널리즘』.

Futurelab. 2010. "Digital literacy across the curriculum."

Media Smarts. 2019. 'Digital Literacy Fundamentals.' https://mediasmarts.ca/digital-media-literacy/general-information/digital-media-literacy-fundamentals/digital-literacy-fundamentals.

Software carpentry. 2019.4.10. https://statkclee.github.io/parallel-r/recommendation-sys.html.

Thoman, E. and T. Jolls. 2008. "Literacy for the 21st century: An overview and orientation guide to media literacy education." Center for Media Literacy.

제8장

올바른 유튜브 시청과 채널 운영

이상호 ┃ 경성대학교 미디어콘텐츠학과 교수

이 장에서는 유튜브를 시청하는 올바른 태도와 효과적인 채널 운영 방안을 제시한다. 또한 바람직한 유튜브 채널 운영과 시청자의 사례를 들고, 어린이 유튜브 이용자의 중독 가능성에 대한 진단법을 제시해 우리 사회가 건강해지는 방안을 제안한다.

구체적으로 '유튜브 채널 운영자가 알아야 하는 생존 방법' 절을 통해 구독자와 조회 수에 매몰되지 않기를 권고했다. 유튜브 채널을 운영한다면 왜 이일을 하는지 분명한 동기를 갖고 하라는 점, 꾸준하게 임하되 끊임없이 구독자와 소통하라는 점 등을 알려주었다. 구독자 수와 조회 수를 올리는 바람직한 방법으로는 주제 선정과 기획, 알고리즘이 원하는 영상 길이, 저작권 확보와 시비 회피 등의 방법을 소개했다.

'바람직한 유튜브 시청자의 자세' 절에서는 유튜브의 편향성에 대비하는 방법, 거짓 정보, 부적절한 섬네일, 광고에 유혹되지 않는 방법, 어린이의 시청 시간제한과 중독 방지 등을 알려주었다. '바른 시청과 채널 운영의 모범 사례' 절에서는 건전한 삶의 기록 공간으로서 유튜브를 이용하는 사례 등을 정리했다. 끝으로 첨단 기술의 진화가 변화시킬 유튜브의 미래 전망을 다루었다.

1. 서론: 개방형 플랫폼을 바라보는 바른 자세

최근 수년 사이에 유튜브는 전통 미디어를 제치고 가장 영향력 있는 미디어 플랫폼으로 주목받고 있다. '저마다 나의 채널'을 운영하겠다는 이용자들로 북적인다는 점이 유튜브가 기존의 미디어와 구분되는 특징이라고 할 수 있다. 그렇다 보니 유튜브 이용자들은 영상을 시청할 때마다 강제로 접하게 되는 광고나 추천 영상 리스트를 보며 미래에 채널 운영자가 된 자신의 모습을 상상하고는 한다. 즉, 유튜브 이용자들은 시청자의 입장에서 영상을 보는 것만큼 제작자로서 채널을 만들고 영상 콘텐츠를 창작하는 데 많은 관심을 갖게 되는 것이 특징이다.

최근 언론 보도에 따르면 인구수에 대비해 수익 창출이 가능한 국내 유튜브 채널의 수가 미국이나 인도보다 많은 세계 1위라고 한다. 인구 529명당 하나로 미국의 666명당 하나보다 많으며 인도, 브라질, 일본 등이 뒤를 이었다고 한다(이동우, 2021.2.3). 2021년 2월 국회에 보고된 자료를 보면 국세청 종합소득 신고자 가운데 유튜버는 2776명으로 총 875억여 원을 신고해 1인당 평균 3152만 원을 번 것으로 나타났다. 이 중 상위 10%에 해당하는 277명은 연평균 2억 2000만 원의 수입을 신고했다. 그나마 이는 2019년 신고 자료 기준이며, 미신고자와 2021년의 상황을 감안하면 더 급증했으리라고 예상할 수 있다.

상황이 이렇다 보니 시중에는 유튜브 조회 수와 구독자 수 늘리기처럼 새로운 미디어 플랫폼에 특화된 기술 위주의 동영상, 블로그, 서적 등이 주목받고 있다. 반면에 유튜브 시청자와 채널 운영자를 바른 길로 안내하려는 목적의 리터러시 서적은 드물다. 물론 기존의 유튜브 관련 도서 저자나 수십만 명의 구독자를 보유한 유튜버들이 자신의 전문적인 영상 편집과 마케팅 기술을 책으로 낸 것이 문제라는 이야기는 아니다. 다만 유튜브가 전 세계적으로 영향을 미치는 상황에서 유튜브 시청자와 채널 운영자들에게 특화된 전문 기술 이상으로 올바른 미디어 이용자로서의 자세가 필요하다는 점을 강조하고 싶다.

실제로 출판사의 인위적 마케팅 상술에 영향을 받는 서점의 베스트셀러 매대에서 올바른 유튜브 시청과 채널 운영을 다룬 책을 찾기란 쉽지 않다. 이미 다수의 언론과 학자들이 유튜브에서 벌어지는 일탈과 잘못된 이용에 대해 경고했고, 유튜브 이용자들도 뉴스나 현실에서 다양한 오용 사례를 접하고 있다. 하지만 이용자들에게 스스로를 보호하고 피해자가 되지 않는 법을 체계적으로 알려주는 과제는 정부 기관과 관련 연구자들의 부담으로 남게 될 듯하다.

이 장에서는 '유튜브 채널 운영자가 알아야 하는 생존 방법' 절을 통해 구독자 수와 조회 수에 매몰되지 않기를 권고했다. 채널을 운영한다면 왜 이 일을 하는지 분명한 동기를 갖고 하라는 점, 꾸준하게 임하되 끊임없이 구독자와 소통하라는 점 등을 알려주었다. 구독자 수와 조회 수를 올리는 바람직한 방법으로는 주제 선정과 기획, 알고리즘이 원하는 영상 길이, 저작권 확보와 시비 회피 등의 방법을 소개했다.

'바람직한 유튜브 시청자의 자세' 절에서는 유튜브의 편향성에 대비하는 방법, 거짓 정보, 부적절한 섬네일, 광고에 유혹되지 않는 방법, 어린이의 시청 시간제한과 중독 방지 방법 등을 알려주고, 유튜브의 긍정적·부정적 기능에 대한 이해를 제시했다.

'바른 시청과 채널 운영의 모범 사례' 절에서는 건전한 삶의 기록 공간으로서 유튜브를 이용하는 사례, 학원 수강 대신에 유튜브 시청만으로 국가고시에 합격한 사례 등을 정리했다. 마지막 절에서는 진화하는 미래 기술이 유튜브를 어떻게 변화시킬지 전망하면서 우리가 유튜브라는 매체를 어떻게 대해야 할지 진지하게 되묻는 자리를 마련했다.

2. 유튜브 채널 운영자가 알아야 하는 생존 방법

1) 첫술에 배부를 수 없는 법: 구독자와 조회 수는 숫자에 불과하다

유튜브에서 채널을 개설하고 영상을 만들어 업로드하는 것은 너무 쉬운 일이다. 기술 능력치의 기본에도 해당하지 않는 수준으로 거의 직관적이고 원초적인 감각만으로도 가능하다. 구글 아이디로 유튜브에 로그인한 뒤에 업로드 버튼을 누르고 스마트폰에서 영상을 선택하면 그만이다. 채널 명칭과 이미지를 설정하고 영상의 설명 글을 적는 것은 '다음 이메일'이나 '네이버 블로그'를 처음 해볼 때처럼 쉽다.

아마 오랫동안 생각에 생각을 더해 주제를 정하고, 어떤 영상을 만들지 기획하는 데 많은 노력을 했을 것이고, 본인에게 유튜브에서 통할 만한 어떤 재능이 있는지 고민하며 시작했을 것이다. 그러나 그렇게 고심하며 여러 날 찍고 편집한 소중한 작품을 업로드해 보면 곧이어 비참해진 자신을 발견하게 된다. 아무도 자발적으로 내 영상을 시청하지 않음을 깨닫는 데 많은 시간이 걸리지 않는다. 드넓은 사막 위에 홀로 선 느낌, 흘러가는 강물 위에 작은 나뭇잎 하나 떠 있는 황량함을 느끼고는 곧이어 소개 글을 고쳐보고, 태그를 수정하고, 섬네일도 바꾸어보지만 그리 달라지는 것은 없다. 주변 지인들에게 내가 채널을 개설했으니 한 번 보아달라고 부탁하지만 아무도 나서서 '좋아요' 버튼을 눌러주지 않을뿐더러 구독해 주지도 않는다. 친한 친구나 가족으로부터도 외면당하는 뼈아픈 경험을 겪기도 한다.

왜 이런 문제가 발생하는지 전문가의 자문을 받아볼 수도 있다. 사실 원인은 단순하다. 재미가 없기 때문이다. 유튜브는 분당 수백 시간의 영상이 업로드되는 우주 같은 공간이다. 그 거대한 공간에 재미있는 영상이 넘쳐나는데 굳이 잘 알려지지 않은 채널의 재미없는 영상을 볼 이유는 없는 것이다. 유튜브 알고리즘도 처음 올린 영상을 추천 리스트에 보여줄 정도로 관대하지 않다.

광고나 마케팅에서 흔히 거론되는 3B Beauty, Beast, Baby의 법칙을 따라 아름답거나 동물이거나 어린이가 출연하는 등의 범주에 속하거나 고도로 흥미를 유발하는 빵 터지는 재미라도 있어야 한다. 특히 '3B 캣(cat)', 즉 3B의 총합이라고 할 만한 '예쁜 아기 고양이'는 무조건 대박을 치는 소재다. 그러나 지금은 인기 채널이라고 해도 첫 영상을 올릴 때부터 대박을 치는 경우는 그리 흔치 않다. 유명 유튜버들의 첫 영상을 찾아보면 재미없고 촌스럽기 그지없는 것을 발견하게 된다. 그러니 처음 올린 작품 몇 개로 섣불리 실망할 필요는 없다.

또한 본인이 가진 재능을 본인 스스로 파악하기가 쉽지 않다. 나에게 어떤 재능이 있는지, 나의 어떤 면이 매력적인지 알기가 참으로 어렵다. 필자의 경우 어떤 영상을 심혈을 기울여 기획하고 촬영해 업로드했는데, 필자가 역점을 두고 설정한 영상적 장치가 아닌 전혀 생각하지 못했던 부분에서 재미를 느꼈다는 시청자 평가에 놀랐던 적이 한두 번이 아니다. 이런 기분은 마치 영화감독이 원작을 각색해 완성한 영상 내용을 관람하고는 원작자의 의도와 다르게 평론가나 관객들이 각자 상이하게 해석하며 새로운 의미를 부여하는 것과 유사한 상황이라고 할 수 있다. 세상은 넓고 관객의 시선과 인식은 그만큼 다양하다. 그것을 본인이 어떻게 미리 알겠는가. 영상에 대한 평가와 해석은 관객의 몫이다. 그러니 채널 운영자는 조회 수를 올리기 위해 마음을 졸이기보다 채널의 정체성을 정하고 스스로 생각한 방향으로 영상을 제작하고 초연하게 운영하는 것이 바람직하다.

2) 동기 부여: 내가 채널을 운영하는 이유를 항상 되물어라

유튜브 채널을 운영하다 보면 문득 '내가 이런 짓을 왜 하고 있지?'라는 생각이 드는 경우가 많다. 저마다 여러 이유로 유튜브 채널을 운영하겠지만, 직장에서 상사가 시키거나 학교 수업 과제로 만드는 경우를 제외한다면 그래도 자발적 동기로 유튜버가 된다. 자발적 동기도 여러 가지로 나뉘는데, 부업이나 생계가 목적일 수도 있고 취미 활동의 확장일 수도 있다. 돈을 벌기 위한 수익 창출 목적이 가장 절실해서 오래 갈 것 같지만, 돈은 내적 동기를 오랫동안 유지하는 데 오히려 방해가 된다. 왜냐하면 기회비용 등 투입 대비 산출 결과를 놓고 경제성을 따지면 상당 기간 진전이 없는 경우가 많기 때문이다.

기본적으로 구독자가 1000명은 넘어야 하고 시청 시간이 총 4000시간은 넘어야 하는데, 이는 일반적인 초보 유튜버가 단기간에 달성하기 쉽지 않은 수준이다. 그리고 유튜브 시스템은 영상과 음악의 저작권 침해 여부를 기계적으로 탐색해 경고하고 수익 창출을 금지하는데, 해당 사유를 분명히 알려주지는 않고 결정을 일방적으로 통보하는 데 그친다. 이런 일을 당해보면 이토록 불공정하고 불합리한 경우가 있을까 싶은 것이 현실이다. 그러니 수익 창출만이 목적인 채널들은 3B를 넘어 자극적인 재료를 찾거나 비현실적인 시나리오를 설정하는 등 무리를 하게 된다.

따라서 자발적인 채널 운영의 시작은 수익 창출보다 본업이 연장된 부업이나 취미 활동의 확장이 좋다. 그리고 상당한 기간 동안은 의도적으로라도 수익 창출을 하지 않겠다고 다짐하는 것이 바람직하다. 구독자 확보에 열을 올리지 않으면서 잔잔하게 채널을 운영한다면 당연히 구독자 수의 증가 속도는 더딜 것이고 조회 수도 그리 높지 않을 것이다. 그러나 그것이 오히려 좋은 결과를 낳을 것이니 초조해할 필요가 없다. 가령 필자가 최근 발견한 채널을 보면 농부의 일상을 담은 채널, 가정생활의 소소한 즐거움을 기록한 채널, 젊은 사회 초년생의 일상 채널, 회사원이 퇴근한 뒤에 자신의 취미 생활을 남기는 채널 등이 있다. 영상을 보면 자막은 고사하고 편집조차 제대로 되지 않은 경우가 대부분이지만 수년에 걸쳐 업로드된 수백여 편의 영상은 각자의 일상을 그대로 담은 소중한 기록물들이었다. 그중 한 채널의 운영자와 연락이 되어 인터뷰해 보니 '내가 살아온 인생을 기록하는 아카이브'로 생각하고 운영한다는 답을 들을 수 있었다.

유명 유튜브 채널의 운영자나 돈독이 오른 유튜버들은 호기심을 발동시킬 만한 쇼킹한 주제를 찾거나 영상에서 편집, 자막, 효과음 등에 공을 들이는 일 때문에 매일 스트레스를 받는다고 한다. 이런 자세는 이들의 순수했을 초기 모습과 동떨어진 것이다. 처음부터 일확천금을 노리며 옷을 벗고 성인물로 직행하는 경우가 아니라면, 게임을 따라 하거나 이를 중계하거나 영화나 드라마를 소개하는 채널 등도 애초 돈 때문이 아니라 취미 활동의 확장이었을 것이기 때문이다.

유튜브를 운영하다가 아이디어가 고갈되어 휴식이 필요하다면 한동안 영상 제작을 멈추고 쉬는 것도 좋다. 영상 편집과 같은 잔기술에 능숙하지 못하다고 우울해할 필요도 없다. 문제는 그런 잔기술이 아니라 내가 왜 남들은 쉬는 시간에 영상을 찍고 편집하는지 동기가 분명하고 확고해야 한다는 것이다. 가장 중요한 것은 본인의 자존감이고 지켜봐 주는 시청자들과의 원활한 교감이라고 할 수 있다.

3) 꾸준함과 소통은 가장 중요한 능력이다

유튜브 채널 운영자가 갖추어야 할 중요한 능력 중 하나가 꾸준함과 소통이다(이상호, 2020). 앞에서 설명한 것처럼 구독자 확보에 연연하는 것은 초심을 잃게 하고 스스로를 조급하게 만든다. 그런 심리적 스트레스와 경제적 압박에 쫓기는 대신에 제작할 영상을 기획하고 준비하는 데 꾸준히 집중할 수 있어야 한다.

매일 혹은 일주일에 하나씩 영상을 업로드하겠다고 계획을 세우고 실행할 수 있는 주제와 제작 일정을 짜야 한다. 최소한 1년에 36개(열흘에 한 개꼴) 이상의 영상을 만들지 못할 것이라면 채널을 만들지 않는 편이 낫다. 채널 운영은 구독자와의 약속이며, 유튜브 알고리즘 역시 일정한 주기에 맞추어 동일하거나 유사한 주제의 영상이 꾸준히 업로드되는 것을 선호하며 이를 잠재 시청자에게 추천한다.

이는 매일 혹은 정해진 요일마다 신문에 칼럼이나 웹툰을 연재하는 작가가 받는 마감 압박과도 유사하다고 할 수 있다. 그러나 칼럼과 유튜브가 다른 점은 제작자의 자유도에 있다. 채널 운영자는 납기일 준수를 약정한 서면 계약처럼 정형화되고 법률로 구속되는 약속을 한 것은 아니다. 자신의 일정을 조율하며 구독자와 소통하고 즐겁게 창작 활동을 할 수 있다. 만약 영상 제작 과정이 즐겁지 않다면 초심을 잃은 것이니 마음껏 쉬고 다시금 즐거운 작업이 될 때까지 마음의 준비를 해야 한다.

본인이 현실에서는 직접 만나기 힘든 시청자와 댓글이나 '좋아요'로 소통하는 경험은 매우 특별하다. 필자의 경우 인기 드라마를 소재로 만든 영상을 업로드했을 때 K-드라마에 심취한 남아메리카와 동남아시아의 팬들과 즐겁게 대화를 나눈 경험이 있다. 한국의 아름다운 풍경을 영상으로 만들었을 때는 코로나19 사태로 여행을 올 수 없는 해외 구독자가 남긴 댓글에 다시 댓글을 쓰며 서로 위로했던 기억이 있다. 자신이 만든 영상을 주제로 지구상 어디에 있는지도 모르는 시청자와 대화하고 소통하는 경험은 채널을 꾸준히 운영하게 만드는 에너지가 된다.

제대로 된 운영자라면 한 해에 100개씩 10년을 꾸준히 업로드해서 1000개의 영상을 축적하겠다고 다짐할 수 있어야 한다. 물론 운영자가 남다른 재능을 갖고 있다면 그보다 적은 영상으로도 큰 성과를 낼 수 있겠지만, 꾸준하지 못하다면 그 성과는 사상누각에 불과할 것이다.

필자는 미디어 전공자를 대상으로 한 수업에서 의무적으로 1인 1채널을 개설하도록 요구하고 업로드된 영상을 구독자 수나 조회 수가 아닌 양질적 과정의 측면에서 평가해 왔다. 수업에서 평가를 받는 상황인 만큼 독자들은 학점을 잘 받으려는 학생들이 꽤 많은 영상을 꾸준히 잘 올렸으리라고 짐작할지 모르겠다. 결과는 정반대였다. 학생들의 첫 영상은 평균적으로 수업을 시작한 지 4주 정도 지나야 올라왔으며, 한 학기가 끝날 때까지 영상을 10개 이상 업로드한 학생은 손에 꼽을 정도로 드물었다. 아무래도 미디어 전공자들이다 보니 1년이나 2년 정도 지켜보면 나아지는 경우도 있지 않을까 싶어 2년 넘게 추적 관찰을 해보았지만 영상 숫자에 큰 변화는 없었고 다수는 채널을 비공개로 전환하며 운영자의 길에서 이탈했다. 학생들에게 '구독자 수와 조회 수로 평가하겠다고 했으면 어땠을까?'라는 생각도 해보았지만 그런 평가 방식은 분명 부작용을 부를 수 있기에 교육 방식으로는 적절하지 않을 것이다. 학생들은 앞서 언급했던 채널 운영의 동기가 형성되지 않은 상황에서 강제로 과제물을 제출하는 심정으로 임했으니 내적 즐거움이나 꾸준함과 같은 열정이 부족했을 것이다. 독자 중에 20대 대학생을 대상으로 유튜브 채널 운영을 평가하는 수업에서 꾸준히 성과를 본 사례가 있다면 꼭 필자에게 연락을 주기 바란다. 혹시 '학생들의 유튜브 채널 운영을 금지한다면 청개구리 같은 심정이 되어 되레 기를 쓰고 하지 않을까'라는 생각도 해보았지만 현실적으로 그럴 수는 없는 노릇이다. 꾸준한 채널 운영은 확실한 동기와 노력이 동반되어야 가능하다고 볼 수밖에 없다.

4) 구독자 수와 조회 수를 올리는 바람직한 방법

앞서 언급한 마음의 준비가 완료되었는가? 그렇다면 스마트폰이나 카메라로 촬영하고 편집해 유튜브에 업로드할 수 있는 포맷으로 영상을 만들면 된다. 유튜브 알고리즘이 선호할 만한 영상을 만들면 좋은데, 여기서는 핵심 요소를 중심으로 정리해 본다.

(1) 주제 선정, 기획, 포맷 설정

유튜브 채널 운영자가 기업이 아닌 개인이라면 시간과 비용의 제약을 고려할 때 주제의 접근성이 가장 중요하다. 운영자 본인의 주변에서 최대한 재원을 절약하며 경제적으로 제작할 수 있는 주제를 선정해야 한다. 콘텐츠 주제에 차별성을 부여하는 것은 장단점이 있으므로 크게 신경 쓰지 않아도 무방하다. 오히려 차별성이 적은 주제가 유튜브 알고리즘의 추천을 받기 좋은 측면이 있다. 유튜브에는 각양각색의 주제를 다룬 영상이 업로드되기에 이 세상에 존재하지 않는 주제를 잡는다는 것은 거의 불가능하며, 특정한 주제 안에서 제작자의 주관이나 개성을 표현한 콘텐츠가 대다수다. 따라서 나만의 독특함이나 차별화보다 내가 쉽게 접근할 수 있는 영상 재료로 주제를 구성하는 것이 접근성과 노출 측면에서 도움이 된다.

영상 콘텐츠 유형으로 추천할 수 있는 포맷은 다음과 같은 19가지 타입으로 구분할 수 있다. 여기서는 간략하게 제목 중심으로 나열해 본다(이상호, 2020).

영상 콘텐츠로 추천하는 19가지 유형

① 전형적인 기성 제작 콘텐츠RMC: Ready Made Content(이하 RMC) 유형: 드라마, 보도, 연예, 교양 프로그램

② 유사 RMC 유형: 민·관 기관의 공식 소통 채널, 개그, 콩트, 상황극

③ 영화, 애니메이션, 드라마 유형

④ RMC 해설과 비평 유형

⑤ 3B 중심의 유형: 어린이, 동물, 심미와 관련된 주제

⑥ 음악 소개, 리액션과 모음 유형

⑦ 스포츠의 중계, 해설, 잡담 유형

⑧ 게임의 소개, 해설, 잡담 유형

⑨ 춤과 음악을 따라 하기 유형

⑩ 전문가(기술, 생활) 노하우의 전달, 교육 유형: 요리, 음악, 영상, 운동, 설비

⑪ 전문 지식의 정리, 교육 유형: 인문, 사회, 과학, 예체능, 융합 등 학술적 수준

⑫ 정치, 종교, 신념, 법률, 경제에 관한 발표, 토론, 인터뷰, 해설 유형

⑬ 개인의 일상 녹화, 브이로그 유형

⑭ 개인의 독백, 잡담, 대담 유형

⑮ 자연 풍경, 힐링healing, 명상 유형

⑯ 여행, 맛집 투어, 명소 탐방 유형

---

⑰ 영상 모음, 편집 영상 유형

⑱ 현장 중계, 실시간 라이브 유형

⑲ 잠입 취재, 탐색, 체험, 먹방, 언박싱unboxing, 제품 비교 테스트 유형

(2) 알고리즘이 원하는 영상의 길이

유튜브는 영상 플랫폼이라기보다 광고 플랫폼에 가깝다. 광고를 영상의 처음, 중간, 끝 부분에 적절히 배치하기 위해 짧은 영상보다 긴 영상을 선호한다. 유튜브 알고리즘은 통계적으로 10~16분 사이의 영상 길이를 많이 추천하고, 이들이 '좋아요' 응답에 효과적이라고 한다. 가령 18분 길이의 영상이 5분 이내의 영상보다 두 배 이상의 '좋아요' 응답을 받는 것으로 조사되었다. 유튜브 알고리즘은 길이가 2분이 되지 않는 영상은 전혀 선호하지 않으며, 최소한의 추천 길이는 4분 30초라고 한다. 이런 조사 결과는 영상의 품질 평가와는 다소 무방하며, 유튜브 알고리즘이 이용자의 화면에 그만큼 추천 영상으로 노출해 주고 확

그림 8-1 **'좋아요' 응답이 많은 유튜브 영상**

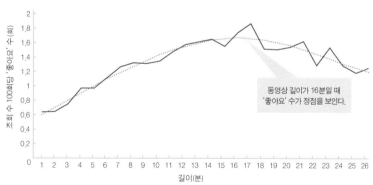

자료: Briggsby(2018.5.26); 이상호(2020).

률적으로 많이 시청되기에 '좋아요' 반응도 따라오는 것이라고 볼 수 있다. 그렇다면 영상이 한 시간 혹은 두 시간 이상으로 아주 길다면 어떨까. 앞서 언급한 것처럼 광고를 붙여야 하는 유튜브의 기계적 알고리즘은 짧은 영상보다는 비교적 긴 영상을 선호하고 더 많이 추천하는 경향이 있다는 점을 감안하면 될 것이다(이상호, 2020).

(3) 저작권의 확보와 적극적 시비 회피

유튜브의 기계적 감시 기능은 저작권 침해 경고에서 빛을 발한다. 본인의 영상과 음악에 타인의 저작물을 쓰는 것은 수익 창출을 포기하는 행위와 다를 바 없다. 미래의 언젠가 수익을 창출할 것까지 염두에 둔다면 처음부터 모든 저작권은 본인이 확보하는 것이 필수다. 심지어 어떤 경우에는 (구글이기에 가능한 무자비한 상황인데) 저작권 침해 문제로 채널 계정이 별다른 설명 없이 삭제되는 일도 있다. 반드시 본인이 영상을 직접 촬영하고 편집하기를 권하며 타인의 영상이나 음악을 쓸 경우 10초 내외를 넘기지 않는 것이 바람직하다. 그러나 유튜브가 인정하는 5초 이내라고 해도 저작권자에 따라서는 강력히 경고하는 경우도 있기에 유의해야 한다. 콘텐츠의 성격상 타인의 저작물을 다수 사용해야 하는 경우라도 본인의 더빙, 음악, 자막 등을 덧붙여 유튜브 시스템으로부터 새로운 저작물로 인정받을 수 있을 정도로 정성을 다하기를 권한다. 영상의 경우 화면의 좌우 대칭, 음악의 경우 음높이와 속도 변조 등의 방법을 다양하게 사용한다고 해도 구글의 인공지능은 잘 찾아내 곧바로 경고 메시지를 보내온다.

음악은 저작권자 사후 50년이 지난 클래식 음악은 무저작권으로 사용이 가능하나 간혹 연주자의 음반 발매 시기에 따라 경고를 받기도 한다. 저작권자가 무저작권 음악으로 공개한 경우에도 유료 사이트에 가

그림 8-2 **저작권과 관련된 유튜브의 이의 제기 화면**

소유권 주장에 대한 이의 제기: Holy Diver

자격 확인　　　　유형 선택　　　　요건 검토　　　　사유 입력

다음은 Content ID 소유권 주장에 이의를 제기할 수 있는 사유로 타당하지 **않습니다.**

노래 또는 동영상 사본을 소유하고 있음　　　동영상으로 수익을 창출하지 않음　　　저작권 소유자를 출처로 밝힘

☑ 위의 사유 중 해당하는 이의 제기 사유가 없습니다. 그래도 이 Content ID 소유권 주장에 이의를 제기하겠습니다.

입 조건으로 공개하는 경우도 있기에 면밀히 살펴보고 사용해야 한다. 다만 빗소리, 새소리와 같은 자연의 소리는 경험적으로 까다롭지 않은 것으로 알려져 있다. 만약 본인의 콘텐츠가 정당한데 저작권 경고를 받았다면 적극적으로 이의신청해야 한다. 필자도 끈질긴 이의신청과 재신청을 통해 저작권을 인정받은 경험이 있다.

(4) 제목, 섬네일, 설명 글, 키워드, 댓글, 자동번역 등 소통 도구의 중요성

유튜브 검색은 기본적으로 영상보다 키워드에 의한 검색 체계이므로 영상을 설명하는 제목, 설명 글, 키워드에 가능한 모든 단어를 포함해야 한다. 또한 영상이 검색될 때 이용자의 시선을 사로잡을 섬네일을 만드는 데도 심혈을 기울여야 한다. 섬네일에는 영상의 내용을 암시하는 호기심을 끌 만한 이미지가 사용된다. 사람이나 동물의 안면, 특히 놀라는 표정을 넣으면 이용자가 선택할 가능성이 높아진다고 한다. 경험상 유튜버가 놀라거나 재미있어 하는 표정 등의 이미지는 확

실히 호기심을 자극하는 효과가 있다.

또한 유튜브는 국제적인 플랫폼이므로 전 세계 시청자가 보고 있다는 것을 항상 염두에 두어야 한다. 자막이 들어가는 경우 자막 설정에서 영어로 자동번역이 용이하도록 반드시 한글의 표준어와 맞춤법에 맞도록 자막을 작성해야 한다. 작성한 뒤에 영어로 자동번역되는 것을 확인해 어색한 부분이 없는지 점검해야 하며, 영어 문장에 무리가 없다면 그 밖에 제3국의 언어로 자동번역이 되어도 무방하다고 생각해도 된다.

댓글의 경우 댓글 작성자가 해당 국가의 언어로 올렸다면 구글 번역기를 이용해 그 나라의 언어로 답글을 쓰는 것이 바람직하다. 우리 눈에는 유사해 보이는 동남아시아 국가들의 언어, 라틴아메리카 국가들의 언어도 지역별로 다르게 쓰이는 경우가 있고 단어가 표현하는 뉘앙스도 서로 상이하다. 가능한 데까지 댓글 작성자의 국가나 언어에 대해 살펴보고 가급적 정확히 써주는 것이 시청자와 지속적으로 소통하는 데 도움이 된다.

3. 바람직한 유튜브 시청자의 자세

1) 디지털 허풍의 블랙홀: 유튜브의 편향성에 대비하라

페이스북, 인스타그램에서 불행한 사람을 찾기란 쉽지가 않다. 빅데이터 분석가인 세스 스티븐스 다비도위츠Seth Stephens-Davidowitz는 소셜 미디어 사이트를 성공 가도를 달리며 행복에 겨운 이용자들이 넘치는 것처럼 보이는 '디지털 허풍' 사이트라고 부른다(Stephens-Davidowitz, 2017). 유튜브에 들어가 보면 자신의 경험과 지식을 자랑하거나 특정한 가치관을 강요하거나 대단한 먹성을 타고난 이들이 즐비하다. 이들은 연간 수십억 원의 수입을 과시하며 좋은 집에서 살고 고급 차를 타며 인생의 황금기를 즐기는 것처럼 보인다. 그리고 유튜브 알고리즘은 이용자가 한 번이라도 머물렀던 영상과 유사한 부류의 영상을 추천하며 이용자를 끝없는 토끼 굴로 몰아 갇히게 만든다. 필자는 유튜브를 '디지털 허풍의 블랙홀'이라고 명명했다(이상호, 2020).

유튜브를 분석하는 전문가들은 유튜브 알고리즘이 선택적 지각과 확증 편향을 가속화한 결과 이용자들이 무분별하고 반복적으로 추천되는 편향된 영상에 빠져 잘못된 믿음이 굳어지는 문제를 겪는다고 우려한다. 유튜브 이용자들 스스로가 이런 편향에 빠지지 않도록 유의할 필요가 있다. 어떤 사회적 이슈가 궁금하다면 정론에 가까운 기성 언론사의 콘텐츠를 중심으로 삼고 의도적으로 여러 입장에 선 유튜버들의 영상을 다양하게 시청하는 것이 좋다. 특히 정치 분야에서 개인 유투버의 채널을 시청할 때는 가급적 반대쪽 입장을 가진 채널도 함께 보기를 권한다.

또한 알고리즘이 정한 순서에 따라 화면에 나열되는 리스트 중에서 상위에 노출되는 영상을 먼저 클릭하게 되는 암시적 편향implicit bias도 유의해야 한다. 유튜브에서는 암시적 편향을 방지하는 로직을 적용한다고 하지만 이용자 입장에서 눈에 띄는 첫 번째 추천 영상을 피해 가기란 쉽지 않다. 그리고 첫 번째 영상을 시청하는 순간 유튜브 알고리즘은 시청자를 피드백 루프feedback loop에 빠지게 한다.

보다 확실하게 편향을 방지할 수 있는 방법은 여러 개의 브라우저로 유튜브를 이용하는 것이다. 구글 크롬Google Chrome, 파이어폭스Firefox 등 서로 다른 브라우저에서 별개의 유튜브 아이디로 접속해 시청하는 방법인데, 비교적 특정 사안에 대한 편향되지 않은 정보를 골고루 확보하는 데 도움이 된다.

2) 거짓 정보, 부적절한 섬네일, 광고에 현혹되지 않아야 한다

유튜브는 아름다운 화단과 황폐한 공유지가 구분되지 않고 뒤섞인 사이버 공간이다. 대부분의 채널은 자신만이 옳다고 주장하며 아무도 배경지식이 부족한 이용자에게 (몇 발자국만 떨어져 관조하면 드러날) 선악을 구분해 안내하지 않는다. 판단은 오직 이용자의 몫이다. 순진한 이용자를 유혹하는 섬네일과 광고의 홍수 속에서 중심을 잡지 않으면 온종일 음모론에 빠져 있거나 쓰레기 더미에서 헤매게 된다.

설명 글이나 섬네일에 저속하고 부적절하며 자극적인 내용이 있다면 해당 콘텐츠를 이용하지 않는 것이 정신 건강에 좋을 수 있다. 대개 선정적이거나 폭력적인 영상은 섬네일 자체가 자극의 정점일 가능성이 크며 영상 내용도 근거가 부족하거나 거짓인 경우가 많다. 그런 영상의 시청은 시간 낭비에 불과하며, 유튜브 알고리즘이 비슷한 영상을 추천하는 데 영향을 주므로 해악이 심대하다.

그림 8-4 **구글이 제공하는 애드 블록 프로그램**

영상을 시청할 때 나오는 광고는 무조건 건너뛰도록 한다. 건너뛸 수 없는 광고가 두 개 이상 이어지거나 중간 광고가 지나치게 자주 나온다면 영상 시청을 포기하는 것이 바람직하다. 이런 채널에서 올리는 영상은 대개 미끼에 불과하며, 광고 수익에 눈이 먼 운영자가 먹잇감이 될 시청자를 기다리는 상황인 경우가 많다. 설령 그렇지 않더라도 이용자에 대한 기본적인 배려가 없는 채널로 보는 것이 맞을 것이다.

구글 크롬은 설정에서 확장 프로그램을 설치할 수 있는데 애드 블록 ad block 등의 프로그램을 설치하면 유튜브의 추천 광고를 건너뛰거나 삭제된 상태에서 이용할 수 있다.

채널의 구독자 수가 많거나 조회 수가 높다고 해서 반드시 좋은 영상인 것은 아니다. 그런 채널의 운영자가 반드시 윤리적이고 건전하며 바른 운영자라는 보장도 없다. 매장에서 물건을 구입할 때 유통기한과 품질을 확인하듯 구독을 할 때도 채널 정보와 업로드된 영상의 소개 글을 읽으며 적어도 지구상 어디에서 사는 사람인지 채널이 추구하는 바는 무엇인지 확인하는 최소한의 수고는 필요하다.

3) 어린이가 있다면 시청 시간을 제한하라

미디어 중독에 대한 연구는 다양하게 진행되어 왔다. 특히 유튜브처럼 몰입이 잘되는 영상 플랫폼의 경우 어린이 중독의 해악이 심각하므로 주의가 필요하다. 최근 짧은 동영상 플랫폼인 틱톡을 이용하던 이탈리아의 10대 소녀가 기절 게임blackout challenge을 하다가 사망하는 사건이 발생하면서 자녀를 키우는 부모라면 중독성 있는 영상 미디어에 더욱 조심해야 할 것으로 보인다.

≪투데이페어런트Today's Parent≫(2020.5.1)의 칼럼에서는 미시간 대학교의 연구를 인용하며 4~11세 사이의 어린이가 유튜브에 중독되었는지를 확인하는 아홉 가지 방법을 소개하고 있다.

어린이 유튜브 중독을 확인하는 아홉 가지 방법

① 어린이 스스로가 유튜브 사용을 중단하는 것을 통제할 수 없는가.

② 책, 장난감, 스포츠가 아닌 유튜브가 자녀에게 동기를 부여하는 유일한 수단인가.

③ 유튜브의 다음 영상이 기다려질 정도로 생각을 사로잡고 있는가.

④ 아이가 식탁에서 혹은 가족과 대화하는 중에 유튜브를 보느라고 사회화가 방해받는가.

⑤ 유튜브 시청 때문에 가족 간에 불화가 발생하는가.

⑥ 유튜브를 시청하지 않는 시간에 금단증상을 겪고 있는가.

⑦ 방과 후나 등·하교를 할 때 유튜브 시청이 점차 증가하고 있는가.

⑧ 유튜브를 몰래 보고 나서 거짓말을 하는가.

⑨ 기분이 좋지 않을 때 유튜브 시청으로 스트레스를 해소하는가.

이와 같은 징후는 유튜브 외에도 비디오게임, 소셜 미디어 등 다양한 경우에 적용해 볼 수 있는 위험신호를 확인하는 질문이다. 유튜브에 대한 의존이 지속되면 어린이의 사회성 발달과 삶의 질에 영향을 끼

표 8-1 **한국형 유튜브 중독 지수(KYAI) 확인을 위한 설문 문항**

구분	설문 문항	전혀 그렇지 않다 – 매우 그렇다
① 시간적 내성(준비 포함)	유튜브를 사용하거나 '좋아요'와 댓글 등 흔적 남기기를 생각하는 데 상당한 시간을 보낸다.	1 – 2 – 3 – 4 – 5
② 시간적 내성(사용 시간)	하루 중 총 30분 이상을 유튜브만을 이용하는 데 집중한다.	1 – 2 – 3 – 4 – 5
③ 생활 장애(본업 소홀)	유튜브 때문에 본업, 학업, 가정에 소홀한 적이 있다.	1 – 2 – 3 – 4 – 5
④ 생활 장애(업데이트)	중요한 업무 중에도 종종 유튜브의 업데이트 영상을 떠올린다.	1 – 2 – 3 – 4 – 5
⑤ 금단 불안(불안증)	유튜브를 이용할 수 없을 때 초조, 불안, 짜증을 느낀다.	1 – 2 – 3 – 4 – 5
⑥ 금단 불안(수시 확인)	유튜브상의 관심 영상이나 내 댓글에 대한 반응을 수시로 확인하고 싶다.	1 – 2 – 3 – 4 – 5
⑦ 금단 불안(과다 흥분)	유튜브에 업로드된 영상이나 댓글에 대해 필요 이상으로 흥분한 적이 있다.	1 – 2 – 3 – 4 – 5
⑧ 금단 불안(스트레스)	개인적 스트레스를 잊기 위해 유튜브를 이용한 적이 있다.	1 – 2 – 3 – 4 – 5
⑨ 중단 시도(중단 실패)	유튜브 이용을 중단하려고 했으나 실패한 적이 있다.	1 – 2 – 3 – 4 – 5
⑩ 중단 시도(조절 실패)	유튜브 이용 시간을 스스로 조절하는 데 어려움이 있다.	1 – 2 – 3 – 4 – 5

칠 수 있다.

필자는 스마트폰이나 소셜 미디어 사용의 중독을 연구한 선행 연구를 바탕으로 성인을 포함해서 자가 진단할 수 있는 한국형 유튜브 중독 지수KYAI: Korean YouTube Addiction Index를 제안했다. 열 가지 평가 문항은 〈표 8-1〉과 같다.

표에서 제시하는 진단 문항을 읽고 1점에서 5점까지 체크한 합계가 25점 이하라면 정상으로 안심해도 되는 수준이다. 이는 스스로 적절히 시간을 조절할 수 있는 단계라고 볼 수 있다. 26~30점이면 정상적이고 업무에 지장도 적으나 조만간 중독의 가능성이 있는 단계다. 31~35점은 가벼운 중독 상태이지만 스스로 사용 시간을 자각하지 못하는 단계다. 마지막으로 36점 이상이라면 중독 단계라고 볼 수 있다. 하루 사용 시간을 정하고 과몰입에 주의해야 하며 전문가의 상담이 필요할 수도 있다(이상호, 2020).

최근 코로나19 사태로 초등학교에서 원격 수업이 늘어났다. 그런데 교사들이 활용하는 원격 수업 콘텐츠 가운데 상당수가 유튜브 콘텐츠로 나타나 초등학생들의 유튜브 중독이 우려된다는 지적이 잇따르고 있다. 보고에 따르면 초·중·고교에서 원격 수업에 활용되는 유튜브 자료는 19.2%인데, 특히 초등학교에서 25.3%로 높게 나타났고 교사가 직접 개발한 자료는 16.1%에 그쳤다고 한다. 여성가족부가 2020년 실시한 초등학생 대상의 조사에서도 인터넷과 스마트폰 과의존 위험군이 15.0%로 나타났고 코로나19 사태 이후에 급증한 것으로 분석되고 있다. 초등학생의 데이터 이용량도 늘어 연간 1.8기가바이트로 2019년 (전년도) 대비 20% 증가했으며, 가족으로부터 선물받은 데이터의 양도 2019년 대비 50% 증가했다고 한다(조성흠, 2021.2.8). 물론 초등학생의 유튜브 이용이 늘어난 것은 코로나19 사태와 같은 외부 요인과 시대 흐름에 따른 것이다. 하지만 유튜브에 과의존하면서 일상이 피폐해지고 정서적인 측면까지 영향을 받는다면 그것은 개인이 아닌 사회의 문제이므로 부모와 교사를 통해 적절한 수준으로 시청 지도하는 일은 필요하다고 본다.

4) 유튜브의 긍정적·부정적 기능에 대해 이해하자

필자는 유튜브의 기능적 특성을 일곱 가지로 제시한다.

유튜브의 일곱 가지 긍정적 기능

① 정보 습득information gathering 기능

② 여론 형성opinion formation 기능

③ 동영상 콘텐츠 재생산contents production and reproduction 기능

④ 동영상 콘텐츠 공유와 전달 활동contents sharing 기능

⑤ 공동체 형성community formation 기능

⑥ 공공 또는 개인의 기록 보존history archive 기능

⑦ 광고와 커머스가 융합된 오픈 미디어 플랫폼Ad+ commerce platform
   기능

이와 같은 기능적 특성은 유튜브의 긍정적 측면을 많이 부각한 측면
이 있다. 그러나 이 내용을 반대로 생각하면 부정적 기능을 떠올릴 수
도 있으니 이 또한 새롭게 정리하면 다음과 같다.

유튜브의 일곱 가지 부정적 기능

① 왜곡된 정보의 범람과 필터링되지 않는 가짜 뉴스의 지속적 출현

② 알고리즘과 선택적 지각에 따른 극단적 여론 형성

③ 동영상 콘텐츠의 무분별한 재생산에 따른 사이버 공간의 황폐화

④ 유해한 동영상 콘텐츠의 공유와 전달에 따른 문화 충격의 가속화

⑤ 반사회적이거나 인류의 번영에 반하는 공동체의 형성 가능성

⑥ 개인 정보와 불법 정보 기록이 삭제되지 않은 채 보존

⑦ 무절제한 광고와 커머스로 선한 이용자의 피해 발생 우려

유튜브의 가장 큰 장점이자 문제점으로 4무無의 공간을 지적할 수 있다. 첫째, 저장의 한계가 없는 무제한의 사이버 공간, 둘째, 사전적 규제와 게이트 키핑이 없는 공간, 셋째, 국가적 장벽이나 문화적 할인이 없는 공간, 넷째, 윤리적 제약이 없고 내용의 변형과 조작이 가능한 공간으로 정리할 수 있다.

한편 구글과 유튜브는 자체적으로 커뮤니티 가이드라인을 제시하고 있으며, 이를 위반할 경우 별도의 통보 없이 채널 계정 삭제, 수익 창출 금지, 영상 비공개 등의 조치를 취하고 있다고 한다. 그러나 구글이 자선단체가 아니고 빅데이터와 인공지능을 이용해 광고 수익과 기업의 자산을 증대시키려고 노력하는 이상 유튜브 알고리즘은 시청자의 선한 이용 의도에 반하는 부정적 역할을 완전히 없애지는 못하리라는 것이 관련 전문가들의 중론이다. 어디까지나 유튜브는 구글의 자회사이며 사악해질 수 있는 돈벌이의 한 축을 맡고 있는 비즈니스 유닛business unit이다. 유튜브의 긍정적·부정적 기능과 영향력에 대한 충분한 이해를 바탕으로 콘텐츠에 접근하는 것이 스마트한 이용자의 자세라고 할 수 있다.

4. 바른 시청과 채널 운영의 모범 사례

1) 건전한 삶의 기록 공간으로서 유튜브를 이용하는 사례

(1) 개인의 일상을 다룬 브이로그 유형

대기업 계열사에서 근무하는 40대 김○○ 부장은 2006년부터 지금까지 15년 넘게 유튜브 채널을 운영하고 있다. 그는 1000여 개의 동영상을 보유하고 있는데 일주일에 최소 4~6개 정도 영상을 업로드하는 것으로 보인다. 영상 주제는 개인의 일상을 찍는 브이로그 유형으로 그의 가족과 주변인들의 '삶의 기록'이라고 할 수 있다. 지인들과의 여행, 테니스장과 헬스장에서의 정기적인 운동, 음악과 관련된 취미 활동, 가족 기념일 행사 등을 가리지 않고 촬영해 편집 없이 올리는 영상이 대부분이다. 최근 들어 손쉬워진 편집 기술을 배워 제목과 약간의 자막을 넣기는 하지만 그는 영상 편집에 그리 공을 들이지는 않는다. 회사 생활과 일상 활동 등으로 편집에 할애할 시간이 부족하기 때문이다. 그러다 보니 영상에 별다른 조작의 흔적도 없으며 영상 속 가족들의 잡담을 듣고 있노라면 마치 그들과 함께 생활하는 듯한 동질감을 느끼게 된다. 사실 이 채널의 구독자 수는 많지 않지만 필자는 최애 채널로 생각하고 구독하고 있다.

(2) 전문 지식의 정리와 교육 유형

다른 사례는 프리랜서 전문 강사 60대 김○○ 박사의 채널이다. 그는 2012년에 채널을 만들었지만 영상 한두 개만 올려놓고 따로 운영하지는 않았는데 코로나19 사태가 운영을 재개하는 계기가 되었다. 팬데믹으로 기업 강의 일수가 급감한 탓에 평소 사회 변화에 관심이 많고 트렌드와 관련된 연구를 진행하던 그에게 유튜브가 최적의 강의 장소가 되어준 것이다. 2020년 가을부터 본격적으로 영상 제작에 몰두했는데, 국내 오디션 프로그램과 케이 팝에 대한 그의 차별화된 분석을 담은 영상이 트로트 열풍에 힘입어 히트를 치기 시작했다. 불과 수개월 만에 그의 채널은 엔터테인먼트 분야의 인기 채널이 되었고 수익 창출도 가능해졌다.

(3) 자연 풍경, 힐링, 명상 유형

지방에서 학생을 가르치는 30대 최○○ 교사는 살고 있는 주변 자연
환경의 예찬론자다. 그는 거주지와 학교 근처의 자연환경을 잔잔한 영
상으로 찍어 유튜브에 업로드하고 있다. 하루는 비 오는 날 연못에 가
서 비 내리는 소리만 한 시간가량 녹화해 명상 영상을 만들었다. 그는
차를 타고 이동하는 과정도 영상물로 활용하는데, 차량 블랙박스의 앞
뒤 카메라에 찍힌 영상을 편집해 잔잔한 음악과 함께 소개한다. 그는
후천적으로 발견한 재능이라며 저작권이 없는 음악 중에 듣기 좋은 명
곡을 찾아내 편집해서 자신만의 음악 리스트로 만드는 데 소질이 있다
고 한다. 그의 채널은 한국의 아름다운 자연환경을 보여주는 곳으로 해
외에서 인기가 많다.

그는 익명으로 채널을 운영한 지 3년이 되었고, 이미 오래전에 수익
창출 기준을 넘어섰지만 유튜브에 수익 신청을 하지 않고 있다. 애초
에 돈을 벌기 위한 목적이 아니었으며 채널에 광고를 넣어 이용자들을
불편하게 만들고 싶지 않다고 한다. 특히 최 교사와 같은 공무원이나
교원들은 겸업이 금지된 직업군이라 직업 윤리상 유튜브로 수익을 내
는 데 문제가 있다고 생각한다.

2) 학원 수강 대신에 유튜브 시청만으로 국가고시에 합격한 사례

서울에 거주하는 50대 한○○ 씨는 최근 국가 공인 시험에 합격했다.
어렵기로 소문난 그 시험은 전국적으로 많은 수험생들이 준비한다. 그
는 2년간 수험 생활을 했는데 응시 두 번 만에 합격증을 받게 되었다.
그가 공부한 방식은 오직 유튜브 시청이다. 시험을 치기로 마음먹고 중
고 서점에서 수험서를 구입했다. 학원에 등록하는 대신에 유튜브에 올

라온 강의 영상을 시청하며 시험을 준비했다. 유튜브에 고시 학원 채널들이 올린 다양한 강의 영상은 관련 법률 지식과 사례를 학습할 때 풍부한 학습 자료가 되어주었다. 몇 년 지난 중고 서적으로 공부했기에 법이 개정되며 바뀐 부분은 인터넷 정보와 유튜브 강의를 참고해 손으로 직접 메모하고 별도의 학습 노트에 정리하면서 수험 기간을 보냈다. 한 씨의 공부 방법이나 합격 소식은 그가 유명 학원에서 수강하지 않은 관계로 대중에게 알려지지 않았으며, 여기서 처음 공개하는 사례다. 유튜브를 긍정적으로 활용해서 성공에 이른 매우 바람직한 사례라고 하겠다.

5. 결론: 진화하는 미래 기술이 변화시킬 유튜브

한강의 도도한 물결처럼 미래 기술은 현재의 일상을 밀어내며 나아간다. 특히 와해성 혁신이 난무하는 미디어 산업에서 변화는 거의 모든 전제의 기본이다. 필자는 유튜브 역시 사회 변화와 진화하는 기술에 따라 조만간 변화에 직면하게 되리라고 예측한다.

인공지능이 가미된 딥 페이크deep fake 기술은 가상 인물이나 조작된 유명인의 영상을 만들어낼 수 있고, 언젠가 배우의 연기 없이도 영화를 만들 수 있게 할 것이다. 24시간 실시간으로 시청자와 대화가 가능한 전천후 인공지능 유튜버가 실제 사람처럼 자연스럽게 라이브 방송을 한다면 인간 유튜버들의 구설과 윤리 시비에 지친 시청자들을 모을 수 있을지 모른다. 실제 인간이라면 불가능한 무제한 먹방이나 방대한 지식을 바탕으로 한 트렌드 분석과 투자 조언이 가능할 것이다. 특히 주식 투자와 같은 영역에서는 감정에 흔들리는 사람보다 훨씬 냉정하게 조언하며 수익을 올릴 것으로 예상된다. 어차피 인공지능이 만든 가상 인물이므로 감정 노동으로 스트레스를 받는 사람보다 효율적으로 방송할 수 있다. 굳이 어린아이를 카메라 앞에서 힘들게 할 필요가 없고 훨씬 다루기가 수월한 가상의 강아지와 고양이를 이용하는 등 점차 가상의 존재가 실제를 대체할 것이다. 그러다 보면 현실에는 존재하지 않는 만화나 상상 속의 생명체도 등장하고, 온갖 동식물이 나와 대화하는 흥미롭고 자극적인 영상도 만들어질 수 있다. 실제 사람이 등장하는 영상의 차별적 가치는 점점 감소할 것이다. 자극적이고 선정적인 영상이나 폭력 콘텐츠는 현실에서는 구현하기 어려운 극한의 영상까지 만들어내 사회적으로 큰 물의를 일으킬 수 있다.

2019년에 딥 페이크 인물 분포를 조사했더니 딥 페이크 영상 가운데 96%가 포르노물이었다고 한다. 얼굴이 합성된 피해자들은 미국 여자 연예인들이 41%로 가장 많았고 한국 여자 연예인들이 25%를 차지했다. 만약 이런 기술로 일반인의 얼굴을 이용해 불법 영상을 만들어내는 단계에 이르게 되면 사회경제적 손실이 기하급수적으로 늘어날 수 있다.

차세대 컴퓨터 기술인 퀀텀 컴퓨팅quantum computing(양자 컴퓨팅)은 더 가공할 만한 위력을 선보일 것이다. 구글과 IBM 등이 개발 중인 퀀텀 컴퓨터는 기존의 디지털 컴퓨팅 기술로 만든 슈퍼컴퓨터가 1만 년 이상 걸리는 계산을 몇 초 만에 할 수 있으며, 결과가 뻔한 50% 확률의 동전 앞뒤 면을 맞추는 확률 게임에서도 거의 100% 인간을 이기는 놀라운 실력을 보여주고 있다. 퀀텀 컴퓨터는 대화 상대인 인간의 생각을 완전히 이해하고 사람보다 더 사람 같은 감성적인 언어도 구사할 수 있을 것이다. 퀀텀 컴퓨터는 디지털컴퓨터가 수만 번 반복 학습하는 딥 러닝deep learning과 같은 과정도 필요 없으며, 비트코인과 같은 암호 화폐의 블록체인도 순식간에 무력화시킬 수 있다고 한다.

현존하는 인공지능 기술과 딥 페이크 기술이 퀀텀 컴퓨팅과 만난다면 스스로 생각하는 가상의 존재가 영상을 만들어 인간을 현혹하고 속이는 일은 아주 간단하리라고 예상된다. 급속히 진화하는 기술 속도를 감안할 때 유튜브와 같은 디지털 기반의 미디어가 과연 얼마나 존재할 수 있을지 상상해 보라.

필자는 영상 편집과 같은 잔기술이나 광고 수익을 넘어 인간만이 창조할 수 있는 가치를 잊어서는 안 된다고 본다. 인간만이 느끼고 만들 수 있는 창의적인 시나리오와 감동적인 스토리텔링을 기반으로 하는 영상을 제작하는 것은 어떨까. 실제 인간 삶의 흔적이 녹아 있는 평범하고 소중한 어떤 이의 일상이 더 진솔하게 느껴질 수 있다. 언젠가 미래의 인공지능이 온갖 자극적인 가상의 영상을 만들지도 모른다. 하지만 우리 인간만큼은 윤리적이고 건전하며 인류 번영에 이바지할 수 있는 아름다운 영상을 후대에 남겨줄 수 있지 않을까 생각하며 글을 마친다.

참고문헌

이동우. 2021.2.13. "韓 인구 대비 유튜버 수 전 세계 1위, 미국도 넘었다". ≪머니투데이≫. https://news.mt.co.kr/mtview.php?no=2021021017040195631.

이상호. 2019. 「국내 유튜브 콘텐츠의 특성, 이슈와 대안 모색」. 『유튜브 저널리즘의 현황 진단과 새로운 모색』, 한국소통학회 특별 세미나 자료집(2019.9.19).

_____. 2020a. 『야만의 회귀, 유튜브 실체와 전망: 창의적 공유지에서 퀀텀문명까지 생존 비법』. 예린원.

_____. 2020b. 「유튜브 성장과 우려: 윤리적 리터러시에 관한 고찰」. 『유튜브의 성장과 지역 미디어 산업』, 부산울산경남 언론학회 특별 세미나 자료집(2020.10.29).

조성흠. 2021.2.8. "비대면 수업에 초등생 데이터 사용 20% ↑ … 고가폰 사용도 늘어." ≪연합뉴스≫. https://www.yna.co.kr/view/AKR20210205131500017?section=search.

Briggsby. 2018.5.26. 'YouTube SEO Ranking Factor Study.' https://www.briggsby.com/reverse-engineering-youtube-search.

Stephens-Davidowitz, Seth. 2017. *Everybody Lies: Big Data, New Data, and What the Internet Can Tell Us About Who We Really Are*. New York: Harper Collins Books. (이영래 옮김. 2018. 『모두 거짓말을 한다: 구글 트렌드로 밝혀낸 충격적인 인간의 욕망』. 더퀘스트).

Today's Parent. 2020.5.1. "9 signs of screen addiction in kids." https://www.todaysparent.com/family/family-health/screen-addiction-in-kids.

찾아보기

지은이(가나다순)

남윤재(제1장) 경희대학교 문화관광콘텐츠학과 교수다. 뉴욕 주립대학교에서 커뮤니케이션 박사학위를 받았다. 뉴미디어, 소셜 미디어, 플랫폼, 소셜 네트워크, 문화 콘텐츠와 엔터테인먼트 분야를 연구하며 강의를 맡고 있다. 지금까지 SSCI급 국제 학회지에 30여 편의 논문을 게재했고, 다수의 국내 논문을 발표했다. 2020년부터 유튜브, OTT와 관련해 대학 ICT 연구 센터(ITRC) 육성 사업을 지원받아 콘텐츠 생산자, 수용자, 방송·영상 산업과 관련된 다양한 연구를 진행하고 있다.

노광우(제6장) 고려대학교, 서울대학교, 한국예술종합학교 영상원 강사다. 뉴욕 대학교에서 영화 연구로 석사학위를 받고, 서던일리노이 대학교에서 매스 커뮤니케이션 앤드 미디어 아츠 전공으로 박사학위를 받았다. 뉴욕 한국 영화제 창립 멤버, 캐나다 한국 영화제 객원 프로그래머를 역임했다. 온라인 매체와 여러 일간지, 주간지, 월간지에 영화 칼럼을 기고했다. 『드라마의 모든 것: 막장에서 고품격까지, 지상파에서 케이블까지』(2016), 『청소년을 위한 매체 이야기: 유튜브, SNS, 게임, 영화 등 Z세대의 미디어 길라잡이』(2020) 등을 함께 썼고, 『할리우드 만화영화: 고전 유성영화시대 만화영화의 문화연구』(1998), 『글로벌 미디어 스포츠』(2017, 공역) 등을 우리말로 옮겼다. 유튜브를 통해 케이팝, 팝 음악, 쇼 영상, 옛날 한국 대중음악, 옛날 영화, 세계 역사, 세계 문화, 여행, 시사, 주식 콘텐츠를 찾아본다.

봉미선(제7장) EBS 정책연구위원이다. 성균관대학교 통계학과와 신문방송학과를 나와 같은 학교 대학원에서 언론학 석사학위와 박사학위를 받았다. 『데이터 테크놀로지와 커뮤니케이션 연구』(2019), 『청소년을 위한 매체 이야기: 유튜브, SNS, 게임, 영화 등 Z세대의 미디어 길라잡이』(2020) 등을 함께 썼다. 연구 분야는 공영방송, 공공서비스 미디어, 보편적 시청권과 방송 정책, 미디어 리터러시 등이다. 유튜브를 통해 프로야구, 메이저리그 등 스포츠, 대중음악, 시사, 교육 콘텐츠를 즐겨 본다.

양선희(제4장) 대전대학교 글로벌문화콘텐츠학과 교수다. 충남대학교에서 언론학 박사학위를 받았다. 관심 분야는 미디어를 통한 여론 형성과 사회·문화적 영향력이다. 「미디어콘텐츠의 복고 열풍이 구현하는 사회통합의 가능성: 〈응답하라 1994〉를 중심으로」(2016), 「TV 뉴스 앵커 스타일 연구: 지상파 및 종합편성채널 메인뉴스를 대상으로」(2017), 「유튜브 저널리즘의 시대, 전통적 저널리즘의 대응현황과 과제」(2020), 「TV 드라마 〈눈이 부시게〉에 나타난 노인 재현의 변화와 사회적 함의」(2020) 등의 논문을 썼다. 유튜브에서 공간과 건축을 매개로 사람과 삶을 이해하는 건축 채널과 피아노 연주 채널을 즐겨 본다.

이상호(제8장)

경성대학교 미디어콘텐츠학과 교수다. 부산콘텐츠마켓(BCM) 이사, 방송통신위원회 방송시장경쟁상황평가위원회 위원이다. 서울과학종합대학원에서 경영학 박사학위를 받았다. 관심 분야는 미디어 기업 혁신, 미디어 서비스 이용 분석, OTT와 유튜브 등 미디어 이용과 미디어 리터러시다. 지금까지 국내외 저널에 90여 편의 논문을 발표하고 10여 종의 저서를 출간했다. 『야만의 회귀, 유튜브 실체와 전망: 창의적 공유지에서 퀀텀문명까지 생존비법』(2020), 『서비스혁신과 디자인』(2020, 공저) 등을 썼다. 유튜브에서 〈Studio Leo〉, 〈미디어콘텐츠학과〉 채널을 직접 운영하고 있다. NCS(No Copyright Song)를 주제로 하는 무료 음악 채널과 예술 채널을 즐겨 본다.

이종명(제3장)

대구가톨릭대학교 프란치스코칼리지 글쓰기말하기센터 연구교수다. 한국소통학회 대외협력이사, ≪언론과학연구≫ 편집위원이다. 고려대학교에서 「광장 정치에서의 유튜버의 역할: 2019년 태극기 집회 유튜버 참여관찰 연구」로 언론학 박사학위를 받았다. 문화 연구의 주된 주제인 국면, 담론을 중심으로 유튜브의 여론 형성에 관한 논의를 언론학회에서 활발히 발표·투고하고 있다. 저널리즘 분야의 문제의식에 천착해 『저널리즘의 지형: 한국의 기자와 뉴스』(2016)를 함께 썼으며, 유튜브 시대 전통적 뉴스 미디어에 대한 위협을 진단하는 연구를 기획해 ≪언론과사회≫ 등에 발표·투고하고 있다. 연구를 위해 유튜브의 시사·정치 콘텐츠를 시청하지만, 일상에서는 요리 콘텐츠를 즐겨 본다. 드라마 클립, 메이킹 필름, 그리고 해당 콘텐츠에 달린 댓글에 관심이 더 많다.

이창호(제2장)

한국청소년정책연구원 선임 연구위원이다. 텍사스 주립대학교에서 언론학 박사학위를 받았다. 관심 분야는 청소년의 미디어 이용, 미디어 리터러시, 정치 참여다. 『사이버불링의 이해와 대책』(2015), 『청소년에게 게임을 허하라』(2017), 『청소년을 위한 매체 이야기: 유튜브, SNS, 게임, 영화 등 Z세대의 미디어 길라잡이』(2020), 『팟캐스트 저널리즘』(2020) 등을 함께 썼다. 유튜브를 통해 〈PD수첩〉, 〈탐사기획 스트레이트〉, 〈다큐멘터리 3일〉과 같은 시사·다큐 프로그램을 즐겨 본다.

정의철(제5장)　　　상지대학교 미디어영상광고학과 교수다. 뉴저지 주립 럿거스 대학교에서 커뮤니케이션 박사학위를 받았다. 한국소통학회 회장을 지냈으며, 현재 한국PR학회 과학헬스커뮤니케이션연구회 회장이고, 한국헬스커뮤니케이션학회 차기 회장이다. 저서로 『다문화사회와 이주민 건강: 헬스커뮤니케이션 차원의 분석과 대안 모색』(2020), 논문으로 「소수자운동으로서의 기자단교육의 성과와 대안적 방향 모색: 이주민의 목소리 내기 관점을 중심으로」(2017), 「이주의 시대, 미디어 참여와 참여적 시민권: 소통권과 다문화주의 논의를 중심으로」(2018), 「이주의 시대, NWICO와 커뮤니케이션 권리 재해석: 커뮤니케이션 불평등과 미디어 참여를 중심으로」(2018), 「지역방송 시청자 참여 프로그램의 새로운 패러다임」(2018), 「상호문화주의 관점에서 탈북민 미디어교육 의미와 실천 가능성에 관한 연구」(2020), 「감염병 위기 속 '시민됨'에 대한 인문사회과학적 성찰: 불평등에 맞선 '보건소통연구'의 역할 탐색」(2021) 등 다수를 썼다. 유튜브에서 정치·시사, 스포츠, 맛집·먹방, 역사·지식, 연애·결혼, 여행 채널을 즐겨 본다.

한울아카데미 2325

유튜브의 이해와 활용

ⓒ 이창호 외 7인, 2021

지은이 | 남윤재·노광우·봉미선·양선희·이상호·이종명·이창호·정의철
펴낸이 | 김종수
펴낸곳 | 한울엠플러스(주)
편집책임 | 조인순
편   집 | 조일현

초판 1쇄 인쇄 | 2021년 9월 1일
초판 1쇄 발행 | 2021년 9월 17일

주소 | 10881 경기도 파주시 광인사길 153 한울시소빌딩 3층
전화 | 031-955-0655
팩스 | 031-955-0656
홈페이지 | www.hanulmplus.kr
등록번호 | 제406-2015-000143호

Printed in Korea.
ISBN 978-89-460-7325-8 93070

※ 책값은 겉표지에 표시되어 있습니다.